湖北师范大学学术著作出版基金项目

述而作

（修订版）

论语导读

黎千驹◎著

社会科学文献出版社
SOCIAL SCIENCES ACADEMIC PRESS (CHINA)

作者简介

　　黎千驹，1957 年生，长沙人，曾于 1975 年春参加上山下乡运动，1977 年考入湖南师范大学中文系，现为湖北师范大学文学院二级教授，享受国务院政府特殊津贴专家，中国模糊语言研究会会长，主要研究方向为训诂学、说文学、模糊语言学和修辞学。出版著作 10 余部，其中《训诂方法与实践》获湖南省社科成果优秀奖，《论语导读》获湖北省社科成果三等奖，《模糊语义学导论》获湖北省社科成果三等奖，《现代汉语同义修辞研究》获湖南省优秀社会科学学术著作出版资助。

出版说明

本书由《论语》原文、译文、注释和解读四部分构成。

在注释部分，本书根据前贤遗留的训诂资料和文献语言材料来探求和诠释词义，不说无证据之言；在吸收前贤的训诂成果时，我们既不妄自非古，也不盲目泥古佞古，对诸家注释择善而从；如果前贤对某个词义皆解释错了，或者都没有论及，则出己意，目的是力求恢复《论语》的原貌和探求《论语》的原意。

在译文部分，运用直译与意译相结合，而以直译为主的方法，力求用通俗易懂的语言来进行今译；力求译文与原文的字、词、句三者一一对应，句式和语气也基本相当，以保持原文用词造句的原貌，反映出原文的语言特点。

在解读部分，力图杜绝当今某些《论语》读本中用"六经注我"的方法来任意发挥或肆意歪曲《论语》，或者说把自己的思想强加给《论语》的做法；力求扣住《论语》在修身、齐家、治国平天下方面的价值，主要根据"尊重经典、古为今用"的义理阐释原则，试图在准确理解《论语》原意的基础上深入浅出地阐发《论语》中所蕴含的意旨或哲理及其在当代的价值，从而为现实社会服务，同时引导人们汲取《论语》智慧，感悟人生哲理，提升行政能力，构建和谐社会。

本书既具有较高的学术品位，是研究《论语》的学术专著，又能够雅俗共赏，是广大《论语》爱好者的理想读本，亦可将此书作为开设《论语》课程的教材。

前　言

　　《论语》是一部语录体著作，它是由孔子门人及其再传弟子编纂而成的，大约在战国初年编辑成书，即公元前四百年左右（孔子去世70年左右）。书中辑录了孔子的言行和孔子一些弟子的言行，是一部儒家学派的经典著作。

　　当今我国社会正处在一个深刻的转型时期，一方面是经济的快速发展，人们的物质生活水平随之而不断提高，另一方面则是拜金主义盛行，腐败现象严重，人们的信仰随之而缺失，道德随之而失范，思想随之而迷茫。《论语》一书，对于人们树立正确的理想信念、培养君子人格、促进身心和谐等，皆具有普遍的指导意义，我们可以通过汲取《论语》智慧，来感悟人生哲理，从而寻找到我们曾经失落的精神家园。

　　当今我国正在构建社会主义和谐社会，然而当今社会存在着大量的影响社会和谐的矛盾和问题。构建社会主义和谐社会就是一个不断化解社会矛盾的持续过程。《论语》一书，充满哲理，处处闪烁着智慧的光芒，虽经两千余年沧海桑田的社会变迁，仍不失其普遍适用的价值，我们可以从《论语》中汲取智慧，来提升行政能力，从而寻找到化解社会矛盾、构建和谐社会的一把金钥匙。

　　随着中国综合国力的不断增强，中华民族复兴的光荣与梦想又开始牵动着每一位中国人的心。中华民族的复兴，不仅仅依赖于政治、经济、科技和军事等硬实力的提升，文化软实力的提升也具有至关重要的作用。当今世界的竞争，是综合国力的竞争，而文化在综合国力竞争中具有举足轻重的地位和作用。只有了解和热爱中华优秀文化，才能在全球化的浪潮中保持中华文化，才能与西方强势文化形成一种多元文化并存的格局，才能在东西方文化交流中始终保持中华文化的主体意识，才能树立起对中华文化的自信和自觉。只有增强中华文化的软实力，才能让中华优秀文化走向世界；只有让中华优秀文化走向世界，才能让世界了解中国，让中国文化具有世界影响力。如果没有对中华文化的自信和自觉，就不可能建立起良好的大国心态，就不可能有中华文化的复兴。如果没有中华文化的复兴，就不可能有中华民族的真正复兴。因此继承和发扬中华优秀的传统文化，建设社会主义的新文化，就成为了中国人民为实现中华民族伟大复兴而打造的文化软实力。

中华文化从夏商以来就是多元文化；自汉代以来，儒家文化成为中华多元文化中的主体，而《论语》又是儒家文化的原典、是中华文化的基因，它对于中华民族的思想、文化、精神、智慧等的形成和发展皆具有不可磨灭的功绩；在当今社会，人们的思想观念和言语行为以及社会习俗等都在自觉或不自觉地、或多或少地受到以《论语》为代表的儒家文化的影响。因此可以说，《论语》曾经铸就了中华文化的辉煌，也将在新时代绽放其智慧的光芒；如果要真正了解中华文化，就不能不读《论语》；如果抛弃了《论语》《老子》等经典，就等于斩断了中华文化的根。

人的一生总得读几本好书才行。《庄子·养生主》云："吾生也有涯，而知也无涯。以有涯随无涯，殆已。"既然在有限的生命里不可能追求无限的知识，那么我们就选择读精品吧。精品也数不胜数而难以读完，那么我们就选择读经典吧，《论语》就是中华传统文化中的经典。

从 2007 年开始，我为大学生开设《论语导读》校选课，每次讲课都是座位爆满；学生听我的课，一般要提前半小时去占座位，甚至经常还有不少学生站在教室里的过道上听课；并且这种现象一直延续到该门课程结束。恐口说无凭，下面从网上摘录学生对我讲授《论语导读》（后来更名为《论语与人生智慧》）课的十则留言为例。

（1）听了黎千驹老师的课，我才知道自己报考湖师文学院是正确的选择，我们为文学院有这样高水平并且讲课幽默生动的老师而自豪。黎老师，我们喜欢你！

（2）我从未想过，一个老师可以把选修课上的如此生动！在我印象中，每次上课教室都是人满为患，走道堵的水泄不通，而我也是其中渴求知识的那一位。黎千驹老师德高望重，才华横溢，讲起课来信手拈来，讲话幽默风趣，以至于每次课上完了我都会感叹：时间怎么过的这么快！得加时才行啊！

（3）作为毕业生，早已没课了，本来是挑个教室自习的，可是黎老师来上《论语导读》选修课了，本来不认识老师的，却被老师的课深深吸引，也认识了我们湖师这么优秀的一位老师，我听了这么优秀的我的人生最后一课。

（4）其他课程或多或少的会因为课程的沉闷而倦怠，惟独《论语导读》课一直吸引着我，我也没有逃过老师的一节课。许多同学也很喜爱这门课程，我想可能是老师的人格魅力使然。《论语导读》课让我学会了宽容，学会了乐观，学会了爱人，学会了思考。它是我们人生的指路标，引导我们不断前进，激励我们做一个品德高尚的人。敬重黎老师！

（5）在课堂上我领略了黎老师的语言艺术和人格魅力，老师教育我们学会如何做人，如何做事，如何学习，如何生活，如何审美等，这门课确实让我感受颇深，将使我一生受益。用"听君一席话，胜读十年书"来形容一点也不为过。

谢谢黎教授的教诲，这将是我一生的记忆。

（6）记得第一次上黎教授的课，老师一身帅气的西装，挺拔的身躯，以那充满睿智的眼神注视着我们，一股学者风范竖立在我们众多学子当中。老师讲课那可真是一个字，绝！从头到尾，神采飞扬，每一个小故事，每一个小哲理，都让我深深地沉溺在这精彩的课堂中。每次上课，我都感觉是在与大师在交谈。从教授的课中，我学习到了做人的诸多道理，我懂得了真诚待人、尊师重道，懂得了求同存异、谦虚谨慎，懂得了宁静致远、安贫乐道。在今后的人生中，我会铭记先生给我们的教导，从生活中实践，用论语的智慧来引领人生。

（7）黎教授不仅是以自己渊博的学识来影响学生，更是以自己的高尚品质来指引学生。这样的教授才能称得上是真正的教授。我深刻记得教授的那句话："我是为了孩子们才来上这门选修课的。"作为"孩子们"中的一个，现在回想起这句话还会有想哭的冲动。是的，这就是我们的黎教授，他专注于学术，不求名不求利；他声名远扬，却甘愿为了学生来认认真真的上这并不被人重视的选修课。他风趣幽默，他文采飞扬，他能惹得全场掌声连连。如果再给我一次机会，我仍会毫不犹豫的把最响亮的掌声献给我们敬爱的黎教授，亲爱的黎老师！最后，再一次把诚挚的敬意和谢意献给"湖师骄傲"——黎千驹教授！

（8）黎千驹老师的课可以说是一股涤荡心灵的清泉，冲去心里的某些名利，金钱的污垢，塑造完美的人格。这门课结束了，可是那些体会是不会流失的。一笔宝贵的财富将会在我的人生中指引我前进的方向。感谢黎千驹老师上了这门让我们受益匪浅的课程。

（9）初来大学，和很多同学一样，我的内心是很迷惘的，既不知道大学四年该怎样过，也不知道未来的路怎么走。是黎老师的《论语与人生智慧》课，带领我拨开了迷雾，找到了人生的方向。

（10）我小时候认为老师是一个很崇高的职业，总期待着有老师能够引导我的人生道路，可是后来遇到的一个个老师都挺让人失望的，甚至我都会排斥成为一名教师。黎老师的课让我庆幸我考进了湖师，很庆幸选了黎老师这门课，很庆幸能遇到黎老师这样的老师。谢谢黎老师。

我也曾多次应邀到黄石市委党校给副处级干部讲授《论语与行政管理》；也曾作为黄石市委讲师团成员以《儒家文化与先进文化建设》为题，应邀到不少企事业单位去宣讲"学习贯彻党的十七届六种全会精神"（2011年）；又以《论语与和谐社会和谐人生》为题，应邀到不少企事业单位去宣讲"学习贯彻习近平总书记重要系列讲话精神"（2015年）；接着以《孔子的修身观与习近平总书记所倡导的"三严三实"》为题，应邀到县（区）委中心学习小组去宣讲"学习贯彻习近平总书记'三严三实'讲话精神"，皆产生了较大的社会影响。

承蒙社会科学文献出版社人文分社宋月华社长邀请，约我撰写《论语导读》，并规定了撰写体例，即由《论语》原文、译文、注释和解读四部分构成，字数30万字左右。

本书的《论语》原文是以杨伯峻先生的《论语译注》为底本（中华书局，2009年第3版），但把杨本的繁体字改为简体字，把异体字改为正体字，并对其中的个别标点作了适当的修改。

在注释部分，本书根据前贤遗留的训诂资料和文献语言材料来探求和诠释词义，不说无证据之言；在吸收前贤的训诂成果时，我们既不妄自非古，也不盲目泥古佞古，对诸家注释择善而从；

如果前贤对某个词义皆解释错了，或者都没有论及，则出己意，目的是力求恢复《论语》的原貌和探求《论语》的原意。但限于本书的体例和篇幅，故不作繁琐考证。

在译文部分，运用直译与意译相结合，而以直译为主的方法，力求用通俗易懂的语言来进行今译；力求译文与原文的字、词、句三者一一对应，句式和语气也基本相当，以保持原文用词造句的原貌，反映出原文的语言特点。

在解读部分，力图杜绝当今某些《论语》读本中用"六经注我"的方法来任意发挥或肆意歪曲《论语》，或者说把自己的思想强加给《论语》的做法；力求扣住《论语》在修身、齐家、治国平天下方面的价值，主要根据"尊重经典、古为今用"的义理阐释原则，试图在准确理解《论语》原意的基础上深入浅出地阐发《论语》中所蕴含的意旨或哲理及其在当代的价值，从而为现实社会服务，同时引导人们汲取《论语》智慧，感悟人生哲理，提升行政能力，构建和谐社会。也只有这样，以《论语》为源头的儒学才能不断地注入活水而具有旺盛的生命力，《论语》才能在新的历史时期绽放出时代的光芒。

本书既具有较高的学术品位，是研究《论语》的学术专著，又能够雅俗共赏，是广大《论语》爱好者的理想读本，亦可将此书作为开设《论语》课程的教材。

两千年来关于《论语》的注释汗牛充栋、歧解纷呈，何况仆道不笃，业甚浅近，加之见仁见智，因此本书的译注并非皆正确，解读并非皆到位，我诚恳地期待着各位读者的批评指正。我的邮箱是：liqianju2005@126. com，敬请读者诸君不吝赐教。

黎千驹

2016 年 5 月于湖北师范大学耐寂斋

目　录

学而第一

（共十六章）

1.1 子^①曰："学而时习^②之，不亦说乎^③？有朋^④自远方来，不亦乐乎？人不知^⑤而不愠^⑥，不亦君子^⑦乎？"

【译文】

孔子说："学习并按时温习它，不也愉快吗？有朋友从远方来，不也快乐吗？人家不赏识我，我并不怨恨，不也是君子吗？"

【注释】

①子：男子之通称。《论语》中单称"子"时即专指孔子。

②习：温习；复习。与本章"传不习乎"之"习"和下章"温故而知新"之"温"同义。

③不亦说乎：不也愉快吗？不亦……乎：惯用短语，用反问的句式来表示肯定，可译为"不（是）……吗？""难道不（是）……吗？""不也（是）……吗？"。说（yuè）：高兴；喜悦。这个意义后来写作"悦"。

④朋：朋友。

⑤知：赏识；知遇。这里指任用。

⑥愠（yùn）：怨恨；恼怒。

⑦君子：《论语》中的"君子"是孔子心目中理想人格的化身，个人品德修养完善的典型。有时指"有位者；统治者"，有时指"有才德者"。这里是指"有才德者"。

【解读】

"子以四教：文、行、忠、信。"（《论语·述而》7.25）

"文"是指古代文献，即《诗》《书》《礼》《乐》《易》《春秋》等六艺之文；"行"是指社会实践，如礼、乐、射、御、书、数等技艺；"忠"是指尽心竭力做好本分的事，忠于职守；"信"是指诚实守信。后二者皆属做人与品德修养范畴。由此可见，孔子所教亦即学生所学的内容主要包括学习做人与品德修养、学习古代文献和社会实践等三大内容。这些内容皆须"学而时习之"。如果我们能够学习并按时温习以掌握它巩固它，用来增进品德、获取知识、掌握技艺，成为有用之才。此乐何极！此所谓学习着并快乐着。

《礼记·中庸》云："天下之达道五，所以行之者三。曰：君臣也，父子也，夫妇也，昆弟也，朋友之交也。五者，天下之达道也。知、仁、勇三者，天下之达德也。"原来古代把朋友交情看成是天下通行的五条伦常之一，它与君臣关系和亲情关系鼎足而三。自古高山流水，知音难觅；管鲍之交，相知无猜。端居家中，忽然有朋友自远方来，此乐何极！

"知"的本义是"知道；了解"。要了解某人，就得与之交往，因此"知"引申为"交往；结交"。如《左传·昭公四年》："公孙明知叔孙于齐。"在交往之中结下了深厚的友谊则为知交，因此"知"引申为"知交；知己"。如《左传·昭公二十八年》："遂如故知。"知己之间相互赏识，因此"知"引申为"赏识；知遇"。如《管子·四称》："君知则仕，不知则已。"意思是君主赏识就出仕，不赏识就算了。成语有"知遇之恩"。所谓"人不知"，表层语义是"别人不赏识自己"，深层语义则是"别人不赏识自己的才能而不任用自己"。如果自己具备才能，别人却不赏识自己而不加以任用，那该怎么办？知音难觅，伯乐难求，自古皆然，所以孔子说："人不知而不愠，不亦君子乎？"这实际上是要求君子保持一种恬淡而豁达的心态。《荀子·非十二子》也表达了类似的观点："君子能为可贵，不能使人必贵己；能为可信，不能使人必信己；能为可用，不能使人必用己。故君子耻不修，不耻见污；耻不信，不耻不见信；耻不能，不耻不见用。是以不诱于誉，不恐于诽，率道而行，端然正己，不为物倾侧，夫是之谓君子。"由此可见，君子看重的是自己的"修""信""能"，即"内求诸己"；而不在意别人是否"贵己""信己"与"用己"，即不"外责于人"。

1.2 有子^①曰："其为人也孝弟^②，而好犯上者，鲜^③矣；不好犯上，而好作乱者，未之有^④也。君子务本^⑤，本立而道^⑥生。孝弟也者，其为仁之本与^⑦！"

【译文】

有子说："一个人为人孝顺父母、尊敬兄长，却喜欢触犯上级，这是很少的；不喜欢触犯上级，却喜欢造反作乱，这是从来没有的。君子致力于基础工作，基础建立了，道才能产生。孝顺父母、尊敬兄长，大概就是仁的基础吧！"

【注释】

①有子：姓有名若，字子有，鲁国人，孔子弟子，比孔子小33岁。在孔子弟子中，只有曾参和有若称"子"，这是因为《论语》多为此两人之弟子所记。另外冉有和闵子骞偶一称子。

②弟（tì）：尊敬兄长。这个意义后来写作"悌"。

③鲜：少。

④未之有：即"未有之"，否定句中代词宾语前置。

⑤本：事物的基础或主体。

⑥道：政治主张；思想学说。这里指孔子所倡导的仁道。

⑦其……与：大概……吧。其：推测副词，大概；也许。与（yú）：通"欤"，语气词。

【解读】

"仁"是孔子思想的核心，因此孔子的学说也被称为仁学。尽管孔子从不同角度对"仁"进行了多种解释，但是其基本内容是"爱人"。孔子认为爱人是处理人际关系的最高道德准则。如何才能做到爱人呢？孔子认为首先得从爱自己的亲人开始，即孝悌。"子曰：'立爱自亲始，教民睦也；立敬自长始，教民顺也。'"（《礼记·祭义》）意思是"建立仁爱之心，应从孝顺父母开始，用以教导人民和睦；建立恭敬之心，应从尊敬兄长开始，用以教导人民顺从命令。"有子所谓"孝弟也者，其为仁之本与！"盖本之于孔子。《管子·戒篇》亦明确说道："孝弟者，仁之祖也。"孟子倡导仁政，他认为在教育方面首先就要："谨庠序之教，申之以孝悌之义。"（《孟子·梁惠王上》）意思是"重视学校的教育，用孝悌的道理反复教育他们"。由此可见，孝悌是当时重要的社会伦理道德规范，是仁的基础，也就是爱人的基础。《孟子·离娄篇》云："仁之实，事亲是也；义之实，从兄是也。"又云："亲亲而仁民，仁民而爱物。"这说明为仁必先从孝悌开始。人们在"亲亲"的基础之上，从而"老吾老，以及人之老；幼吾幼，以及人之幼。"（《孟子·梁惠王上》）俗话说"百善孝为先"，就是这个道理。

1.3 子曰："巧言令色，鲜矣仁①！"

【译文】

孔子说："花言巧语，装出和颜悦色，（这种人）仁德是很少的。"

【注释】

①鲜矣仁：即"仁鲜矣"，谓语前置句式。

【解读】

据《资治通鉴·唐纪》载："李林甫为相，凡才望功业出己右及为上所厚、势位将逼己者，必百计去之；尤忌文学之士，或阳与之善，啖以甘言而阴陷之。世谓李林甫'口有蜜，腹有剑'。"又据《旧唐书·李义府传》载："义府貌状温恭，与人语必嬉怡微笑，而褊忌阴贼。既处权要，欲人附己，微忤意者，辄加倾陷。故时人言义府笑中有刀。"唐玄宗时的宰相李林甫和唐高宗时的中书侍郎李义府皆巧言令色之人，亦皆阴险毒辣之辈。因此善良的人们要切记："巧言"，听起来是甜言蜜语，让人舒服，而骨子里则可能暗藏毒箭；"令色"，看上去是和颜悦色，让人愉快，而其内心则可能阴险毒辣。因此孔子说这种人仁德是很少的。

1.4 曾子①曰："吾日三省②吾身——为人谋而不忠③乎？与朋友交而不信④乎？传⑤不习乎？"

【译文】

曾子说："我每天从三个方面反省自己：为别人谋事而不尽心竭力吗？与朋友交往而不诚信吗？对老师所传授的学业而不温习吗？"

【注释】

①曾子：名参（shēn），字子舆，鲁国人，孔子弟子，比孔子小46岁。

②省（xǐng）：反省。

③忠：尽心竭力地做好事情。

④信：诚；诚实。

⑤传：老师的传授。

【解读】

曾子"三省"的内容皆来源于孔子的教诲。"子以四教：文、行、忠、信。"（《论语·述而》7. 25）所谓忠，就是尽心竭力做好本分的事。最初其外延较广，无论是君主还是大臣百姓，皆得忠。君主的"忠"，是指君主恪尽职守、尽心竭力地为民办事。在君主制时代，"溥天之下，莫非王土；率土之滨，莫非王臣"，大臣百姓所尽之职责，最终都是为君主服务，因此他们的"忠"无疑包括忠君。然而大臣百姓之"忠"最初并不仅限于"忠君"，为人谋事，做本分工作皆得忠，所以曾子常自我反省道："为人谋而不忠乎？"当今忠于人民、忠于职守之忠，就是此义。孔子把诚信看做是做人的基本准则和道德底线。《论语》里反复强调做人要讲诚信。例如：孔子要求弟子"谨而信。"（《论语·学而》1. 6）"主忠信。"（《论语·学而》1. 8）所以曾子常自我反省道："与朋友交而不信乎？"孔子一生"学而不厌"，认为"学而时习之，不亦说乎？"所以曾子常自我反省道："传不习乎？"曾子所开创的"省身"法，是检讨自己言行得失，及时涤荡心灵中污垢从而净化灵魂的有效方法。

1.5 子曰："道①千乘②之国，敬③事而信，节用而爱人，使民以时④。"

【译文】

孔子说："治理拥有千辆兵车的国家，要严肃认真地处理政事并守信用，节约财用并爱护人，在农闲时役使百姓。"

【注释】

①道（dǎo）：治理。

②千乘（shèng）：兵车千辆。一车四马为一乘。古代一辆兵车配有甲士3人，步卒72人。"千乘之国"在春秋末期已是小国。

③敬：慎重；不怠慢。

④时：指农闲时。

【解读】

"敬事"是孔子治国之道的重要内容。"子曰：'事君，敬其事而后其食。'"（《论语·卫灵公》15.38）孔子把"敬事"当成君子的一种美德，当做仁的一个重要内容。"樊迟问仁。子曰：'居处恭，执事敬，与人忠。虽之夷狄，不可弃也。'"（《论语·子路》13.19）用现在的话来说，所谓"敬事"，就是要具有职业道德和敬业精神，恪尽职守。

"节用"是孔子治国之道的重要内容。据《史记·孔子世家》载：齐景公"他日又复问政于孔子，孔子曰：'政在节财。'"几千年来，节用已经成为了中华民族良好的道德风尚。历代比较开明的君主皆明节用之理。例如：隋文帝倡导节俭政治，很快就出现了经济繁荣的景象，十多年以后，政府的府库已容不下各地征调的绢帛，而需要建立新的府库。到隋文帝末年，西京和各地的仓库都装满了粮食，多的达到千万石，少的也不下数百万石。据《贞观政要·辩兴亡》载："计天下储积，得供五六十年。"后来，唐朝建国20年时，隋朝的库藏还没用尽。

所谓"使民"，是指征召百姓从事各种劳役。虽然百姓必须为国家服一些劳役，但是百姓最重要的劳作是从事农业生产，这是丰衣足食的根本保证。而农业生产是具有极强季节性的，如果耽误了农时，则势必影响一年的收成，所以孔子认为，为政者要"使民以时"，即在农闲时役使百姓。《孟子·梁惠王上》亦指出："不违农时，谷不可胜食也。""使民以时"或"不违农时"，这看来是浅显的道理，然而不少为政者却难以做到，他们强迫百姓服各种劳役，而不管是否"以时"或是否"违农时"，其结果当然是民不聊生，怨声载道。

1.6 子曰："弟子①入则孝，出则悌。谨而信，泛爱众，而亲仁。行有余力，则以学文②。”

【译文】

孔子说：“年轻人在家则孝顺父母，在外则尊敬兄长。谨慎而诚信，博爱大众，亲近有仁德的人。身体力行之后若有富余的精力，就去学习古代文献。”

【注释】
①弟子：子弟。这里指年轻人。
②文：古代文献。这里指《诗》《书》《礼》《乐》《易》《春秋》等六艺之文。

【解读】

清朝康熙年间秀才李毓秀作《训蒙文》，其内容就是采用该章的文义而加以阐释而成。全文除总叙外，分为入则孝、出则悌、谨、信、泛爱众、亲仁、余力学文等七个部分，分别叙述弟子在家、出外、待人接物、为人处世和求学等方面应该恪守的行为准则。后经清朝贾存仁修订改编，并改名为《弟子规》。由此可见此章内容影响之深远。

1.7 子夏①曰：“贤贤②易色③；事父母，能竭其力；事君，能致④其身；与朋友交，言而有信。虽曰未学，吾必谓之学矣⑤。”

【译文】

子夏说：“尊敬贤人不重美色；侍奉父母，能竭尽自己的能力；侍奉君主，能献出自己的身躯；与朋友交往，言而有信。（这种人）虽然没有（经过正规的）学习，我一定说他学习过了。”

【注释】
①子夏：姓卜名商，字子夏，魏国人，孔子弟子，比孔子小44岁。

②贤贤：第一个"贤"是形容词活用为意动用法的动词，表示"以贤人为贤"，即"尊敬"的意思。

③易色：不重美色。易：轻视。

④致：送与；献出。

【解读】

上章"弟子入则孝，出则悌"与此章"事父母，能竭其力"意思大致相当；"谨而信"与"言而有信"意思大致相当；"亲仁"与此章"贤贤易色"意思大致相当。只不过一为孔子之言，一为子夏之言。子夏秉承孔子的教育理念，认为品德修养重于学习古代文献，当一个人在品德修养方面能够做到"贤贤易色；事父母，能竭其力；事君，能致其身；与朋友交，言而有信"时，这种人虽然没有经过进学校或拜师之类的正规学习，我一定说他学习过了，因为学习做人与品德修养本身也是学习的内容啊。后世之教育，在培养人才方面往往出现偏差，譬如宋代的程朱理学和明代的陆王心学皆过分强调践行道德而忽略学习文献，甚至发展到"束书不观"而空谈心性的地步；如今中学受到高考指挥棒的影响，而大学受到就业率的制约，皆出现了重智育而轻德育的现象。联合国21世纪教育委员会提出21世纪教育的四大支柱是：学会求知，学会做事，学会共处，学会做人。其中"学会做人"是四大支柱的关键和核心，也是教育的根本目的。

1.8 子曰："君子不重①则不威。学则不固②。主③忠信。无友不如己者④。过则勿惮改。"

【译文】

孔子说："君子不庄重就没有威严。学习就不会浅陋。以忠诚信实为主。不要结交不如自己的人。有了过错就不害怕改正。"

【注释】

①重：厚重；庄重。

②固：固陋；浅陋。

③主：以……为主。

④友：意动用法的动词，可译为"结交"。

【解读】

"无友不如己者"，过去对此句的解释主要是"不要与不如自己的人交朋友"。朱熹《论语集注》云："无、毋通，禁止辞也。友所以辅仁，不如己，则无益而有损。"然而有人认为此句为逻辑悖论。如果我不与不如自己的人交朋友，那么胜于我者，也不会与我交朋友。这样谁都交不到朋友了。例如苏轼认为："世之陋者乐以不己若者为友，则自足而日损，故以此戒之。如必胜己而后友，则胜己者亦不与吾友矣。"

按，把此句解释为"不要与不如自己的人交朋友"，虽然容易引起误解，但是文从字顺。"不如己者"，是"者"字结构，作宾语；"无友"是谓语；主语承首句"君子不重则不威"的主语"君子"而省。《论语·子罕》重复出现此三句，唯"无"作"毋"。"毋"是否定副词，表示对动作行为的禁止或告诫。

《论语》中孔子所言，往往是有感而发，因人施教，而非刻意地去全面阐述某个道理。关于交友之道也是如此，孔子在不同场合也有不同的论述。"无友不如己者"，孔子只是从反面来说明交友之道，告诫君子不应怎样交友。如果一味地结交不如己者，那么就容易滋长自满思想，认为自己是最贤的，别人都不如自己。这样对增进自己的道德和学问都是毫无益处的。孔子也曾正面来说明交友之道，如："居是邦也，事其大夫之贤者，友其士之仁者。"（《论语·卫灵公》15.10）"益者三友，损者三友。友直，友谅，友多闻，益矣。友便辟，友善柔，友便佞，损矣。"（《论语·季氏》16.4）孔子明确告诫弟子要结交仁德之士，跟正直的人交友，跟诚信的人交友，跟见多识广的人交友。这些"友"皆非"不如己者"，至少是"如己者"甚至是"贤于己者"，跟这样的人交友，则"益矣"，因为我将"见贤思齐焉"（《论语·里仁》4.17），就会"择其善者而从之"（《论语·述而》7.22），这样就可以增益自己的道德学问。反之，如果主动跟逢迎谄媚的人交友，跟两面三刀的人交友，跟夸夸其谈的人交友，也就是跟这些"不如己者"交友，则"损矣"，因为这样的朋友必将有害于我的道德学问。此可谓交友不慎，贻害无穷。

如果"不如己者"欲与自己结交，君子是否应该拒绝呢？或者说，由君子"无友不如己者"，是否必然会导致"如必胜己而后友，则胜己者亦不与吾友矣"呢？请看子夏之门人与子张的一段对话："子夏之门人问交于子张。子张曰：'子夏云何？'对曰：'子夏曰：可者与之，其不可者拒之。'子张曰：'异乎吾所闻：君子尊贤而容众，嘉善而矜不能。我之大贤与，于人何所不容？我之不贤与，人将拒我，如之何其拒人也？'"（《论语·子张》19.3）这"君子尊贤而容众，嘉善而矜不能"，一方面向贤人看齐，一方面容纳普通人，无论自己是否为贤人，都不能去拒绝别人。综上所述，"无友不如己者"，只是孔子所论交友之道的一个方面，意在鼓励君子通过主动结交贤于己者来不断提高自己的品德修养，而不是要君子拒绝不如己者与自己交友的意愿，更不是在制定交友的唯一准则。我们大可不必由此去作逻辑推理而得出一个所谓的逻辑悖论来。

1.9　曾子曰："慎终[①]，追远，民德归厚矣。"

【译文】

曾子说："谨慎地办好父母的丧事，追祭先祖，百姓的道德就会归于忠厚了。"

【注释】

①终：这里指父母死亡。

【解读】

"慎终"，是指办丧事而言，主要是指丧事能尽其哀与尽其礼，强调按照礼仪去办理丧事，寄托后人的哀思。"追远"，是指祭祀而言，主要是指祭祀能尽其诚敬与尽其礼，强调祭祀时对祖先的那份诚敬之心。"慎终追远"既是儒家孝道中一个不可或缺的内容，也是中华民族传统文化的一个重要内容，并且几千年来它凝固成了一种民俗。一个家族，有其共同的祖先。大家通过祭祀的方式来追念祖先，来认祖归宗，从而提高家族成员的亲和力、凝聚力。一个民族，也有其共同的祖先。我们中华民族，乃炎黄子孙、尧舜苗裔。近年来一些政府组织或民间团体通过开展大规模的祭祀炎帝、黄帝、尧帝、舜帝等活动，来追思中华民族共同的祖先，来团结我海内外同胞，从而提高我中华民族的亲和力、凝聚力。由此可见，"慎终追远"既可以用来表达孝子对先人追思之情，也可以用来凝聚家人、族人乃至国人之心。然而，凡事不能太过。"子曰：'生，事之以礼；死，葬之以礼，祭之以礼。'"（《论语·为政》2.5）一切都得依礼而行。如今某些先富起来的人，为先人修墓动辄数十万上百万，其心已不在于寄托哀思和诚敬，而在于摆阔和炫富。如此，民德未归厚，而奢靡之风已长。这恐怕有悖于孔子"慎终追远"的初衷吧。

1.10 子禽①问于子贡②曰："夫子③至于是邦也，必闻其政，求之与？抑④与之与？"子贡曰："夫子温、良、恭、俭、让以得之。夫子之求之也，其诸⑤异乎人之求之与！"

【译文】

子禽向子贡问道："老师每到一国，必定听到该国的政事。是打听来的呢？还是别人主动告诉他的呢？"子贡说："老师是用温和、善良、恭敬、俭朴、谦逊得到的。老师获得政事的方法，或许跟别人求得的方法不同吧！"

【注释】

①子禽：姓陈名亢，字子禽，陈国人，孔子弟子，但也有人认为不是，比孔子小40岁。

②子贡：姓端木名赐，字子贡，卫国人，孔子弟子，比孔子小31岁。

③夫子：对大夫以上官员的尊称。孔子曾为鲁国司寇，因此其弟子也用来称孔子，后来就用"夫子"称呼老师。

④抑：选择连词，还是；或者。

⑤其诸：或许；大概。

【解读】

孔子每到一国，该国当政者就主动地向他请教政事，他也就自然而然地知道了该国的政事。子贡强调这是孔子以自己温良恭俭让五种美德赢得人们的尊敬与信任的结果，与他人闻知政事的方法迥然有别。《论语》中有不少执政者问政于孔子的记载。譬如：《论语·为政》记载了鲁哀公问政于孔子"何为则民服？"《论语·颜渊》记载了季康子问政于孔子"如杀无道，以就有道，何如？"《论语·子路》记载了叶公问政于孔子。可见子贡此言不虚。

1.11 子曰："父在，观其志；父没①，观其行。三年无改于父之道②，可谓孝矣。"

【译文】

孔子说："父亲活着时，要观察做儿子的志向；父亲去世后，要观察做儿子的行为。如果对父亲的行事原则三年没有改变，可以说是孝顺了。"

【注释】

①没（mò）：死亡。

②道：准则；原则。

【解读】

"三年无改于父之道"，这是孔子对孝子所提出的一种希望。这种希望的提出，或许是基于周代"三年之丧"的礼仪制度。父死三年之内，孝子丧期未满，言犹在耳，岂可置丧葬之礼而不顾，而急着更改父之道乎！自孔子之前之后，"三年无改于父之道"皆未形成正式的礼仪制度。不仅如此，即使是孔子的弟子，能够按照这点希望去做的人，也是不多的。例如：孟庄子袭其父孟献子之位而为鲁国大夫，孟献子有贤德，孟庄子能不更改父亲遗留下来的臣属与行事原则，因此，孔子感叹道："孟庄子之孝也，其他可能也；其不改父之臣与父之政，是难能也。"（《论语·子张》19.18）由此可见，一般人的孝，在爱与敬等方面是不难做到的，而在"不改父之臣与父之政"方面则是很难做到的，而当孟庄子做到时，孔子当然就情不自禁地大加赞赏：难能可贵啊！

1.12 有子曰："礼之用，和①为贵。先王之道，斯②为美；小大由③之。有所不行，知和而和，不以礼节之，亦不可行也。"

【译文】

有子说："礼的运用，以适中为可贵。先代圣明君王的治国之道，这点是宝贵的。小事大事都遵循适中为贵的原则。但也有行不通的地方，如果知道适中为贵而一味地求适中，而不用礼来节制，也是行不通的。"

【注释】

①和：适中；恰到好处。

②斯：指示代词，此，指代"和为贵"。

③由：遵循。

【解读】

关于"礼之用，和为贵"，主要有两种解释，一是把"和"解释为"适中；恰到好处"，那么这句话的意思就是"礼的运用，以适中为可贵。"二是把"和"解释为"和谐；和睦"，那么这句话的意思就是"礼的运用，以和谐为可贵。"我们认为这两种解释可以兼容。第一种解释是其本义，第二种解释是其语用义，即人们说"和为贵"时，往往取其"和谐；和睦"义。这两种理解都已融合于中华文化之中，并且对人们的言行产生了较大的影响。

在中华传统文化当中，"和"是中华传统文化的重要特征与核心精神。中华文化绵延五千年而不绝，日益昌盛，是与支撑中华文化的核心价值观的"和谐文化"密切相关的。和谐文化在当今社会具有重要的意义，无论是居家，还是社交，都要尊崇"和为贵"这一原则。居家以和谐为贵，则可"家和万事兴"；社交以和谐为贵，则可"四海之内皆兄弟"。非独个人要尊崇这一原则，民族与民族之间，国家与国家之间，也应尊崇这一原则。夫如是，则能互相尊重主权，尊重领土完整，尊重他国的核心利益和重大关切，则能保持和平友好而不动干戈。夫如是，则各民族与各国皆可赢得和平发展的良好的外部环境与机遇，此乃民族之幸，国家之幸，人民之幸。然而倡导和谐，并非无原则地"和为贵"。或许有子早就担心人们会走极端，因而谆谆告诫那些善良的人们："知和而和，不以礼节之，亦不可行也。"譬如：家庭内部或朋友之间产生了矛盾，出现了不和谐的现象，如果一味地为求和谐而和稀泥，却不去正视矛盾并积极地化解矛盾，最终必将使矛盾进一步扩大而造成更为严重的后果。民族之间、国家之间产生了矛盾，甚至一国的主权、领土完整受到侵害，核心利益、重大关切受到损害，如果一味地求和谐而忍让，却不去理直气壮地应对这种种挑衅，最终必将使事态进一步恶化而造成更为严重的后果。

由此可见，尊崇"和为贵"的原则，是中华民族重和谐、爱和平的优秀文化传统；"知和而和，不以礼节之，亦不可行也"，则反映了中华民族敢于正视矛盾、不惧怕挑衅的胆略与智慧。"和为贵"与"以礼节之"是辩证的统一，二者缺一不可，不可偏废。

1.13 有子曰："信近于义①，言可复②也。恭近于礼，远③耻辱也。因④不失其亲⑤，亦可宗⑥也。"

【译文】

有子说："诚信符合义，才能实践诺言。恭敬符合礼，才可免遭耻辱。依据（义和礼）就不会失去自己所亲密的人，这也是值得尊崇的。"

【注释】

①义：合宜；合宜的道德、行为或道理。

②复：实践；履行。

③远：使……远离。

④因：依据；根据。

⑤亲：关系亲密。这里指关系亲密的人。

⑥宗：尊崇；取法。

【解读】

有子在这里深刻地揭示了"信"与"义"之间的关系：一个

诚信的人，他不仅要信守诺言，而且还要看这种承诺是否符合"义"的准则。如果你所承诺的事情不合宜，违背了"义"的准则，那么践行这种诺言，就必将伤害"义"。譬如有人向朋友承诺："只要有用得着我的地方，我一定鼎力相助。"如果朋友遇到困难而向他求助，他果真帮助朋友渡过难关。此可谓讲诚信，重然诺，也符合义的准则。如果朋友跟人结怨而请他去打架斗殴，他不应允，他并不认为自己是失信于人，因为打架斗殴乃不义之举，当然不能为了所谓的"信守承诺"而为之。

1.14 子曰："君子食无求饱，居无求安，敏①于事而慎于言，就②有道而正③焉，可谓好学也已。"

【译文】

孔子说："君子饮食不求饱足，居住不求舒适，做事勤勉而说话谨慎，接近有道德的人来纠正自己，这就可以说是好学了。"

【注释】

①敏：勤勉。

②就：接近；到……去。

③正：纠正；改正。

【解读】

食不饱而居不安，可见其家境贫寒；而君子有志于道，则不会以"求饱""求安"为念。这是什么精神？这是吃苦耐劳的精神。不仅具有吃苦耐劳的精神，并且还能够"敏于事而慎于言，就有道而正焉"，这种人可以说是好学了。由此可见，好学不仅仅指刻苦读书，提高品德修养也是其中的重要内容啊！

1.15 子贡曰："贫而无谄，富而无骄，何如①?"子曰："可也。未若贫而乐②，富而好礼者也。"子贡曰："《诗》云：'如切如磋，如琢如磨。'③ 其斯之谓与④？"子曰："赐也，始可与言《诗》已矣，告诸往而知来者⑤。"

【译文】

子贡说："贫穷却不谄媚，富有却不骄横，怎么样？"孔子说："可以。但不如贫穷却乐道，富有却好礼。"子贡说："《诗经》说：'好像象牙经过切磋，好像美玉经过琢磨。'大概说的就是这个意思吧？"孔子说："赐啊，现在可以与你讨论《诗经》了，告诉你这你就知道那。"

【注释】

①何如：怎么样。

②贫而乐：皇侃《论语义疏》本"乐"下有"道"字。郑玄注："乐谓志于道，不以贫为忧苦。"

③如切如磋，如琢如磨：此句出自《诗经·卫风·淇奥》。朱熹《诗集传》："治骨曰切，象曰磋，玉曰琢，石曰磨。"

④其斯之谓与：其……与：大概……吧。其：推测副词，大概；也许。斯之谓：谓斯。"之"为结构助词，做宾语前置的标志。

⑤告诸往而知来者：诸：之。往：过去的事，这里指已知的事。来：未来的事，这里指未知的事。

【解读】

人们处在贫穷或富有时可能出现"贫而谄，富而骄""贫而无谄，富而无骄"和"贫而乐道，富而好礼"等三种心理状态。

第一种，"贫而谄，富而骄"。此种情形古往今来不乏其人。《左传·定公十三年》说"富而不骄者鲜"，《晏子春秋·杂下》亦说："富而不骄者，未尝闻之。"当今富豪炫富者比比皆是，富二代"恃富而骄"者亦比比皆是。至于"贫而谄"者，亦不乏其人，俗话说"马瘦毛长，人穷志短"。虽然有失偏颇，但是用于某些人倒也恰如其分；"傍大款"一词的出现，也是对某些"贫而谄"者的真实写照。"贫而谄，富而骄"，是心理不健康的表现。

第二种，"贫而无谄，富而无骄"。只有那些有识之士才可以做到。这是一种健康的心理，无论贫穷与富贵，皆保持一颗平常心。

第三种，"贫而乐道，富而好礼"。先说"贫而乐道"。颜回家境贫寒："一箪食，一瓢饮，在陋巷"，如果颜回仅仅是做到"贫而无谄"，这绝不值得孔子对他大加赞赏。难能可贵的是，"人不堪其忧"，颜回却能"不改其乐"。"乐"什么？"乐"贫吗？非也，乐道也！无怪乎孔子反复称赞他道："贤哉，回也！"再看"富而好礼"。在大多数人看来，做到"富而不骄"实属不易，但在孔子看来，"贫而无怨难，富而无骄易。"（《论语·宪问》14.10）为什么要"富而好礼"？《礼记·曲礼上》云："富而知好礼，则不骄不淫。"好礼，则不仅能够做到富有而不骄横、不放荡，更重要的是还能用礼来规范自己的言行，为人彬彬有礼。在儒家看来，一个仁爱之人，他的言行必定是合乎礼的，只有合乎礼才可以叫做"仁"。如此，由"富而好礼"就可以做到"为富且仁"了。

1.16 子曰："不患①人之不己知②，患不知③人也。"

【译文】

孔子说："不担忧别人不赏识自己，担忧不了解别人。"

【注释】

①患：担忧；忧虑。

②知：赏识；知遇。这里指任用。

③知：知道；了解。

【解读】

所谓"人之不己知",表层语义是"别人不赏识自己",深层语义则是"别人不赏识自己的才能而不任用自己"。中国自古以来就提倡"知人善任",也只有"知人"才能"善任"。为什么孔子说君子"不患人之不己知"呢?其原因大致有三。

第一,君子所担忧的是自己没有才能。"子曰:'不患人之不己知,患其不能也。'"(《论语·宪问》14.30)"子曰:'君子病无能焉,不病人之不己知也。'"(《论语·卫灵公》15.19)这两句话可以说都是对"不患人之不己知"的补充说明:君子所担忧的是自己"没有才能"。如果自己没有才能,怎么叫别人赏识自己?别人又从何来赏识自己呢?

第二,如果自己真的没有才能,怎么办?"子曰:'不患无位,患所以立;不患莫己知,求为可知也。'"(《论语·里仁》4.14)"求为可知",才是正确的态度,因此君子当务之急是要增进自己的才能。如果具备了可让别人足以赏识自己的才能,君子当然也就"不患人之不己知"了。

第三,如果自己具备才能,别人仍不赏识自己,而不加以任用,又该怎么办?孔子说:"人不知而不愠,不亦君子乎?"(《论语·学而》1.1)这实际上就是要求君子保持一种恬淡而豁达的心态。

为什么孔子说君子"患不知人"?其原因大致有二。

第一,是亲贤人远小人的需要。朱熹《论语集注》引尹氏曰:"不知人,则是非邪正或不能辨,故以为患也。"刘宝楠《论语正义》云:"人不己知,己无所失,无可患也。己不知人,则于人之贤者不能亲之用之,人之不贤者不能远之退之,所失甚巨,故当患。"

第二,是增进品德修养的需要。与人交往,先得了解其为人如何，这样才能"就有道而正焉"（《论语·学而》1.14），才能"见贤思齐焉，见不贤而内自省也"（《论语·里仁》4.17），才能避免因交友不慎而给自己造成损害。"孔子曰：'益者三友，损者三友。友直，友谅，友多闻，益矣。友便辟，友善柔，友便佞，损矣。'"（《论语·季氏》16.4）如果"不知人"，又怎能知其可交或不可交呢？

为政第二

（共二十四章）

2.1 子曰："为政①以德，譬如北辰②，居其所而众星共③之。"

【译文】

孔子说："用道德来治理国家，就会像北极星那样，处在那个位置上而群星环绕着它。"

【注释】

①为政：施政；治理政事。为：参与；治理。

②北辰：北极星。

③共（gǒng）：环绕。这个意义后来写作"拱"。

【解读】

孔子将其仁爱学说用于治理国家，则形成了他的德治思想，这就是"以德治国"。孔子认为，以德治国首先就要求执政者本身要具备道德，并且以自身的道德表率作用来使得百姓心悦诚服，就像众星环绕北极那样，百姓紧紧地团结在执政者周围，从而收到"近者说（悦），远者来"（《论语·子路》13.16）之功效。

2.2 子曰："《诗》三百①，一言以蔽之，曰：'思无邪②。'"

【译文】

孔子说："《诗经》三百篇，用一句话来概括它，就是'思想纯正'。"

【注释】

①《诗》三百:《诗经》共305篇,"三百"是取其整数而言之。
②思无邪:出自《诗经·鲁颂·驹》:"以车祛祛,思无邪。"意思是强健的马儿驾着车,这些马儿真不错。思:句首语气词。无邪:不错;不坏。孔子借用它来概括《诗经》的基本思想倾向:没有邪念;纯正。

【解读】

《诗经》是中国第一部诗歌总集,编成于春秋时代,所收集的是西周初期至春秋中叶(公元前11～前5世纪)的民歌和朝庙乐章。从时间来看,它跨越500多年。从地域来看,它来自王畿和诸侯国;从作者来看,有从贵族到平民的社会各阶层人士;从音乐来看,分为风、雅、颂三类。15国风是各地区的乐调;雅是朝廷正乐,为西周王畿的乐调;颂是宗庙祭祀的乐歌。从内容来看,它反映了当时政治、经济、军事、文化等各个方面,有祭祀颂歌、周族史诗,有反映农事、战争、徭役、讽谏、宴飨、爱情等方面的诗歌;从来源来看,它来自公卿列士所献之诗,采集于各地的民间之诗,以及周王朝乐官所保存的祭祀和宴飨方面的乐歌。尽管305篇是如此复杂,然而《诗经》的整理或编纂者有一个基本的思想倾向,那就是把《诗经》当成实施教化的重要工具。孔子或许认为,尽管《诗经》里有歌功颂德也有哀怨讽谏,但都是作者真情的流露,对王政教化皆具有积极的意义。因此孔子说:"《诗经》三百篇,用一句话来概括它,就是'思想纯正'。"到了宋代,一些理学家把《诗经》中那些表达对美好爱情的追求、对爱情婚姻的欢乐和痛苦的诗看成"淫诗",他们不理解孔子为何把这些诗歌也认为是"思无邪",而欲将其从《诗经》中删除掉。由此可见,在对待男女关系的问题方面,孔子的儒学与宋代的儒学

（理学）有着极大的差异，宋儒所谓守贞死节和男女授受不亲的礼教，并非出自孔子。

2.3 子曰："道^①之以政，齐^②之以刑，民免而无耻。道之以德，齐之以礼，有耻且格^③。"

【译文】

孔子说："用政令来教导民众，用刑法来约束民众，民众可以免于犯罪，却没有廉耻之心。用道德来教导民众，用礼仪来约束民众，民众就会具有廉耻之心，并且具有归服之心。"

【注释】

①道（dǎo）：引导；教导。这个意义后来写作"导"。

②齐：使……齐。这里指整顿；约束。

③格：来；归服。

【解读】

"道之以政，齐之以刑，民免而无耻。"这实际上是指出法治的不足。法治只能治标，让人有所畏惧，有所警戒而不干违法之事。"道之以德，齐之以礼，有耻且格"，这实际上是在强调德治。德治能够治本，让人向善。如今我们强调法治，提出了"依法治国"的基本方略，这无疑是正确的。"依法治国"为构建社会主义和谐社会提供了根本的制度保障。现在加上一条"德治"，提出了"以德治国"的方略，这源于孔子的"德治"思想。"依法治国"属于政治文明，是一种他律；"以德治国"属于精神文明，是一种自律；法治与德治相辅相成，不可偏废。

2.4 子曰："吾十有^①五而志于学，三十而立^②，四十而不惑，五十而知天命^③，六十而耳顺^④，七十而从心所欲，不逾矩。"

【译文】

孔子说："我十五岁有志于学问，三十岁有所建树，四十岁不会被迷惑，五十岁能顺应自然发展的规律，六十岁能闻其言而知其意，七十岁能够随心所欲，并且不会越过规矩。"

【注释】

①有（yòu）：同"又"，用在整数与零数之间。

②立：建树；成就。

③天命：本指天神的意旨，古人认为天是有意志的神，是万物的主宰；但孔子不承认天具有支配一切的神威，因此《论语》中的"天命"是指人力所不能支配的自然发展规律。

④耳顺：能够分辨别人言语的真伪和是非。

【解读】

这是孔子概括自己一生中修身养性所经历的六种境界。"志于学"是一个人漫漫人生中所必经的第一种境界，孔子15岁有志于学问。孔子所谓"学"主要包括学习做人与品德修养、学习古代文献（《诗》《书》《礼》《乐》《易》《春秋》）和学习六艺（礼、乐、射、御、书、数）等三大内容。经过十余年的学习钻研，其品德修养与知识技能皆日臻完善而有所建树，其人生志向也得以确立。此时便进入人生的第二种境界："三十而立"。孔子30岁创办私学，招收弟子。这在当时乃古今第一人。这无疑就是孔子所说的"立"，即有所建树，有所成就，能够立业、立足。人生40，学识渊博，世事洞明而人情练达，可谓"智者"矣。"子曰：'知者不惑。'"（《论语·子罕》9.29）。此时便进入人生的第三种境界："四十而不惑"。"天命"本指天神的意旨，古人认为天是有意志的神，是万物的主宰。夏朝信奉天命，殷商迷信鬼神，西周注重人事。《左传·昭公十八年》云："子产曰：'天道远，人道迩，非所及也，何以知之？'"意思是"天道遥远，人道切近，互不相关，怎么能够由天道而知人道呢？"孔子不承认天具有支配一切的神威，因此《论语》中的"天命"是指人力所不能支配的自然发展规律。孔子50岁能顺应自然发展的规律，于是此时便进入人生的第四种境界："五十而知天命"。"子曰：'始吾于人也，听其言而信其行；今吾于人也，听其言而观其行。'"所谓"听其言而信其行"，则往往被他人所迷惑；而"听其言而观其行"，并且"视其所以，观其所由，察其所安，人焉廋哉？人焉廋哉？"（《论语·为政》2.10）这样看人就看得更准了，不仅不会再被他人的假象所迷惑，并且能闻其言而知其意，于是此时便进入人生的第五种境界："六十而耳顺"。孔子一生，"志于道，据于德，依于仁，游于艺。"（《论语·述而》7.6）倡导"克己复礼。"（《论语·颜渊》12.1）他认为"君子博学于文，约之以礼，亦可以弗畔矣夫！"（《论语·雍也》6.27）当孔子年届70岁之时，其思想相当纯正，礼制亦烂熟于心，因此能够随心所欲而不逾越礼制，于是此时便进入人生的第六种境界："七十而从心所欲，不逾矩"。此可谓道德修养已臻至境。

孔子一生所经历的六种境界，为后世仁人志士奉为圭臬。虽斗转星移，沧海桑田，然至今仍不失其鼓舞人心的巨大作用。某不才，试图根据当今知识分子的人生经历，斗胆仿照孔子人生的六种境界而提出知识分子人生的六种境界："君子十有五而志于学，三十而崭露头角，四十而成大器，五十而百尺竿头，六十而淡定，七十而装聋作哑乐逍遥。"

2.5　孟懿子①问孝。子曰："无违。"

樊迟②御，子告之曰："孟孙问孝于我，我对曰③，无违。"樊迟曰："何谓也？"子曰："生，事之以礼；死，葬之以礼，祭之

以礼。"

【译文】

　　孟懿子问什么是孝。孔子说："无违。"

　　樊迟驾车，孔子告诉他说："孟孙问我什么是孝，我回答说，无违。"樊迟说："这是什么意思？"孔子说："父母活着时，按照礼来侍奉他们；死了，按照礼来安葬他们，按照礼来祭祀他们。"

【注释】

①孟懿子：姓仲孙名何忌，懿为谥号。鲁国人，孔子弟子，比孔子小20岁。

②樊迟：名须，字子迟，鲁国人，孔子弟子，比孔子小36岁。

③对曰：回答。"对"或"对曰"多用于对上的回答或对话。

【解读】

　　以礼相待和依礼尽孝，这是孝的最高层次。孔子认为孝顺父母不仅要能够赡养与恭敬，而且还要不违背礼的规范。父母活着时，按照礼来侍奉他们；死了，按照礼来安葬他们，按照礼来祭祀他们。一切皆依礼行事，以礼相待。如果子女在家能够按照礼来孝顺父母，那么他在外就能够按照礼来处理与上下级的关系。这正如有子所说："其为人也孝弟，而好犯上者，鲜矣；不好犯上，而好作乱者，未之有也。"（《论语·学而》1.2）

　　2.6　孟武伯①**问孝。子曰："父母唯其疾之忧**②**。"**

【译文】

　　孟武伯问什么是孝。孔子说："对于父母，只担忧他们的疾病。"

【注释】

①孟武伯：孟懿子的儿子仲孙彘，武为谥号。

②唯其疾之忧：唯忧其疾。

【解读】

父母年迈体弱，容易患病，因此孝敬父母，还要担忧父母的疾病；而父母一旦患病，子女则应该尽量回到父母身边来侍奉。尽管子女不懂得医治疾病，然而能够周到地侍奉父母，这对父母身体的康复无疑会起到重要的作用。王充《论衡·问孔》云："武伯善忧父母，故曰唯其疾之忧。"这正如《淮南子·说林训》所谓："忧父母之疾者子，治之者医。"

2.7　子游①问孝。子曰："今之孝者，是谓能养。至于犬马，皆能有养。不敬，何以别乎？"

【译文】

子游问什么是孝。孔子说："如今的所谓孝，是说能够养活父母就行了。至于犬马，皆能够得到饲养。如果对父母不恭敬，那么养活父母与饲养犬马又怎样区别呢？"

【注释】
①子游：姓言名偃，字子游，吴国人，孔子弟子，比孔子小45岁。

【解读】

在一般人看来，所谓孝，就是赡养父母。孔子认为这是孝的最基本的内容，属于孝的第一层次。除了赡养父母，更重要的是还要以敬相待，这是孝的第二层次。只有以敬相待，才能超越"养"的层次。"敬"与"不敬"是区分养活父母与养活犬马的根本区别。如果对父母只是养活而不恭敬，那么这就与养活犬马没有什么区别了。父母不仅有生活上的需求，也有精神上的需求，因此做子女的还要尊敬父母。

2.8　子夏问孝。子曰："色^①难。有事，弟子^②服其劳；有酒食，先生^③馔^④，曾^⑤是以为孝乎？"

【译文】

子夏问什么是孝。孔子说："和颜悦色地侍奉父母很难。如果只是有事情时儿女效劳，有酒食时让父母享用，难道这可以认为是孝吗？"

【注释】

①色：脸色。这里指和颜悦色。

②弟子：子弟。这里指儿女。

③先生：长辈。这里指父母。

④馔（zhuàn）：吃喝。

⑤曾（céng）：难道。

【解读】

如果只是有事情时儿女效劳，有酒食时让父母享用，而不和颜悦色地侍奉父母，这仍然不能认为是孝。试想一下：如果某人一边帮父母做事，一边满脸的不高兴，甚至怒容满面，你说父母能欢愉起来吗？如果某人满脸的不高兴，甚至怒容满面地把酒食端到父母面前，你说父母能咽得下去吗？因此做子女的还必须努力做到对父母和颜悦色，这才能真正体现对父母的孝，才能让父母欢愉起来。这正如《礼记·祭义》所说："孝子之有深爱者，必有和气；有和气者，必有愉色；有愉色者，必有婉容。"

2.9　子曰："吾与回^①言终日，不违，如愚。退而省其私，亦足以发，回也不愚。"

【译文】

孔子说："我和颜回讨论一整天，他从不违背我的意见，好像很愚笨。他回去之后我省察他私下的言行，也能够发挥我的观点，颜回并不愚笨啊。"

【注释】
①回：姓颜名回，字渊（亦作子渊），鲁国人，孔子弟子，比孔子小40岁。

【解读】

孔子曾多次称赞颜回是其最好学的弟子。好学者，理当聪明，为什么颜回有时给孔子的印象却是"如愚"呢？在孔子看来，这是因为他和颜回讨论一整天，颜回从不违背他的意见，似乎提不出什么异议或者自己的看法。在颜回看来，自己对孔子所说的话"不违"，原因或许有二：一是他十分仰慕夫子之道。颜回称赞孔子的道德学问时说："仰之弥高，钻之弥坚。瞻之在前，忽焉在后。……既竭吾才，如有所立卓尔。虽欲从之，末由也已。"（《论语·子罕》9.11）既然自己已经竭尽才力，想追随夫子之道，却找不到道路，那么就只有更加刻苦地学习和钻研夫子之道了，怎么能够去违背夫子的意见呢？二是性格使然。子路为人耿直，性格粗犷，他对孔子的言语和行事也敢于提出异议。至于颜回，为人则是谦恭礼让，因此他对孔子所说的话，不会像子路那样表示异议，而是以"不违"的态度出现在孔子面前。正因为如此，孔子并不以颜回是否违背自己的意见来断定他是否"愚"。所谓"如愚"，并非真"愚"，孔子通过观察颜回的言行，发现颜回能够发挥自己的观点，这就足以说明颜回"不愚"，此乃"大智若愚"也。

2.10 子曰："视其所以①，观其所由②，察其所安。人焉廋③哉？人焉廋哉？"

【译文】

孔子说："察看他的所为，观察他所采用的方法，考察他所心安的事情。这人怎么隐藏呢？这人怎么隐藏呢？"

【注释】

①以：动词，做；从事。

②所由：表示动作行为凭借的方法。由：经由；经历。

③廋（sōu）：隐藏。

【解读】

孔子在这里提出了观察人的三个角度：一是观察他的所作所为，看他是否言行一致，是否符合礼义。如果言行不一、违背礼义，当然也就不是正人君子。二是观察他为完成某事而采用的方法，即看他是通过什么手段来达到目的的。如果为达到目的而不择手段，当然也就不是正人君子。三是观察他的内心，即考察他所心安的事情。如果他做出了违背礼义的事情却心安理得，当然也就不是正人君子。由此三者，就可发现此人的真实面目，无论他怎么隐藏也隐藏不了。此种方法，不仅可以用来察人，亦可以用来律己。君子对自己的所作所为当三省：我的所为是否言行一致，是否符合礼义？为完成此事而采用的方法是否恰当？做了此事是否令我心安？这与曾子所谓"吾日三省吾身"具有同样的增进道德修养之功效。

2.11　子曰："温故而知新，可以为师矣。"

【译文】

孔子说："温习已学的知识，而能得到新的收获，就可以做老师了。"

【解读】

"温故而知新"既是谈学习方法，也是孔子所倡导的循序渐进教学原则的重要内容，其实质是引导学生由旧到新地学习。"温故"实际上就是《论语·学而》1.1章所说的"学而时习之"，这是掌握和巩固已学知识的重要方法，然而此处又更进一层：如果仅仅"温故"而不"知新"，那么最多只能是巩固已学的知识，而不能凭借已学的知识来获取新知识。这种人乃才学平庸之人。这正如《礼记·学记》云："记问之学，不足以为人师。"因此，还要通过"温故"来获得新认识、新发现，这样才能为人师。作为执政者，温故还要温历史之故，而知治乱之新。此司马迁《报任安书》中所谓"究天人之际，通古今之变，成一家之言"。换一个角度来看，"温故"又是"知新"的必要条件。如果想要"知新"，就必须先"温故"；如果抛弃"温故"而求"知新"，那么这种"新"则容易导致异想天开之"新"。这种人乃学风浮躁之人。

2.12　子曰："君子不器①。"

【译文】

孔子说："君子不像器皿那样只有某种专门的用途。"

【注释】
①器：像器皿一样。这里指只具有某种专门的用途。

【解读】

所谓"君子不器"，是说君子不要像器皿那样只有某种专门的用途，而对于其他专业或学问则一无所知，而要博学多才，一专多能。我们由此而悟出了一条治学之经验：除了要精通某一学科知识之外，还要注重多学科的兼攻性和学科之间的渗透性。所谓多学科的兼攻性，是指某人在多个学科领域皆具有一定的学术造诣，并具有突出的研究成果。所谓学科之间的渗透性，是指某人在某个学科领域善于运用其他相关学科的知识和方法来从事科学研究。例如如果要从事训诂学研究，就必须广泛阅读文字学、音韵学、校勘学、文献学、语义学、词汇学、语法学、修辞学、辞典学、考古学、文化学、社会学、历史学、逻辑学、中国古代哲学史等方面的书籍，以便充分利用这些学科的理论、方法和成果来科学而系统地研究各种训诂方法的定义、原理、功能和原则，以准确地探求和诠释古代文献中的词义。

2.13　子贡问君子。子曰："先行其言而后从之。"

【译文】

　　子贡问怎样才是君子。孔子说："先做到想要说的话，然后再说出来。"

【解读】

　　此章体现了孔子的慎言观。慎言的一个方法就是要先做后说。这样可以避免"言过其行"（《论语·宪问》14.27）、"群居终日，言不及义"（《论语·卫灵公》15.17）的毛病。

2.14　子曰："君子周①而不比②，小人比而不周。"

【译文】

　　孔子说："君子相互团结而不相互勾结，小人相互勾结而不相互团结。"

【注释】

①周：团结。

②比：勾结。

【解读】

　　君子因公因义而团结在一起，则不徇私情；小人因私因利而勾结在一起，则结党营私。这是区分君子与小人的一条重要标准。

2.15　子曰："学而不思则罔①，思而不学则殆②。"

【译文】

孔子说："只学习而不思考，就会令人迷惑不解；只思考而不学习，就会令人疑惑不解。"

【注释】

①罔：通"惘"，迷惑无知。

②殆：疑惑。与"惘"同义。

【解读】

"学"与"思"之关系，乃相辅相成，二者不可偏废。为什么说"学而不思则罔"？何晏《论语集解》引包咸曰："学而不寻思其义，则罔然无所得。"皇侃《论语义疏》云："夫学问之法，既得其文，又宜精思其义。若唯学旧文而不思其义，则临用行之时罔罔然无所知也。"朱熹《论语集注》云："不求诸心，故昏而无得。"孟子也认为"心之官则思。思则得之，不思则不得之"（《孟子·告子上》）、"尽信《书》，则不如无《书》"（《孟子·尽心下》）。由此可见，只读书而不思考，则难以理解其中的道理，亦难以明辨其中的是非，最终是无所得而依然迷惑不解。为什么说"思而不学则殆"？"子曰：'吾尝终日不食，终夜不寝，以思，无益，不如学也。'"（《论语·卫灵公》15.31）荀子也认为："吾尝终日而思矣，不如须臾之所学也。"（《荀子·劝学》）心有疑惑则"思"，但仅仅"思"而"不学"，则其疑惑终不得解。只有带着问题去学习，才能寻找到解决问题的办法。

2.16　子曰：“攻^①乎异端，斯害也已^②。”

【译文】

孔子说：“批判异端，祸害也就可以消除了。”

【注释】

①攻：攻击；批判。

②已：停止；消除。

【解读】

孔子所说的“异端”究竟是指什么，众说纷纭，已难以确考。后世儒家称其他学派或学说为异端。皇侃《论语义疏》云：“异端，谓杂书也。言人若不学六籍正典，而杂学于诸子百家，此则为害之深。”唐玄宗《孝经·序》云：“嗟乎！夫子没而微言绝，异端起而大义乖。”朱熹《论语集注》云：“异端，非圣人之道，而别为一端，如杨墨是也。”后来泛指不符合正统思想的主张或学说。

对于异端，历代统治者和那些维护正统思想的儒生大致采取两种方法：一是“明道”，通过阐明孔孟儒家之道来排斥异端，用正统的思想来统一国人的思想、意识与行动，不让异端有机可乘；二是“攻乎异端”，即直接批判异端，并将之与“邪说”并举而成为“异端邪说”。这两种方法相辅相成，交互使用，对于维护正统思想起到了积极作用。

批判异端学说，如今仍不失其现实意义。一方面我们提倡用先进的思想教育人，用正确的舆论引导人，另一方面对于异端邪说进行坚决的批判，以明辨是非。然而，儒家的“攻乎异端”也给中国文化带来了一定的负面影响。自从汉武帝“罢黜百家，独尊儒术”，儒家思想就成为了主宰中国封建社会上层建筑及其意识形态的正统思想。用禁锢思想和排斥"异端邪说"来加强统治，是整个封建社会历朝历代所共同采用的手法，这就导致了思想领域万马齐喑的局面。其实，除了主流思想，其他思想未必就是异端。社会的文明与进步，离不开百家争鸣；异端未必就是邪说，把异端与邪说画等号的做法未免过于简单化。不同思想或学说的交锋，往往可以碰撞出思想智慧的火花；不同思想或学说的并存，是社会文明进步的一个重要标志。

2.17 子曰："由①，诲女②知之乎！知之为知之，不知为不知，是知③也！"

【译文】

孔子说："仲由，教你怎样求知吧！知道就是知道，不知道就是不知道，这就是真知。"

【注释】
①由：姓仲名由，字子路，一字季路，鲁国人，孔子弟子，比孔子小9岁。
②女：通"汝"，你。
③知：指对待知与不知的正确态度。

【解读】

"知之为知之，不知为不知"，这既是一种实事求是的治学精神，也是一种严谨而踏实的优良学风。它一方面告诫人们，对待学习和知识要老老实实，实事求是，不知为不知，则人必告我，我亦必求知，并不耻下问。另一方面告诫人们，不要自欺欺人。"知之曰知之，不知曰不知。内不自以诬，外不自以欺"（《荀子·儒效》）。如果不懂装懂，既影响自己获得真知，又往往喜欢冒充内行，或瞎吹胡侃，或胡乱指挥，如此则必将贻害无穷。

君不见，某人一旦成为政府官员，无论是否具有真才实学，无论是学何种专业，他每到一个部门、一个行业都能做"重要指示"，指导该部门该行业的领导与专家该如何如何做，俨然成了该部门的技术专家与学术权威，其实他所说的大多是空话、套话，甚至是瞎话连篇。由此看来，"知之为知之，不知为不知"也应该成为政府官员的座右铭，对于自己所不知的领域，还是免开尊口吧！以不知为知，实为无知啊！更有甚者，某些地方党政一把手，好主观臆断，往往脑袋一拍、头脑一热，就决定了一个工程上马；并且自信此项工程"意义重大""不容置疑"；至于自己是否懂行，这在他看来并不成问题，只要有权就行；至于是否需要科学规划，这在他看来纯属多此一举："规划规划，纸上画画，墙上挂挂，橡皮擦擦，不及领导一句话。"自认为"我就是总规划师"，看来我们的地方党政一把手或者部门的主管官员，应该懂得一个浅显而教训深刻的行政管理的基本原则，这就是孔子所倡导的"知之为知之，不知为不知"。

2.18 子张①学干禄②。子曰："多闻阙③疑，慎言其余，则寡尤；多见阙殆④，慎行其余，则寡悔。言寡尤，行寡悔，禄在其中矣。"

【译文】

子张想学谋求官职的方法。孔子说："多听听，保留疑问，谨慎地谈论有把握的部分，就能减少错误；多看看，保留疑问，谨慎地实行有把握的部分，就能减少懊悔。言语少错误，行动少懊悔，俸禄就在其中了。"

【注释】

①子张：姓颛（zhuān）孙名师，字子张，陈国人，孔子弟子，比孔子小48岁。
②干禄：求官职。干：求。禄：俸禄。
③阙：同"缺"，保留。
④殆：疑问。与"疑"同义。

【解读】

"多闻""多见"，则能增广见闻。然而并非一有见闻就要发表自己的看法或采取行动，而是要善于"阙疑""阙殆"。孔子还以史书为证，说："吾犹及史之阙文也。"(《论语·卫灵公》15.26)因此孔子告诫人们："君子于其所不知，盖阙如也。"(《论语·子路》13.3)这种"阙疑""阙殆""阙文"和"阙如"的做法，实际上就是"知之为知之，不知为不知"，是一种实事求是的治学精神，是一种严谨而踏实的优良学风。

孔子还认为，对那些自己没有弄懂的问题不要轻率发表看法，对自己没有把握的事情不要轻率采取行动，而是要"慎言"与"慎行"。一"慎"而四受益：一是给人的印象是稳重老成，二是言而有信，不诺则已，一诺千金。"子曰：'古者言之不出，耻躬之不逮也。'"(《论语·里仁》4.22)"子曰：'夫人不言，言必有中。'"(《论语·先进》11.14)三是可以避免"言过其行"(《论语·宪问》14.27)的毛病，四是可以"寡尤"与"寡悔"。有"慎言"与"慎行"之士如此，当政者必能知人而善任，这样俸禄也就不求而自至了。孔子教子张"干禄"的方法，实际上是教他修身，通过修成"慎言"与"慎行"的品德来引起当政者的任用，此为以不求为求。

2.19 哀公①问曰："何为则民服?"孔子对曰："举直错诸枉②，则民服；举枉错诸直，则民不服。"

【译文】

鲁哀公问道："怎样做才能使百姓归服呢?"孔子答道："提拔正直的人并把他安置在不正派的人之上，百姓就会归服；提拔不正派的人并把他安置在正直的人之上，百姓就不会归服。"

①哀公：鲁哀公，公元前494～前468年在位。

②举直错诸枉：直：正直。这里指正直的人。枉：不正直；不正派。这里指不正直的人；不正派的人。错：通"措"，放置；安置。诸：兼词，"之于"的合音。

【解读】

治国离不开人才，孔子主张选拔举荐那些有贤德、有才能的人，并把他安置在不正派的人之上，如此政令则由正直之人发出，其政令必将考虑惠民。有这样的官员处于上位，老百姓就会心悦诚服。如果提拔不正派的人并把他安置在正直的人之上，如此政令则由不正直之人发出，其政令必将围绕一己之私利，甚至不惜收刮民脂民膏。有这样的官员处于上位，老百姓就会不服。历史屡次证明这样一个事实：大凡民不聊生、民怨沸腾之际，往往是奸臣当道、贪官污吏横行之时。

2.20 季康子①问："使民敬②、忠以劝③，如之何④?"子曰："临之以庄，则敬；孝慈，则忠；举善而教不能⑤，则劝。"

【译文】

季康子问道："要使百姓严肃认真、尽心竭力地做好事情，并互相勉励为善，该怎么做呢?"孔子说："你用庄重的态度对待他们，百姓就会严肃认真地做好事情；你孝顺父母慈爱子女，百姓就会尽心竭力地做好事情；你提拔善人，教育能力不强的人，百姓就会互相勉励为善。"

【注释】

①季康子：季孙肥，鲁哀公时正卿，"康"是谥号。

②敬：慎重；不怠慢；指以严肃认真的态度处理事情。

③劝：勉励；鼓励。

④如之何：怎么办。

⑤不能：没有能力；能力不强的人。

【解读】

　　孔子德治思想的一个重要内容就是"修身正己和以德化民"。《论语》中多次记载季康子问政于孔子，而孔子皆用"修身正己和以德化民"的主张来回答他。譬如：除了本章之外，又如"季康子问政于孔子。孔子对曰：'政者，正也。子帅以正，孰敢不正？'"（《论语·颜渊》12.17）"子曰：'其身正，不令而行；其身不正，虽令不从。'"（《论语·子路》13.6）"子曰：'苟正其身矣，于从政乎何有？不能正其身，如正人何？'"（《论语·子路》13.13）这一切皆说明一个道理：只要执政者做到了"庄""孝慈""举善而教不能"，那么百姓就必然会做到"敬""忠"和"劝"；只要执政者"帅以正"，那么"孰敢不正"？百姓就自然会"不令而行"。这些都是要求执政者修身正己、率先垂范。

　　2.21　或①谓孔子曰："子奚②不为政③？"子曰："《书》④云：'孝乎惟孝，友于兄弟，施⑤于有政⑥。'是亦为政，奚其⑦为为政？"

【译文】

　　有人对孔子说："您为什么不做官？"孔子说："《尚书》云：'孝啊，孝顺父母，友爱兄弟，并把它延及到卿相在位之人。'这也是从政，为什么要做官呢？"

【注释】

①或：无定代词，有人；有的；有的人。

②奚：何；为什么。

③为政：这里指做卿相大臣；做官。政：卿相大臣。

④书：也称《尚书》。以下三句见古文《尚书·周书·君陈》。今本古文《尚书》

为："惟孝，友于兄弟，克施有政。"

⑤施（yì）：延及；推广。

⑥有政：犹言有司，在位之人。

⑦奚其：为什么；何必。

【解读】

孔子认为如果人们做到了"孝"和"友于兄弟"，那么这种品德就可以延及当权者身上去，这实际上是从政了。我们由此可以得到这样的启发：所谓从政，并非一定得做官不可。不必人人为了关心国家大事，为了治理国事而皆去做官；更不必削尖脑袋去投机钻营；也不必在到了退位的年龄时还贪念官位却冠冕堂皇地说："我还能为党、为国家和人民再做几年贡献。"不在位照样也能为党、为国家和人民做贡献，孔子的这一"为政观"或许能够使我们认识到这一点。

2.22 子曰："人而①无信，不知其可也。大车无輗，小车无軏②，其何以行之哉？"

【译文】

孔子说："一个人如果不讲信用，不知他还可以做什么。就像大车和小车的车辕前横木两端没有插销，它怎么行走呢？"

【注释】

①而：如果。

②大车无輗二句：牛车叫大车，马车叫小车。牛车辕前横木两端的插销叫輗（ní），马车辕前横木两端的插销叫軏（yuè）。

【解读】

《论语·学而》篇中数次提到"信"，并且皆是从正面倡导，此章则是通过反面立论来间接论证"信"的重要性。诚信是人际交往中必须坚守的一条道德底线，如果"无信"，则必将丧失道德底线；而一个丧失了道德底线的人，真不知他还可以做什么。这正如何晏《论语集解》引孔安国曰："言人而无信，其余终无可。"刘宝楠《论语正义》云："人有五常，仁、义、礼、智，皆须信以成之。若人无信，其余四德，终无可行。"

2.23 子张问："十世①可知也②?"子曰："殷因于夏礼，所损益，可知也；周因于殷礼，所损益，可知也。其或③继周者，虽④百世，可知也。"

【译文】

子张问道："十世以后的礼仪可以预先知道吗?"孔子说："殷朝沿袭了夏朝的礼仪，因此殷朝所增删的礼仪是可以知道的；周朝沿袭了殷朝的礼仪，因此周朝所增删的礼仪是可以知道的。或许今后有继承周朝的朝代，即使经过百世，其礼仪也是可以预先知道的。"

【注释】

①世：30 年为一世。

②也：同"耶"，表疑问。

③其或：大概；或许。

④虽：即使。

【解读】

曾经有人批评孔子因循守旧，是搞复辟开历史倒车的典型代表。其实孔子是具有历史发展观的。以礼而言，孔子认为各个朝代的礼有其不变的部分，孔子指出"殷因于夏礼""周因于殷礼"。所谓"因"，就是继承，这说明各个朝代的礼是具有内在联系的，具有共同而不变的东西。这种共同而不变的东西，就使得礼具有相对的稳定性，即使经历朝代更替，人们还是可以知道该朝代礼仪的基本的内容，所以孔子说："夏礼，吾能言之""殷礼，吾能言之"（《论语·八佾》3.9），"其或继周者，虽百世，可知也。"其共同而不变者，盖为礼之基本功用，如序等差、别亲疏和明贵贱。然而时代在变，世道人心亦在变，礼当然也得变。孔子对此亦有深刻的认识。他指出，虽然"殷因于夏礼""周因于殷礼"，但是皆有所"损益"。可见殷礼与夏礼、周礼与殷礼之间的这种内在联系主要表现在既有继承又有损益，用当今的哲学术语来说，就是扬弃。

2.24 子曰："非其鬼①而祭之，谄也。见义不为，无勇也。"

【译文】

孔子说："不是自己的祖先却去祭祀它，是谄媚。看见正义的事情不去做，是没有勇气。"

【注释】
①鬼：祖先。

【解读】

《礼记·礼运》云："祖庙，所以本仁也……礼行于祖庙，而孝慈服焉。"祭祀祖庙，是为了推行以孝为本的仁道，因此祭祀祖庙，孝慈之道就能被人们接受。然而祭祀他人祖先却是为何呢？这岂不是谄媚乎？勇者，临危不惧，勇于行事、勇于担当之谓也；义者，宜也，事之所宜也。看见正义的事情奋勇地去做，此可谓见义勇为；如果看见正义的事情却不去做，就是没有勇气，也就是怯懦。

八佾第三

（共二十六章）

3.1　孔子谓①**季氏**②**，"八佾**③**舞于庭，是可忍**④**也，孰**⑤**不可忍也?"**

【译文】

孔子谈论季氏时说："他僭用天子的礼乐在其家庙的庭院中奏乐跳舞，这样的事可以容忍的话，还有什么不可以容忍呢?"

【注释】

①谓：谈论；评论。

②季氏：此指鲁昭公时的执政上卿季孙氏。

③八佾（yì）：八佾之舞。古代舞蹈奏乐，八人一行，称一佾。八佾则八行，共六十四人。八佾为天子舞蹈奏乐时所用的舞乐行列。诸侯只能用六佾，卿大夫只能用四佾，士只能用二佾。

④忍：忍耐；容忍。

⑤孰：什么。

【解读】

据《史记·孔子世家》载："孔子年三十五，而季平子与郈昭伯以斗鸡故得罪鲁昭公，昭公率师击平子，平子与孟氏、叔孙氏三家共攻昭公，昭公师败，奔于齐，齐处昭公乾侯。……孔子年四十二，鲁昭公卒于乾侯，定公立。"在鲁昭公逃亡齐国期间，季氏主持国政，他代鲁君举行祭祀时，不在周公庙而在自己家庙里僭用天子的八佾之舞。季氏居然如此胆大妄为，这对于以维护与恢复西周礼制为己任的孔子来说，"是可忍也，孰不可忍也？"孔子以其大无畏的气概旗帜鲜明地表示不能容忍季氏这种僭越礼制的行为。且不论孔子维护西周礼制是否意味着倒退，而违背破坏西周礼制者是否就意味着进步，当时季氏把持鲁国国政，权倾鲁国，炙手可热。孔子既不因为自己没有讨伐季氏的条件就不敢谴责季氏，也不因为鲁昭公的悲惨结局而害怕谴责季氏。孔子的这种不畏权贵和谴责权贵的精神，就很值得我们学习。

3.2　三家①者以《雍》②彻。子曰："'相维辟公，天子穆穆③'，奚取于三家之堂？"

【译文】

　　孟孙氏、叔孙氏、季孙氏三家大夫唱着《雍》诗来撤除祭品。孔子说："《雍》诗说'助祭的是众诸侯，天子端庄肃穆'。这样的诗句怎么能够用在三家的庙堂上呢？"

【注释】

①三家：指春秋后期鲁国执政的三卿孟孙（亦作仲孙）、叔孙、季孙。这三家皆是鲁桓公（公元前711～前694年在位）之子仲庆父、叔牙、季友的后裔，史称"三桓"。

②雍：一作雝，《诗经·周颂》中的一篇。

③相维辟公二句：出自《雍》诗。相（xiàng）：助，这里指助祭者。维：语气词，用在主语和谓语之间可帮助判断，可译为"是"。辟（bì）公：诸侯。

【解读】

　　《周颂》共31篇，大多是周王室祭祀宗庙的乐歌，《雍》是周武王在祭祀文王完毕撤除祭品时唱的歌。因此，只有周天子在祭祀完毕时才能"以《雍》彻"，然而季孙氏、孟孙氏和叔孙氏三家大夫祭祀宗庙完毕时居然也"以《雍》彻"，这是僭越祭礼的行为，所以孔子愤慨地指责他们道："这样的诗句怎么能够用在三家的庙堂上呢？"

3.3 子曰："人而①不仁，如礼何②？人而不仁，如乐何？"

【译文】

孔子说："一个人如果没有仁德，将怎样对待礼仪呢？一个人如果没有仁德，将怎样对待音乐呢？"

【注释】

①而：如果。

②如……何：表示询问的习惯说法，相对于"把……怎么样""对……怎么办""怎样对待（处置、安顿）……"。

【解读】

仁是礼的灵魂，是礼的内在依据；礼只是仁的外在体现，或者说仁的精神要通过礼来体现。礼的本质是肯定人伦秩序的合理性。只有建立与维护这种秩序，人类才能合群，才能正确处理人与人之间、人与社会之间的关系，人类才能生存，才能发展。这正如邢昺《论语注疏》所云："为政之善，莫善礼乐。礼以安上治民，乐以移风易俗。得之则安，失之则危。"人们种种违背礼的行为，皆是缘于"不仁"。如果一个人没有仁德，那么他是不会在意礼仪和音乐的，甚至会违背和破坏先王的礼乐制度。

3.4 林放①问礼之本。子曰："大哉问②！礼，与其奢也，宁俭；丧，与其易③也，宁戚④。"

【译文】

林放询问礼的本质。孔子说："这个问题意义重大啊！礼，与其奢侈，宁可节俭；丧礼，与其办理得周全，宁可悲哀。"

【注释】

①林放：鲁国人。

②大哉问：（此）问大哉。主谓倒置句。

③易：治理。这里指办理得周全。

④戚：哀伤；悲哀。

【解读】

　　林放询问礼的本质，孔子认为这个问题意义重大。就礼仪的形式而言，既有繁缛之礼仪，也有简略之礼仪。礼无论繁简，就其本质来说，都是仁，只要充满仁爱之心则可，因此如果在繁简之间选择的话，孔子认为："礼，与其奢也，宁俭。"节俭或许更能适切人的性情。孔子又以"丧礼"为例，丧礼的周全与否，只是丧礼的形式而已，最重要的是参加丧礼者是否具有深切的悲哀之情。如果没有悲哀之情，就是没有适切人的性情；即使把丧礼办得十分周全，那又有什么意义呢？"子曰：'居上不宽，为礼不敬，临丧不哀。吾何以观之哉？'"（《论语·八佾》3.26）"子张曰：'祭思敬，丧思哀。'"（《论语·子张》19.1）这一切都说明丧礼只是形式，哀戚才是丧礼的内容，才是丧礼的本质。孔子所说的"丧，与其易也，宁戚"，阐述了内容决定形式、形式要为内容服务，不能舍本逐末的道理。

3.5　子曰："夷狄①之有君，不如②诸夏③之亡④也。"

【译文】

　　孔子说："夷狄尚且有君主，不像中原国家没有君主。"

【注释】

①夷狄：古代有东夷、北狄、南蛮、西戎之称，这是当时华夏诸国对中原以外各诸侯国和部族的蔑称。

②如：似；像。

③诸夏：中国，指周王朝所分封的中原各诸侯国。

④亡（wú）：通"无"。

【解读】

西周时期，天子保持着"天下宗主"的威权，禁止各诸侯国之间相互攻战兼并。春秋时代，礼崩乐坏，礼乐征伐出自诸侯；诸侯之国，则出自大夫。这是目无天子、目无君主的僭越礼制之行为。社会现实已是"君不君、臣不臣、父不父、子不子"，所以孔子感叹道："夷狄之有君，不如诸夏之亡也。"皇侃《论语义疏》云："此章为下僭上者发也。诸夏，中国也。亡，无也。言中国所以尊于夷狄者，以其名分定而上下不乱。周室既衰，诸侯放恣，礼乐征伐之权不复出自天子，反不如夷狄之国尚有尊长统属，不至如我中国之无君也。"朱熹《论语集注》引程子曰："夷狄且有君长，不如诸夏之僭乱，反无上下之分也。"程树德《论语集释》引《四书辨疑》曰："盖谓夷狄尊奉君命，而有上下之分，是为有其君矣。诸夏蔑弃君命，而无上下之分，是为亡其君矣。此夫子伤时乱而叹之也。"由此可知，孔子所谓"无君"，是指目中无君，君主的威权已衰微。

3.6 季氏旅①于泰山。子谓冉有②曰："女弗能救③与?"对曰："不能。"子曰："呜呼! 曾④谓泰山不如林放乎?"

【译文】

季氏要去祭祀泰山。孔子对冉有说："你不能阻止吗?"冉有回答："不能。"孔子说："呜呼! 难道说泰山之神不如林放懂礼吗?"

【注释】

①旅：祭名，祭祀山神。

②冉有：姓冉名求，字子有，鲁国人，孔子弟子，比孔子小 29 岁，当时任季氏宰臣。

③救：禁止；阻止。

④曾：难道；竟然。

【解读】

《礼记·王制》云："天子祭天下名山大川。"《礼记·祭法》云："诸侯在其地则祭之，亡其地则不祭。"这说明：只有天子才能祭祀天下的名山大川，诸侯只能祭祀在其国内的山川，而不能越境祭祀。至于大夫以下则不能祭祀山川。季氏竟然也要去祭祀泰山，这无疑是僭越礼制的行为，因此孔子表现出极大的不满，他认为林放懂礼制，泰山之神当然也懂礼制。即使季氏祭祀泰山，泰山之神也不会享用季氏僭越礼制之祭的。因此，季氏祭祀泰山之举是徒劳无益的。

3.7 子曰："君子无所争。必也①，射②乎！揖让③而升，下而饮。其争也君子。"

【译文】

孔子说："君子无所争。如果有所争，一定是比箭吧！（但是他们比箭时会）相互作揖谦让登堂，下来时一起喝酒。他们的竞争是谦谦君子之争。"

【注释】

①必：如果；果真。必也：单独为一分句，假设的内容往往承前而省略，并且反其意而行之。"必也"承前面的"君子无所争"而来，反其意就是"如果有所争"。

②射：大射。天子、诸侯将有祭祀之事，举行大射。以射来选择助祭者，同时还要借此观察射者的德行。因此参射者必须争胜。

③揖让：宾主见面时互相拱手作揖为礼。

【解读】

君子无所争，即使非争不可，并且事关自己的重大利益，也要做到彬彬有礼，始终保持谦谦君子的风度。无所争是一种美德，是一种超脱，也是一种智慧。君不见，当今世界，芸芸众生，皆为利来，皆为利往。其利欲熏心者，往往为争名夺利而费尽心机、不择手段，无所不用其极，最后仍不免身败名裂、鸡飞蛋打一场空。

3.8 子夏问曰："'巧笑倩兮，美目盼兮①，素以为绚兮②'何谓也？"子曰："绘事后素③。"曰："礼后乎？"子曰："起④予者商也，始可与言《诗》已矣。"

【译文】

子夏问道："'美好笑容酒窝妙，黑白分明眼睛美，好像洁白的质地上绘着绚丽的图画啊'是什么意思？"孔子说："先有白色质地，然后绘画。"子夏说："礼产生在忠信之后吧？"孔子说："能够阐发我的思想的是卜商啊，可以开始与你讨论《诗经》了。"

【注释】

①巧笑倩兮二句：出自《诗经·卫风·硕人》。巧笑：美好的笑，笑得好看。倩：笑时两颊现出酒窝的样子。盼：眼睛黑白分明。

②素以为绚兮：此句为逸句，今本《诗经》无。素：没有染色的绢，这里指绘画的白色质地。绚：彩色；绚丽。这里指绚丽的图画。

③绘事后素：绘画之事后于素，即先有白色底子，然后在上面绘画。

④起：阐发；发挥。

【解读】

子夏问曰："'巧笑倩兮，美目盼兮，素以为绚兮'何谓也？"孔子答道："绘事后素。"这是子夏向孔子请教，孔子教之。子夏由孔子所说的"绘事后素"而联想到"礼"和"忠信"的关系："礼必以忠信为质，犹绘事必以粉素为先。"（朱熹《论语集注》）因此问道："礼后乎？"这是子夏深受孔子教育的启发而举一反三。孔子对子夏所提出的"礼后乎"这一问题而感慨道："起予者商也，始可与言《诗》已矣。"这表明孔子对子夏举一反三的悟性非常赞赏。作为学生，不仅要记住和理解所学的知识，更重要的是还要善于触类旁通，举一反三。这才是善于学习。

3.9 子曰："夏礼，吾能言之，杞不足征①也；殷礼，吾能言之，宋不足征也。文献②不足故也。足，则吾能征之矣。"

【译文】

孔子说："夏代的礼我能够说出来，杞国不能取以为证；殷代的礼我能够说出来，宋国不能取以为证。这是他们的历史文献和贤者不够的缘故。如果有足够的历史文献和具有丰富文化知识的贤者，我就能够验证它了。"

【注释】
①征：验证；证明。
②文献：历史文献和具有丰富文化知识的贤者。

【解读】

孔子作为文化大师，他精通夏商周三代的礼仪制度，自称能言夏礼和殷礼，这是因为可以借助"文献"来加以验证。"文献"是指历史文献和具有丰富文化知识的贤者。杞国是夏王室后代的封国。相传周武王封夏禹后人东楼公于杞（今河南杞县）。宋国是商王室后代的封国。周公平定武庚（纣王之子）叛乱之后，封殷代旧都周围地区给微子启（纣王的庶兄），号宋公，为宋国，建都商丘。孔子由此推断杞国和宋国应该分别保留了夏礼和殷礼，如果有足够的文献就能够取以为证。譬如：周礼是周公制定的，周公封于鲁，鲁国基本上是沿用周礼。据《左传·昭公二年》载："春，晋侯使韩宣子来聘……观书于太史氏，见《易象》与《鲁春秋》，曰：'周礼尽在鲁矣。吾乃今知周公之德，与周之所以王也。'"这表明鲁国沿用了周礼，并保存了西周的典籍。虽然孔子生活在春秋末期，当时早已是礼崩乐坏，但是孔子还是可以由鲁国之礼来验证周礼。《礼记·中庸》说："子曰：'吾说夏礼，杞不足征也。吾学殷礼，有宋存焉。吾学周礼，今用之，吾从周。'"所谓"今用之"是说鲁国还在沿用周礼，文献足征。由今而推古，毕竟只是推论，只有找到可靠的证据才能证明自己所说的观点和内容。所以虽然孔子自称能言夏礼和殷礼，但是他仍然采取审慎的态度，公开承认自己所知的夏礼和殷礼尚未得到文献的证实。这表明孔子具有非常严谨的治学精神。

3.10　子曰："禘①自既灌②而往者，吾不欲观之矣。"

【译文】

孔子说："禘祭礼从开始献酒之后，我就不想看了。"

【注释】

①禘（dì）：天子祭祀始祖的一种隆重的典礼。朱熹《论语集注》："禘，王者之大祭也。王者既立始祖之庙，而以始祖配之也。成王以周公有大勋劳，赐鲁重祭，故得禘于周公之庙，以文王为所出之帝，而周公配之。然非礼矣。"

②灌：禘祭开始时第一次献酒的一种仪式，用郁鬯（chàng）之酒浇地以迎神。

【解读】

春秋时期礼崩乐坏，诸侯僭越天子之礼乐者有之。如"禘"是天子祭祀始祖的一种隆重的典礼，鲁君却僭用禘祭之礼。这在孔子看来，是僭越礼制的行为，因此他以"不观"的态度来表示自己的不满，不想看鲁国举行的禘祭。此孔子所谓"非礼勿视"的具体体现。

3.11 或问禘之说^①。子曰："不知也。知其说者之于天下也，其如示诸斯乎^②！"指其掌。

【译文】

有人问禘祭的道理。孔子说："不知道。知道禘祭道理的人对于治理天下，大概像把东西放在这里一样容易吧！"孔子指着他的手掌说。

【注释】

①说：理论；道理。

②知其说者二句：《礼记·中庸》作"明乎郊社之礼，禘尝之义，治国其如示诸掌。"示：通"置"，安置；摆放。诸："之于"的合音。斯：此。这里指手掌。

【解读】

《礼记·祭统》云："凡祭有四时，春祭曰礿，夏祭曰禘，秋祭曰尝，冬祭曰烝。礿、禘，阳义也；尝、烝，阴义也。禘者，阳之盛也；尝者，阴之盛也。故曰：'莫重于禘、尝。'……禘、尝之义大矣，治国之本也，不可不知也。明其义者君也，能其事者臣也。不明其义，君人不全；不能其事，为臣不全。……祭敬，则竟内之子孙莫敢不敬矣。"其中"禘、尝之义大矣，治国之本也，不可不知也。……祭敬，则竟内之子孙莫敢不敬矣"，这段话与孔子所说"知其说者之于天下也，其如示诸斯乎"有异曲同工之妙。由此可见，关于禘祭的方法和意义，孔子岂能不知？只是因为鲁国的禘祭僭越了礼制，所以孔子说"不知也"，以此来表达自己对"或问禘之说"的不屑于理睬的态度。此孔子所谓"非礼勿言"的具体体现。

3.12 祭如在，祭神如神在。子曰："吾不与^①祭，如不祭。"

【译文】

祭祀祖先时好像祖先就在眼前，祭祀鬼神时好像鬼神就在眼前。孔子说："我不能参与祭祀而使人代替，就如同没祭祀。"

【注释】
①与（yù）：参与。

【解读】

《礼记·玉藻》云："凡祭，容貌颜色，如见所祭者。"此所谓祭礼如事生。《礼记·祭统》云："是故君子之祭也，必身亲莅之，有故则使人可也。"可见祭祀应该亲自参与，如果有特殊缘故不能参加，也可以使人代替。然而孔子认为，凡是祭祖祭神，自己必须亲自参加；如果自己不能参与祭祀而使人代替，就如同没有祭祀，即不能像亲自祭祀时那样感觉"如（祖）在"与"如神在"。此所谓祭祀贵虔诚恭敬，只有亲自祭祀，才会有其诚则有其神。由此可以看出孔子对待祭祀的慎重态度。

3.13 王孙贾^①问曰："'与其媚于奥^②，宁媚于灶^③。'何谓也?"子曰："不然。获罪于天，无所祷也。"

【译文】

王孙贾问道："俗话说'与其讨好房屋西南角的神，宁可讨好灶神'，这是什么意思?"孔子说："不对。如果得罪了上天，祈祷也没用。"

【注释】
①王孙贾：卫国大夫。
②奥：屋内西南角，尊长所居之处，也是祭祀时设神主之处。

③灶：灶神。

【解读】

"与其媚于奥，宁媚于灶"，这里是把祭神之处奥与灶神比喻为宫廷内的两股势力，王孙贾的意思是问孔子该讨好哪一方。而在孔子看来，为人要正直守礼，谁都不巴结。人必须敬畏上天，如果违背了天道，讨好谁都没用。历朝历代及当今官场，不同的利益集团往往形成几股不同的势力，并且皆占据要津，大搞任人唯亲。小官吏小职员们若想得到提拔升迁，往往须讨好并投靠其中的某股势力或某位权贵。此时想升迁者往往会思考着这样的问题：我是去讨好投靠张三书记，还是去讨好投靠李四市长呢？谁的势力大呢？万一某某失势而投错门庭怎么办？如果同时讨好两位上司，是不是更好？但是也有可能两位上司都不把自己当成他的人看待而不予提拔，那又该怎么办？这种人成天思考的是"媚于奥乎""媚于灶乎"？抑或"既媚于奥又媚于灶乎"？甚至有的人干脆揣着钱直接去找某某权贵买官。然而却不去认真考虑自己该如何提高品德修养，如何提高业务水平与管理能力；甚至有的人见到上级就点头哈腰，见到下级和百姓就盛气凌人。殊不知，无德无才，得罪百姓这个天，无论巴结任何权贵，最终也是没有用的。此所谓"获罪于天，无所祷也"。

3.14　子曰："周监于二代①，郁郁②乎文哉！吾从周。"

【译文】

孔子说："周朝的礼仪制度借鉴了夏商两代，文采多么丰盛啊！我遵从周礼。"

【注释】

①周监于二代：朱熹《论语集注》："言其视二代之礼而损益之。"监：通"鉴"，

借鉴；参考。二代：夏代和商代。

②郁郁：丰盛的样子。

【解读】

孔子认为周朝的礼仪制度借鉴了夏殷两代，因此由周礼可以上推夏朝之礼和殷朝之礼；由夏殷之礼又可知周礼对夏殷之礼的"损益"，周礼正是通过借鉴夏礼和殷礼并有所损益而制定的，因此它变得更丰富、更完善。孔子对西周所建立起的礼仪秩序给予充分肯定，并非复辟倒退，而是想以此来改变春秋时期礼崩乐坏的社会现实，使动荡的社会恢复稳定的局面。

3.15　子入太庙①，每事问。或曰："孰谓鄹人②之子知礼乎？入太庙，每事问。"子闻之，曰："是礼也。"

【译文】

孔子进入太庙，每件事都要问。有人说："谁说叔梁纥的儿子懂得礼呢？他进入太庙，每件事都要问。"孔子听到这话，说："这就是礼啊！"

【注释】

①太庙：古代开国之君叫太祖，太祖之庙叫太庙。此指周公庙，周公旦是鲁国最初受封之君。

②鄹（zōu）人：指孔子的父亲叔梁纥（hé）。鄹，又作陬。叔梁纥因两次作战有功，被封为陬邑大夫（一说陬邑宰）。春秋时代一些诸侯国习惯用"（某地）人＋名"来称呼地方长官，因此《左传·襄公十年》称叔梁纥为"陬人纥"；或直接用"（某地）人"来称呼地方长官，例如这里称叔梁纥为"鄹人"。

【解读】

孔子年轻时就以知礼而闻名，然而当他以助祭者的身份进入鲁国太庙时，却每件事都要问。其中有他过去未知的礼仪、未见过的祭器等，他通过问而知之；其中也有他过去已知的礼仪，那或许只是从书本上看到的，从别人那里听来的，但未亲眼目睹，如今身临其境，他便通过问而验证之。这不仅体现了孔子在求知方面的谦虚谨慎的态度，也告诉人们这样一个道理：处处留心皆学问。

3.16 子曰："射①不主皮②，为力不同科③，古之道也。"

【译文】

孔子说："比箭不以射穿箭靶子为主，因为各人的臂力不相等，这是古时的规矩。"

【注释】

①射：这里指演习礼乐的射。

②皮：指用兽皮做的箭靶子。

③科：等级。

【解读】

《仪礼·乡射礼》云："礼射不主皮。主皮之射者，胜者又射，不胜者降。"古代射箭比赛有主皮之射和不主皮之射两种。主皮之射的箭靶用牛皮或犀牛皮等较厚的皮革做成。没有靶心，以射穿为胜。不主皮之射的箭靶用布制作，正中贴一张熊皮或虎皮或豹皮，也有画上五彩兽形的。以射中靶心的兽皮为胜，并且讲究形体合于礼，动作合于乐，所以又称"礼射"。此章孔子所言，为其中的礼射，其目的在于比谁射得准，而不是比谁的臂力大，因此射中靶心的兽皮即可算胜。

3.17 子贡欲去告朔之饩羊①。子曰："赐也！尔爱②其羊，我爱其礼。"

【译文】

　　子贡想要免去每月初一告祭祖庙用的活羊。孔子说："赐啊！你吝惜那只羊，我舍不得那种礼。"

【注释】

①告朔之饩羊：告朔：每月初一诸侯要杀一只活羊祭于祖庙，然后回到朝廷听政。这种祭庙活动叫做告朔。朔：夏历每月初一。饩（xì）羊：供祭祀用的活羊。饩：活牲。

②爱：吝惜；舍不得。

【解读】

　　春秋时期礼崩乐坏，有些礼仪形式已经消失或即将消失。例如根据礼制，每月初一，国君必须亲临祖庙，并杀一只活羊来祭祀祖先，然后回到朝廷听政。这种祭庙活动叫做告朔，听政叫做"视朔"或"听朔"。然而每月初一，鲁君不但不亲临祖庙，而且也不听政，只是杀一只活羊意思一下而已。这就使得"告朔"之礼徒具形式。子贡则更进一步，认为干脆连杀羊祭祀的形式也不必保留。孔子认为，尽管告朔之礼只残存形式了，但总比完全消失好，因此孔子说："赐啊！你吝惜那只羊，我舍不得那种礼。"只要形式尚存，或许还能回归其实啊。

3.18　子曰："事君尽礼，人以为谄也。"

【译文】

　　孔子说："侍奉君主竭尽礼节，别人却以为是献媚呢。"

【解读】

　　春秋时期君不君，臣不臣。一方面是君不以礼待臣，所以孔子告诫鲁定公道："君使臣以礼，臣事君以忠。"（《论语·八佾》

3. 19）一方面是臣不以礼待君，所以孔子曾感叹道："夷狄之有君，不如诸夏之亡也。"（《论语·八佾》3. 5）不以礼事君的现象似乎"蔚然成风"，而一旦有人"事君尽礼"，别人就会以为这是献媚。"事君尽礼，人以为谄也"，这句话既可以看成是孔子感叹别人对自己"事君尽礼"的不理解，也可以看做是孔子对礼崩乐坏现实的无奈叹息。

3. 19　定公①**问："君使臣，臣事君，如之何?"孔子对曰："君使臣以礼，臣事君以忠。"**

【译文】

鲁定公问："国君使用臣子，臣子侍奉君主，该怎么做?"孔子回答说："国君依礼来使用臣子，臣子就会用忠诚来侍奉君主。"

【注释】

①定公：鲁定公，公元前509~前495年在位。

【解读】

"君使臣以礼，臣事君以忠"，这两句与其说是并列关系，不如看成是条件关系：如果国君依礼来使用臣子，臣子就会用忠诚来侍奉君主。如果君不以礼使臣，那么臣该不该以忠事君呢? 孔子没有明说，不过《孟子·离娄下》却对此进行了阐发，"孟子告齐宣王曰：'君之视臣如手足，则臣视君如腹心；君之视臣如犬马，则臣视君如国人；君之视臣如土芥，则臣视君如寇仇。'"在孟子看来，臣子并非要绝对地、无条件地忠于君主，这要看君主如何待臣，若"君不君"，则莫怪我"臣不臣"了，君臣之间至少在某种程度上是相互对等的。我们由此可见孟子的民本思想与孔子思想的源流关系。

孔子的君臣观是建立在尊君礼臣基础之上的。君主没有绝对的权威，臣子也不必对君主愚忠。孟子继承了孔子的这一思想，他甚至认为："无罪而杀士，则大夫可以去；无罪而戮民，则士可以徙。"(《孟子·离娄下》)"君有大过则谏；反复之而不听，则易位。"这就明确表示不允许君主独断专行、胡作非为，否则大臣有权选择离开君主甚至废掉君主。

然而汉代董仲舒根据"阴阳五行说"和"天尊地卑"的思想，建立了三纲五常理论，他在《春秋繁露》中说："惟天子受命于天，天下受命于天子"，"君臣父子夫妇之义皆取诸阴阳之道，君为阳，臣为阴；父为阳，子为阴；夫为阳，妇为阴。"后来东汉章帝召开白虎观会议，正式确定"三纲"之说："三纲者何？……君为臣纲、夫为妻纲、父为子纲。"(《白虎通义·三纲六纪》)宋代朱熹则根据三纲五常理论提出"存天理，灭人欲"。所谓"人欲"，就是指一切违背三纲五常的动机与行为。从此以后，三纲五常成为维护封建专制主义的封建"道统"，成为"礼教杀人"的工具。

由此可见，汉儒之后的"三纲"，根本无视孔子和孟子的君待臣以礼的主张，而是倡导"君要臣死，臣不得不死；父要子亡，子不得不亡"的绝对服从关系。汉儒已非孔子之儒，宋儒亦不同于汉儒，后人不知儒学是发展变化的，因此硬将"三纲"强加在孔孟身上，并以此来批判孔孟之道，岂不冤杀孔孟乎？

3.20 子曰："《关雎》①，乐而不淫②，哀而不伤。"

【译文】

孔子说："《关雎》快乐而不过度，哀婉而不悲痛。"

【注释】

①关雎（jū）：《诗经》的第一篇。

②淫：过度。

【解读】

《关雎》是国风的第一篇，全诗如下：

> 关关雎鸠，在河之洲。窈窕淑女，君子好逑。
> 参差荇菜，左右流之。窈窕淑女，寤寐求之。
> 求之不得，寤寐思服。悠哉悠哉，辗转反侧。
> 参差荇菜，左右采之。窈窕淑女，琴瑟友之。
> 参差荇菜，左右芼之。窈窕淑女，钟鼓乐之。

这是一首爱情诗，描写一名青年男子对一位姑娘的爱慕之情。诗中所写"琴瑟友之"和"钟鼓乐之"，可谓之"乐"。这种男女之间的爱慕之情是以婚姻为目的的，既没有私奔，也没有始乱终弃，即没有越礼而过度，所以孔子说"乐而不淫"。诗中所写青年男子对这位姑娘求之不得而"辗转反侧"的哀婉之情，但并未沉浸于痛苦之中而不能自拔，所以孔子说"哀而不伤"。此章内容以及《论语》中其他关于《诗经》的评论，或许是我国最早的文艺批评。

3.21 哀公问社①于宰我②。宰我对曰："夏后氏③以松，殷人以柏，周人以栗，曰：使民战栗。"子闻之，曰："成事不说，遂事不谏，既往不咎④。"

【译文】

鲁哀公问宰我做土神牌位用什么木料。宰我回答说："夏代用松木，殷代用柏木，周代用栗木，用栗木是要让百姓战栗。"孔子听到这话，说："已做成的事不要再解释，已完成的事不要再劝谏，已过去的事不要再追究。"

【注释】

①社：土神。这里指木制的土神牌位。

②宰我：姓宰名予，字子我，鲁国人，孔子弟子，比孔子小29岁。

③夏后氏：原为古部落名，禹为其首领。后来禹之子启建立了我国历史上第一个朝代夏，亦称夏后氏、夏氏、夏后。

④咎：责备；追究。

【解读】

鲁哀公问宰我做土神牌位用什么木料。如果宰我仅仅回答："夏代用松木，殷代用柏木，周代用栗木"，这就对了。可是宰我偏偏喜欢自作聪明，还要运用声训的方式来补充解释周代用栗木的缘由："用栗木是要让百姓战栗。"孰料此一解而三错：一是望文生义，牵强附会。为什么"夏代用松木，殷代用柏木，周代用栗木"？何晏《论语集解》引孔安国曰："凡建邦立社，各以其土所宜之木。宰我不本其意，妄为之说，因周用栗，便云'使民战栗。'"皇侃《论语义疏》云："然社树必用其土所宜之木者，社主土生，土生必令得宜，故用土所宜木也。夏居河东，河东宜松。殷居亳，亳宜柏。周居酆镐，酆镐宜栗也。"二是有辱周天子的名声，有违孔子所倡导的德治学说。焉有仁人在位而可"使民战栗"乎？三是有违孔子所倡导的实事求是的治学态度。孔子提倡"君子于其所不知，盖阙如也"（《论语·子路》13.3），而宰我于其所不知，却信口开河。

3.22 子曰："管仲①之器②小哉！"或曰："管仲俭乎？"曰："管仲有三归③，官事不摄④，焉得俭？""然则管仲知礼乎？"曰："邦君树⑤塞门⑥，管氏亦树塞门。邦君为两君之好，有反坫⑦，管氏亦有反坫。管氏而知礼，孰不知礼？"

【译文】

孔子说："管仲的器量小啊！"有人问："管仲俭朴吧？"孔子说："管仲享有大量市租，其手下官员不兼职，怎么能说是俭朴呢?"又问:"那么管仲懂得礼节吧?"孔子说:"国君宫门外设立了照壁,管仲也设立了照壁。国君为了两国君主的友好,而在厅堂上设置了放酒器的土台,管仲也设置了土台。管仲如果懂礼,那谁不懂礼呢?"

【注释】

①管仲:姓管名夷吾,字仲。齐桓公的宰相,辅佐齐桓公成为霸主。

②器:器量。

③三归:市租名,取民之三归于公。齐桓公因管仲有功而以市租赏之。

④摄:兼职。

⑤树:立;设立。

⑥塞(sè)门:照壁;屏;又称萧墙,国君宫门内当门设立用以分隔内外的矮墙。

⑦反坫(diàn):回放酒器的土台。国君宴时宾主把酒饮完,把空杯放回到坫上叫反爵(酒器),此坫就叫反坫。坫:厅堂两楹柱之间用以放置酒器的土台。

【解读】

孔子认为管仲有三个毛病:一是器量小,二是不俭朴,三是不懂礼节。尤其是这第三个毛病,完全是僭越礼制的行为,孔子对此表现出极大的不满,气愤地说:"管仲如果懂礼,那谁不懂礼呢?"一般来说,一个人受到如此批评,恐怕也就好不到哪里去了。然而孔子又这样评价管仲说:"管仲相桓公,霸诸侯,一匡天下,民到于今受其赐。微管仲,吾其被发左衽矣。"(《论语·宪问》14.17)这说明孔子评价人物能够做到一分为二,功过分明,既不为贤者讳,也不因其过而掩其功。"子曰:'唯仁者能好人,能恶人。'"(《论语·里仁》4.3)孔子自己就是这样的仁者啊!

3.23 子语①鲁大师②乐,曰:"乐其可知也:始作,翕如③也;从④之,纯如⑤也,皦如⑥也,绎如⑦也,以成。"

【译文】

孔子把演奏音乐的理论告诉鲁国太师，说："演奏音乐的过程是可以知道的：开始演奏，音乐洪亮；继续展开，音乐和谐，清晰，余音袅袅，然后结束。"

【注释】

①语（yù）：告诉。

②大（tài）师：乐官之长。

③翕（xī）如：五音合奏，音乐兴盛的样子。翕，合；聚。

④从（zòng）：放纵；展开。这个意义后来写作"纵"。

⑤纯如：音乐纯一和谐的样子。

⑥皦（jiǎo）如：音乐清晰的样子。

⑦绎如：音乐连续不断的样子。

【解读】

想当初子路弹瑟居然弹到孔子家门口来了，于是孔子说："仲由为什么在我门前弹瑟呢？"学生们因此不尊敬子路。太师是一国乐官之长，如果有谁敢在他面前大谈乐理，则难免有班门弄斧之嫌。如今孔子居然能够教鲁国的太师演奏音乐的理论，由此可知孔子精通乐理，乃音乐大师也。

3.24 仪①封人②请见③，曰："君子之至于斯也，吾未尝不得见也。"从者见④之。出曰："二三子⑤何患于丧⑥乎？天下之无道⑦也久矣，天将以夫子为木铎⑧。"

【译文】

仪地的边防官请求拜见孔子，他说："贤人到了这里，我没有不与他见面的。"孔子的随行弟子引见了他。边防官出来后说道："你们这些人何必担忧先生失掉了官位呢？国家政治黑暗已经很久了，上天将把先生当成传道的导师呢。"

【注释】

①仪：地名。

②封人：镇守边防的官员。

③见：拜见；谒见。

④见（xiàn）：引见；介绍。

⑤二三子：诸位；你们这些人；你们几个人。

⑥丧（sàng）：丧失，这里指失掉官位。

⑦天下无道：国家政治黑暗。

⑧木铎：以木为舌的铜铃。铎有木铎与金铎之分，文事摇木铎，武事摇金铎。古代官府要宣布政令时就摇木铎来召集百姓。这里比喻上天将命孔子制作法度以号令天下。

【解读】

孔子辞去鲁国司寇之职而为宣传自己的政治主张周游列国，过着颠沛流离的生活。卫国仪地的边防官拜见了孔子之后，他对孔子的随行弟子说："你们这些人何必担忧先生失掉了官位呢？"这表明连孔子的弟子也认为孔子是失意之人，他们在为孔子失掉官位而担忧，所以这位边防官才劝他们不必担忧。因为在他看来，孔子肩上所担负的改变世道的重任远比担任某个官职更为重要。我辈知识分子可以由此而告诫自己：能否担任一官半职并不重要，重要的是履行好自己传道授业的职责，培养一大批品学兼优的学生，并通过他们去服务社会，造福民众。

3.25 子谓《韶》："尽美矣，又尽善也。"谓《武》："尽美矣，未尽善也。"

【译文】

孔子评论《韶》乐说："音乐美极了，并且内容好极了。"评论《武》乐说："音乐美极了，内容没有达到完美。"

【解读】

"韶"是舜时的乐曲名，"武"是周武王时的乐曲名，舜和周武王都是孔子心目中的圣明天子，孔子称赞《韶》乐说："音乐美极了，并且内容好极了。"孔子评论《武》乐却说："音乐美极了，内容没有达到完美。"这是为什么？皇侃《论语义疏》云："天下万物乐舜继尧，而舜从民受禅，是会合当时之心，故曰尽美也。揖让而代，于事理无恶，故曰尽善也。天下乐武王从民伐纣，是会合当时之心，故曰尽美也。而以臣伐君，于事理不善，故曰未尽善也。"

3.26 子曰："居上不宽，为礼不敬，临丧不哀。吾何以观之哉？"

【译文】

孔子说："居于上位而不宽宏大量，行礼时不严肃恭敬，参加丧礼时不悲哀。这种情况我怎么看得下去呢？"

【解读】

孔子认为行礼重在敬，丧事重在哀。"子路曰：吾闻诸夫子：'丧礼，与其哀不足而礼有余也，不若礼不足而哀有余也。祭礼，与其敬不足而礼有余也，不若礼不足而敬有余也。'"（《礼记·檀弓上》）然而有些人行礼时不严肃恭敬，参加丧礼时不悲哀，从而使得礼仪徒具形式，因此孔子非常生气地说："这种情况我怎么看得下去呢？"此孔子所谓"非礼勿视"的具体体现。

里仁第四

（共二十六章）

4.1 子曰："里①仁为美。择不处仁，焉得知②?"

【译文】

孔子说："居住的地方有仁德风尚才美。如果选择住处却不居住在有仁德风尚的地方，怎么能说是明智呢?"

【注释】

①里：居住。

②知（zhì）：聪明；明智。这个意义后来写作"智"。

【解读】

增进品德修养，除了内因之外，居住的人文环境这一外因也是十分重要的。孔子告诫人们一定要注重对"居住"这一外部人文环境的选择。置身于具有仁德风尚的环境，经常接触的是仁厚之人，长此以往，耳濡目染，这对自身品德修养无疑会产生一定的影响。据刘向《列女传·母仪》云："孟子生有淑质，幼被慈母三迁之教。"《三字经》云："昔孟母，择邻处。"相传孟子幼小时，他家接近墓地，他就常常玩办理丧事的游戏。他母亲说："这不是我用来安顿我儿子的地方。"于是把家搬到集市旁边。孟子又玩学商人做买卖的游戏。他母亲说："这也不是我用来安顿我儿子的地方。"又把家搬到学堂旁边。孟子就玩学祭祀和揖让等礼仪的游戏。他母亲说：“这里可以用来安顿我的儿子了。”他们就在那里住了下来。等孟子长大之后，学成六艺，最终而成为一代大儒。这说明孟母懂得人文居住环境对后辈的成长会产生一定影响的道理。当然，外因总是通过内因而起作用的。人文环境能够影响人，人亦能改造人文环境。不过，这能够改造人文居住环境的人，或许非得仁人君子再加上智勇双全不可。

4.2　子曰：“不仁者不可以久处约^①，不可以长处乐。仁者安^②仁，知者利仁。”

【译文】

孔子说：“不仁的人不可以长期处于穷困中，也不可以长期处于安乐中。仁者乐于行仁，智者因行仁有利而行仁。”

【注释】
①约，犹贫困。
②安：乐意；乐于。

【解读】

为什么说“不仁者不可以久处约，不可以长处乐”？皇侃《论语义疏》云：“约，犹贫困也。夫君子处贫愈久，德行无变。若不仁之人久居约，则必斯滥为盗，故不可久处也。乐，富贵也。君子富贵愈久，愈好礼不倦。若不仁之人处富贵，必为骄溢也。”

为什么说“仁者安仁，知者利仁”？这是说人们行仁的动机各有不同。《韩非子·解老》云：“仁者，谓其中心欣然爱人也。其喜人之有福，而恶人之有祸也。生心之所不能已，非求其报也。”这或许可以看成是对“仁者安人”的解读。至于“知者利仁”，皇侃《论语义疏》云：“利仁者其见行仁者若于彼我皆利，则己行之；若于我有损，则使停止，是智者利仁也。”程树德《论语集释》云："无所为而为之谓之安仁，若有所为而为之，是利之也，故止可谓之智，而不可谓之仁。"譬如某地遭遇地震、洪水或台风等天灾，有的人长期过着艰苦生活却把毕生的一两万元积蓄都捐给灾区，无欲无求、无怨无悔，此可谓仁者安仁吧；有的人向灾区捐款数十万甚至上百万，通过献爱心之举同时也扩大了自己的社会声誉，或为自己的企业树立了良好的社会形象，此可谓仁者利仁吧。

4.3 子曰："唯仁者能好①人，能恶②人。"

【译文】

孔子说："只有仁者能够公正地喜爱人，能够公正地厌恶人。"

【注释】
①好（hào）：喜爱。
②恶（wù）：厌恶。

【解读】

人们在日常生活与工作当中，皆离不开与人相处；相处就可能产生好恶之情。与我情投意合者，则往往喜爱之；与我背道而驰者，则往往厌恶之。此种"好人"与"恶人"，仅仅合于自己好恶之私，而非客观公正之心。君不见某些权贵，手中掌握了选拔人才的权力，其用人的标准，不是唯才是举，而是唯余马首是瞻。其顺我者，说你行你就行，不行也行；其不顺我者，说你不行就不行，行也不行。此种"好人"与"恶人"，仅仅合于"顺我者昌，逆我者亡"之私。

仁者的"好人"与"恶人"却不是这样的。他无私心，能够抛弃个人成见来客观地、公正地评判某个人。据《左传·襄公三年》载：晋国中军尉祁奚请求退休。晋侯向祁奚询问谁能够接替他。祁奚举荐解狐，而解狐恰恰是他的仇人。然而晋侯正要任命解狐时，解狐就死了。晋侯又向祁奚询问谁能够接替他。祁奚回答道："祁午可以。"而祁午是祁奚的儿子。在这时，当任中军尉佐的羊舌职死了。晋侯问祁奚道："谁可以接替他?"祁奚回答道："羊舌赤可以。"于是晋侯任命祁午为中军尉，羊舌赤辅佐他。祁奚在举荐贤才时公正无私，既不因某人是自己的仇人而不举荐他，也不因某人是自己的儿子或者是部下的儿子而不举荐他，一切皆唯才是举。这是对"唯仁者能好人，能恶人"的最好注解，对于当今所实施的人才战略也具有重要的借鉴作用。

4.4 子曰："苟①志于仁矣，无恶②也。"

【译文】

孔子说："如果有志于实行仁德，就不会干坏事。"

【注释】

①苟：如果。

②恶：干坏事。

【解读】

孔子说："好仁者，无以尚之；恶不仁者，其为仁矣，不使不仁者加乎其身。"(《论语·里仁》4.6)"好仁"则必定"恶不仁"，如果有志于仁德，一心所想的便是如何增进品德修养，如何爱人，为善如不及，为恶如探汤，当然就不会去干坏事了。

4.5 子曰："富与贵，是人之所欲也；不以其道得之，不处也。贫与贱，是人之所恶也；不以其道得之，不去也①。君子去仁，恶乎②成名? 君子无③终食之间④违仁，造次⑤必于是，颠沛必于是。"

【译文】

孔子说："富与贵，这是人们所希望的；不用正当的方法获得富贵，君子是不会居于富贵的。贫与贱，这是人们所厌恶的，不用正当的方法获得富贵，君子是不会摆脱贫贱的。君子背离了仁德，怎么成就名声呢？君子不要片刻之间违背仁德，仓促匆忙时必定这样，颠沛流离时必定这样。"

【注释】

①不以其道得之，不去也：郑汝谐《论语意原》："贫贱固人之所恶，不以其道而有
　得焉，则不贫贱矣，然君子不去此贫贱也。"

②恶（wū）乎：疑问副词，怎么；如何。

③无：通毋。不要。

④终食之间：吃完一顿饭的时间，形容时间短暂；片刻之间。

⑤造次：仓促；急遽。

【解读】

富贵，这是人们所希望的；贫贱，这是人们所厌恶的。此乃人之常情，无可厚非。然而当人们处于贫困生活时，如何脱贫致富？处于卑贱地位时，如何跻身于上层社会？这也是贫贱之人所面临的问题。对于君子来说，尽管他处于贫贱之中，尽管他希望过上富贵的生活，但是他知道，要致富，得靠知识来改变命运，得靠劳动来创造美好生活；要做官，得靠自己的才德。孟子曾称赞那些"富贵不能淫，贫贱不能移，威武不能屈"的人为大丈夫。此皆因为君子还有比获得富贵更为重要的，那就是成就名声。而成就名声的最好办法，就是践行仁德。无论是在片刻之间，还是在仓促之间，或是颠沛流离之时；无论是在顺境，还是在逆境，都不要违背仁德。

4.6 子曰："我未见好仁者，恶不仁者①。好仁者，无以尚②

之；恶不仁者，其为仁矣，不使不仁者加乎其身。有能一日用其力于仁矣乎？我未见力不足者。盖有之矣，我未之见^③也。"

【译文】

孔子说："我没见过爱好仁德的人，没见过憎恶不仁德的人。爱好仁德的人，是至高无上的；憎恶不仁德的人，他践行仁德，是为了不使不仁德的事物加在自己身上。有能够整天致力于仁德的吗？我没见过力量不够的。也许有这样的人，我没见过罢了。"

【注释】
①我未见二句：这是感叹仁者之少。《礼记·表记》："子曰：'无欲而好仁者，无畏而恶不仁者，天下一人而已矣。'"
②尚：超过。
③未之见：即"未见之"，否定句中代词宾语前置。

【解读】

孔子之道即仁之道。仁之道，当毕生而勤勉求之，仁以为己任，不存在力不足的问题。若有半途而废者，那也是尽力而为了。孔子云："乡（向）道而行，中道而废，忘身之老也，不知年数之不足也，俛焉日有孳孳，毙而后已。"（《礼记·表记》）意思是朝着仁道前进，走到半途实在走不动了才会停止。忘记自己已经衰老了，也不在乎自己来日无多了，仍然勉力前行，毫不懈怠，死而后已。这可以看作是对此章的解读。

4.7 子曰："人之过也，各于其党^①。观过，斯知仁^②矣。"

【译文】

孔子说："人们所犯的过错，同各人所属的类型相关。观察一个人所犯的错误，就可以知道他是什么样的人了。"

【注释】

①党：类；类属。

②仁：当为"人"。

【解读】

孔子提出了一个独具匠心的察人之法："观过法"。人难免有过，但是君子与小人所犯的过错或许有所不同。朱熹《论语集注》引程氏曰："人之过也，各于其党。君子常失于厚，小人常失于薄；君子过于爱，小人过于忍。"例如：有的过错，是君子出于好心而犯的；有的过错，是小人明知故犯的。有的过错，是君子由其忠厚之心而犯的；有的过错，是小人由其奸诈之心而犯的。因此当君子犯了过错时，他往往向人道歉说："对不起，我不是故意的。"别人也就知其非有意而为之，因此愿意原谅他；当小人犯了过错时，他往往满不在乎，丝毫没有悔过之意，别人也就知其人品如何了。

4.8　子曰："朝闻道，夕死可矣。"

【译文】

孔子说："早晨得知真理，即使傍晚死了也值得了。"

【解读】

为了求道而死，为了追求真理而死，死得其所！2000多年来，这种精神曾激励过无数仁人志士为了探求救国救民之道，为了实现自己心中神圣的理想，不惜抛头颅、洒热血，死而后已。

4.9　子曰："士志于道，而耻恶①衣恶食者，未足与议也。"

【译文】

孔子说："读书人有志于真理，却以穿破旧衣吃粗粮为耻辱，就不值得与他探讨了。"

【注释】
①恶：粗劣的；不好的。

【解读】

求道之路是漫长而艰辛的，如果不具备吃苦耐劳的精神，则可能半途而废。因此孔子对那些具有吃苦耐劳精神的弟子倍加赞赏。例如："子曰：'贤哉，回也！一箪食，一瓢饮，在陋巷，人不堪其忧，回也不改其乐。贤哉，回也！'"（《论语·雍也》6.11）据《孔子家语·致思》载，子路对孔子说："昔者，由也事二亲之时，常食藜藿之实，为亲负米百里之外。"据《礼记·檀弓下》载："子路曰：'伤哉贫也。生无以为养，死无以为礼也。'"子路家贫，由此可见。然而，子路不以穿破旧衣吃粗粮为耻辱，即使跟穿着豪华的人站在一起，也不感到羞愧，无怪乎孔子对他大加称赞道："衣敝缊袍，与衣狐貉者立，而不耻者，其由也与?"（《论语·子罕》9.27）颜回和子路简直就是士志于道，而不耻恶衣恶食的典型！

4.10 子曰："君子之于天下也，无适①也，无莫②也，义之与比③。"

【译文】

孔子说："君子对于天下的事，没有非干不可的，没有不可干的，只要符合道义就行。"

【注释】
①适（dí）：专；可。这里指一定要这样。
②莫：不肯；不可。
③比：合；符合。

【解读】

孔子此言，其意思主要有二：一是"君子对于天下的事，没有非干不可的，没有不可干的"，此所谓"无可无不可"，切不可固执，当通权达变；二是什么事可干，什么事不可干，并非随心所欲，它必须有个标准，这就是"义"，一切皆应以符合道义为准则。孔子对自己的这种主张也是身体力行的。譬如：富贵可求乎？不可求乎？我们既不能谈富贵而色变，以为为富必不仁；也不能见富贵而动心，争相不择手段而求之。"子曰：'富而可求也，虽执鞭之士，吾亦为之。如不可求，从吾所好。'"（《论语·述而》7.12）孔子说："不义而富且贵，于我如浮云。"（《论语·述而》7.16）在孔子看来，富贵无所谓可追求，无所谓不可追求，这要看是否符合道义的准则。由此可见，通权达变与做事符合道义相当重要。知道通权达变，就会懂得没有非干不可的事，也没有不可干的事；知道做事当符合道义，就不会随心所欲而胡作非为。

4.11 子曰："君子怀①德，小人怀土；君子怀刑，小人怀惠②。"

【译文】

孔子说："君子心系道德，小人心系乡土；君子心系刑法，小人心系实惠。"

【注释】
①怀：思念；安于。
②惠：实惠；好处。

【解读】

君子心系道德，因此注重修身养性。小人心系乡土，看重稳定舒适的生活，因此安土重迁。君子心系刑罚，因此遵纪守法。小人心系实惠，因此唯利是图。

4.12 子曰："放^①于利而行，多怨。"

【译文】

孔子说："依据私利而行事，会招致很多怨恨。"

【注释】

①放：根据；依照。

【解读】

人之求利，并非不对；但是如果每事依利而行，于己有利的事就干，而不论是否符合道义，这样就必然会招致很多怨恨。君不见，古往今来放于利而行者，在人际交往中不惜损人利己者有之；在施政过程中不惜与民争利者有之；在与大自然接触过程中不惜竭泽而渔者有之；在国际交往中不惜以邻为壑者有之。损人利己者，必将招致公愤；与民争利者，必将损害政府的公信力而丧失民心；对大自然竭泽而渔者，必将遭受大自然的惩罚；以邻为壑者，必将引发他国的不满甚至对抗。由此可见，放于利而行，必将导致人际关系的不和谐、社会的不和谐、人与自然的不和谐、国与国之间的不和谐。

4.13 子曰："能以礼让为国乎？何有^①！不能以礼让为国，如礼何^②？"

【译文】

孔子说："能够用礼让治理国家吗？这有什么困难呢！如果不能用礼让治理国家，将怎样对待礼仪呢？"

【注释】

①何有：有什么困难呢？②如礼何：怎样对待礼仪呢？如……何：表询问或反问，可译为"把……怎么样"；"对……怎么办"。

【解读】

"以礼治国"是孔子的一项政治主张。孔子说："为国以礼。"（《论语·先进》11.26）此章说："能以礼让为国乎？何有！不能以礼让为国，如礼何？"都是明确强调以礼治国。孔子认为礼对于治国具有重大的意义和作用。"丘闻之，民之所由生，礼为大。非礼，无以节事天地之神也；非礼，无以辨君臣、上下、长幼之位也；非礼，无以别男女、父子、兄弟之亲，婚姻疏数之交也。"（《礼记·哀公问》）《左传·隐公十一年》亦云："礼，经国家、定社稷、序民人、利后嗣者也。"《礼记·曲礼上》云："道德仁义，非礼不成。"《荀子·大略》亦云："礼者，政之輓也。为政不以礼，政不行矣。"一旦礼崩乐坏，则君臣、父子、长幼之序大乱，争斗之乱起，国家亦将陷于分崩离析的境地。一旦"礼乐不兴，则刑罚不中；刑罚不中，则民无所措手足"（《论语·子路》13.3）。因此《礼记·礼运》云："故唯圣人为知礼之不可已也，故坏国、丧家、亡人，必先去其礼。"

4.14 子曰："不患无位，患所以立①；不患莫己知②，求为可知也。"

【译文】

孔子说："不担忧没有职位，只担忧没有任职的才能；不担忧没有人赏识自己，而应去追求可让别人足以赏识自己的才能。"

【注释】

①立：通"位"。

②知：赏识；知遇。这里指任用。

【解读】

一个人所获得的职位、官位应与其德其才相称。我之德才尚不足以获得某个职位、官位，因此就不值得为"无位"而担忧，此所谓"不患人之不己知，患其不能也"（《论语·宪问》14.30）。"君子病无能焉，不病人之不己知也"（《论语·卫灵公》15.19）。如果我之德才足以获得某个职位、官位而未得，也不值得为"无位"而担忧，因为"人不知而不愠，不亦君子乎"（《论语·学而》1.1）。《庄子·让王》引孔子之语曰："行修于内者，无位而不怍。"如果我之德才不足以获得某个职位、官位而得之，倒是值得担忧。只有这样才会产生愧怍之心；有愧怍之心，才会去努力增进德才来与所任职位、官位相称。当今社会是一个具有浓厚的官本位意识的社会，许多人不再是"不患无位，患所以立"，而是"只患无位，不患所以立"，于是为求一官位，不惜卖身投靠、投机钻营、逢迎拍马、行贿买官，可谓机关算尽，不择手段。此种人一旦有位，又将怎样作为？此种答案，人们早已在现实生活中获知。

4.15 子曰："参乎！吾道一以贯之[①]。"曾子曰："唯[②]。"子出，门人问曰："何谓也？"曾子曰："夫子之道，忠恕而已矣。"

【译文】

孔子说："曾参啊！我的学说是用一个基本思想贯穿的。"曾子说："是的。"孔子出去了，别的弟子问道："这是什么意思啊？"曾子说："先生的学说，只是忠恕而已。"

【注释】

①一以贯之：用一个基本思想来贯穿。

②唯：应答声。

【解读】

所谓忠，就是尽心竭力做好本分的事。最初其外延较广，无论是君主还是大臣百姓，皆得忠。所谓"恕"，就是"己所不欲，勿施于人"（《论语·卫灵公》15.24），也就是推己及人，将心比心。邢昺《论语注疏》云："忠谓尽中心也，恕谓忖己度物也。"朱熹《论语集注》云："尽己之谓忠，推己之为恕。"

4.16 子曰："君子喻①于义，小人喻于利。"

【译文】

孔子说："君子明于义，小人明于利。"

【注释】
①喻：明白；懂得。

【解读】

此章所论君子与小人，主要是从其义利观的角度来进行对比的。如何正确对待"义"与"利"，自古以来皆是君子与小人的试金石。所谓"君子喻于义"，是说君子深明大义，一切行事皆以义为出发点，在遇到"利"之时，首先要考虑的是：此"利"我可不可取？它是否符合"义"的准则？如果符合"义"，则取之，此孔子所谓"义然后取，人不厌其取"（《论语·宪问》14.13），亦《吕氏春秋·慎行》所谓"君子计行虑义"，王安石所谓"度义而后动"（《答司马谏议书》）；如果不符合"义"，则勿取，此孔子所谓"不义而富且贵，于我如浮云"（《论语·述而》7.16）。所谓"小人喻于利"，是说小人唯利是图，一切行事皆以利为出发点，此亦《吕氏春秋·慎行》所谓"小人计行其（期）利"。在遇到"利"之时，小人往往容易见利忘义，不择手段，损人利己。

当今"小人喻于利"之风大盛。君不见先富起来的一些富豪，其财富积累的过程，在很大程度上就是利用市场经济的不完善与灰色地带等来牟取财富暴利的过程，是依靠权钱交易来使财富快速飙升的过程。这往往使得财富的积累蒙上一层不义的阴影。君不见"人民公仆"，见利忘义而中饱私囊者，利用手中权力而牟取暴利者，大有人在。甚至是"为人民服务"的某些政府部门与国有垄断企业，皆沦落成"小人喻于利"，利用资源垄断而乱收费、乱涨价，与民争利，牟取暴利。

4.17　子曰："见贤思齐焉，见不贤而内自省也。"

【译文】

孔子说："看见贤人就要想到向他看齐，看见不贤的人就要在内心反省自己是否也有与他类似的毛病。"

【解读】

增进道德修养的过程，实际上就是一个道德修养不断自我完善、不断自我警示和自我改过的过程。道德修养自我完善的理想途径就是见贤思齐。即贤人有此善，我亦要具有此善；贤人的品德是如此之高尚，我的品德亦要达到如此之高尚。这样就会使得自身的美德不断地增加。这正如《孟子·离娄下》所说："舜，人也；我，亦人也。舜为法于天下，可传于后世，我由未免为乡人也，是则可忧也。忧之如何？如舜而已矣。"道德修养自我警示和自我改过的理想途径就是"见不贤而内自省"与"就有道而正焉"（《论语·学而》1.14）。什么是内自省？即不贤人有此恶，我若有则当去之；也可以通过接近有道之人来匡正自己。这样就会使得自身的毛病及时消除并防止新毛病的滋生。由此可见，"见贤思齐"，则可增加美德；"见不贤而内自省"，则可消除自身的毛病。如此一增加，一消除，其道德修养无疑将日臻完善。

4.18　子曰："事父母几①谏，见志②不从，又敬不违，劳③而不怨。"

孔子说："侍奉父母要委婉地劝谏他们，看到自己的意见没有被采纳，仍然要尊敬而不违背他们，虽然忧伤，但不怨恨。"

【注释】

①几（jǐ）：隐微；轻微。这里指委婉。古代"幾"与"几"是互不相干的两个字，"隐微；轻微"义写作"幾"，现在简化为"几"。

②志：心志；意见。

③劳：忧伤；忧愁。

【解读】

父母有过，子女理当劝谏。若父母有过而子女不劝谏，则为不孝。子女劝谏而父母未必听从，即便如此，子女仍然得孝敬父母，不可贸然触犯他们。《礼记·内则》亦阐述了类似的主张："父母有过，下气怡色，柔声以谏。谏若不入，起敬起孝，说则复谏；不说，与其得罪于乡党州闾，宁孰谏。父母怒，不说，而挞之流血，不敢疾怨，起敬起孝。"若子女劝谏而父母不采纳，则父母将继续依此错误而行事，此诚为子女所忧。然而孔子认为，子女对此虽然忧伤，但不怨恨父母。这也是孝道。

4.19　子曰："父母在，不远游，游必有方①。"

【译文】

孔子说："父母在世，不去远游。如果远游，必须要有明确的去向。"

【注释】

①方：地方；方向。这里指去向。

【解读】

子女有服侍父母的义务，如果远游，则难以服侍父母，就连"有事，弟子服其劳；有酒食，先生馔"（《论语·为政》2.8）都无法做到，又从何谈尽其他方面的孝道呢？如果父母年迈体弱，自己却远游他乡，那么父母将依靠谁呢？如果迫不得已而必须远游，就必须要有明确的去向。这是因为当时交通极不发达，联络方式更不便利，儿行千里母担忧，如果自己游踪不定，致使父母连行踪都不知道，岂不令父母更加牵肠挂肚？如果父母遭遇急难，就连捎信也不知捎往何处，这岂是孝子忍心所为之事？如今交通发达，即使遥隔数千里，也可朝发夕至；通讯更是迅捷，手机随身携带，一个电话便知家中详情。于是有人对"父母在，不远游"不以为然，甚至嗤之以鼻。殊不知，培养服侍父母和体谅父母之心，本身就是一种孝心、一种美德。当今农村不少地方是"青壮打工去，老弱守家园"；不少城里人也是志在四方。许多人一年也许难得回家一次，并且他们往往可以给自己找上一大堆难以回家的借口，然而如果我们对父母怀有一种在其身边服侍尽孝之心，能够体会父母对儿女的牵挂之情，那么我们至少可以把"父母在，不远游"改换成"父母在，常回家"，这样就会克服种种困难而常回家看看。这或许是"父母在，不远游"给我们的启迪吧。

4.20 子曰："三年无改于父之道，可谓孝矣①。"

【译文】

孔子说："如果对父亲的行事原则三年没有改变，可以说是孝顺了。"

【注释】

①此句已见《论语·学而》1.11 章。

4.21 子曰：“父母之年，不可不知也。一则以喜，一则以惧。”

【译文】

孔子说：“父母的年龄不可不知道。一方面为他们的长寿而高兴，一方面为他们的衰老而恐惧。”

【解读】

何晏《论语集解》引孔安国曰：“见其寿考则喜，见其衰老则惧。”而当父母衰老之时，则应想方设法常侍奉于父母身边，让父母能够颐养天年。

4.22 子曰：“古者言之不出，耻①躬②之不逮③也。”

【译文】

孔子说：“古人言语不轻易出口，以说了而自身做不到为耻。”

【注释】

①耻：以……为耻。

②躬：自身。

③逮：赶上；做到。

【解读】

孔子多次提到“耻”“有耻”“知耻”等，构成了儒家所倡导的“耻感文化”。本章倡导言行是否一致应有耻。孔子对此种观点亦反复申说。例如：“子曰：‘其言之不怍，则为之也难。’”（《论语·宪问》14.20）“子曰：‘君子耻其言而过其行。’”（《论语·宪问》14.27）这就是孔子在言行是否一致方面所倡导的“耻辱感”。这种耻感文化，两千年来它不断地激励着人们言行一致，言必信，行必果。

4.23 子曰："以约^①失^②之者鲜矣!"

【译文】

孔子说："因为约束自己而犯错误，这是很少的。"

【注释】

①约：约束。

②失：过失；犯错误。

【解读】

虽然人有种种欲求，但是人们不可能想要什么就去追求什么，更不应该想要什么就不择手段去获取什么。人是社会的人，不可能随心所欲，他的所作所为必然会受到社会一定的约束。用什么来约束？当然是用社会共同的道德规范来约束。在孔子眼里，这种社会共同的道德规范主要体现在礼仪制度上。孔子认为："君子博学于文，约之以礼，亦可以弗畔矣夫!"（《论语·雍也》6.27）颜渊也说孔子是这样来教育自己的："博我以文，约我以礼。"（《论语·子罕》9.11）孔子还告诫弟子"非礼勿视，非礼勿听，非礼勿言，非礼勿动"（《论语·颜渊》12.1）。一个人果真能够自觉地用礼仪来约束自己，当然就会少犯错误了。看来"以约失之者鲜矣"，的确是金玉良言啊!

4.24 子曰："君子欲讷^①于言而敏^②于行。"

【译文】

孔子说："君子说话要谨慎，做事要勤勉。"

【注释】

①讷（nè）：言语迟钝。这里指说话谨慎，不随便说。

②敏：勤勉。

【解读】

孔子倡导"慎言"。在处理言与行的关系问题上，他提倡君子"敏于事而慎于言"（《论语·学而》1.14）。这与本章"君子欲讷于言而敏于行"的意思大致相当，都是强调君子要少说多做。

4.25 子曰："德不孤，必有邻。"

【译文】

孔子说："有道德的人不会孤单，必定会有人来做伴。"

【解读】

《周易·系辞上》说："方以类聚，物以群分。"意思是人以同类相聚，物以异群相分。《周易·乾卦·文言》说："同声相应，同气相求。"意思是同一种声音互相应和，同一类气味互相寻求。这或许是"德不孤，必有邻"之所本。

4.26 子游曰："事君数①，斯②辱矣；朋友数，斯疏矣。"

【译文】

子游说："事奉君主过于频繁，就容易招致侮辱；与朋友交往过于频繁，就容易导致疏远。"

【注释】
①数（shuò）：屡次；多次。
②斯：就；则。

【解读】

君尊臣卑，地位本来就不对等。臣事君，虽不必时时察言观色而行事，然而且不说伴君如伴虎，仅仅是君主喜怒无常这一点，就可以无端地呵斥其大臣。事奉君主过于频繁，说不定哪天君主一不高兴就把怨怒无端地发泄在他身上而使他受辱，所以子游认为"事君数，斯辱矣。"当今有些人每每以能够接近上级领导为荣，以为这样就有机会让领导了解自己，从而使自己得到提拔。殊不知事物总是一分为二的。接近领导的机会多了，固然让领导了解甚至提拔自己的机会也就多了；同时你在领导面前点头哈腰甚至卑躬屈膝的次数也增多了，说不定哪天领导一不高兴就把怨怒无端地发泄在你身上而使你受辱，这也并非没有可能。愚以为，作为一名知识分子，作为一名有尊严的人，切莫与官员过分地套近乎，还是保持一定的距离为好。人不可高傲，但可以清高。知识分子只有保持清高，才能保持独立的人格和做人的尊严。

人与人之间或因志同道合，或因兴趣相投，或因性格相合，或因其他原因而成为朋友。朋友之间，无论如何亲密无间，但毕竟是两个人，他们各有各的隐私、各有各的空间，如果老是厮守在一起，久而久之，则可能引起其中一方的厌烦，甚至产生摆脱的心理，这就容易导致疏远。俗话说"距离产生美"，这与"朋友数，斯疏矣"有异曲同工之妙。

公冶长第五

（共二十八章）

5.1 子谓公冶长①，"可妻②也。虽在缧绁③之中，非其罪也。"以其子④妻⑤之。

【译文】

孔子谈论公冶长时说："可以娶妻。虽然曾被关在监狱里，但不是他的罪过。"就把自己的女儿嫁给他。

【注释】

①公冶长：姓公冶名长，字子长，齐国人，孔子弟子。

②妻（qì）：娶妻。

③缧绁（léi xiè）：捆绑犯人的绳索，代指监狱。

④子：女儿。古代"子"可以兼指儿子和女儿。

⑤妻（qì）：嫁；嫁给。

【解读】

公冶长曾蒙冤入狱，孔子不因此而瞧不起他，认为他是无辜的，于是择他为婿。孔子此举对后世，尤其是那些蒙冤受屈的士人影响甚大。例如唐代诗人沈佺期曾遭遇冤屈而被贬官，并被流放灌州（今越南北部）。他的《枉系》诗云："昔日公冶长，非罪遇缧绁。圣人降其子，古来叹独绝。我无毫发瑕，苦心怀冰雪。今代多秀士，谁能继明辙。"他希望有孔子这样的圣人明白自己的冤屈。

5.2 子谓南容①，"邦有道②，不废③；邦无道，免于刑戮。"以其兄④之子妻之。

【译文】

孔子谈论南容时说："国家政治清明时，能不被废弃；国家政治黑暗时，能免遭杀戮。"就把侄女嫁给他。

【注释】
①南容：姓南宫，名适（kuò），字子容，鲁国人，孔子弟子。
②有道：政治清明；天下太平。
③废：废弃；废黜。
④其兄：指孟皮，孔子的同父异母兄。

【解读】

南宫适在国家政治清明时，能不被废弃。这表明南宫适德才兼备，一旦遇到明主便可得到任用。国家政治黑暗时，能免遭杀戮。这表明南宫适不仅遵纪守法，而且处处谨小慎微。

5.3 子谓子贱①，"君子哉若②人！鲁无君子者，斯焉取斯③？"

【译文】

孔子谈论子贱时说："这人是君子啊！如果鲁国没有君子，他从哪里获取这些君子品德呢？"

【注释】
①子贱：姓宓（fú），名不齐，字子贱，鲁国人，孔子弟子，比孔子小30岁。
②若：此；这。
③斯焉取斯：前一"斯"指子贱，后一"斯"指子贱的君子品德。

【解读】

子贱为君子，固然值得称赞；然究其所以为君子者，更具有普遍的借鉴意义。子贱居于鲁国，而鲁国多君子，这就为子贱成为君子提供了良好的社会环境；而子贱善于"见贤思齐"则是他成为君子的内在因素。

5.4 子贡问曰："赐也何如?"子曰："女，器也。"曰："何器也?"曰："瑚琏①也。"

【译文】

子贡问道："我是怎样的人呢?"孔子说："你是器皿。"子贡说："什么器皿?"孔子说："宗庙里盛黍稷的瑚琏。"

【注释】

①瑚琏：宗庙里盛黍稷的玉饰礼器。

【解读】

孔子肯定子贡是器皿，这是称赞子贡是有用之才；再进一步称赞其为瑚琏，而瑚琏是宗庙里盛黍稷的玉饰礼器，因其贵重而华美，故常用来比喻堪当大任的宝贵人才。由此可见子贡在孔子心目中的地位之高。子贡天资聪颖，思维敏捷，能言善辩，在孔门弟子中以言语著称，并且具有卓越的外交谋略。据《史记·仲尼弟子列传》载："田常欲作乱于齐，惮高、国、鲍、晏，故移其兵欲以伐鲁。孔子闻之，谓门弟子曰：'夫鲁，坟墓所处，父母之国，国危如此，二三子何为莫出?'子路请出，孔子止之。子张、子石请行，孔子弗许。子贡请行，孔子许之。"

子贡先到齐国，以其雄辩的口才劝说田常舍鲁而伐吴。子贡随后又"南见吴王"，劝说吴王夫差救鲁伐齐，他说："且夫救鲁，显名也；伐齐，大利也。以抚泗上诸侯，诛暴齐以服强晋，利莫大焉。名存亡鲁，实困强齐。智者不疑也。"吴王大悦。

子贡再到越国劝说勾践道："今王诚发士卒佐之徼其志，重宝以说（悦）其心，卑辞以尊其礼，其伐齐必也。彼战不胜，王之福矣。战胜，必以兵临晋，臣请北见晋君，令共攻之，弱吴必矣。其锐兵尽于齐，重甲困于晋，而王制其敝，此灭吴必矣。"于是"越王大说，许诺。送子贡金百镒，剑一，良矛二。子贡不受，遂行。"

子贡因去之晋，谓晋君曰："臣闻之，虑不先定不可以应卒，兵不先辨不可以胜敌。今夫齐与吴将战，彼战而不胜，越乱之必矣；与齐战而胜，必以其兵临晋。"晋君大恐，曰："为之奈何？"子贡曰："修兵休卒以待之。"晋君许诺。

子贡去而之鲁。吴王果与齐人战于艾陵，大破齐师，获七将军之兵而不归，果以兵临晋，与晋人相遇黄池之上。吴晋争强。晋人击之，大败吴师。越王闻之，涉江袭吴，去城七里而军。吴王闻之，去晋而归，与越战于五湖。三战不胜，城门不守，越遂围王宫，杀夫差而戮其相。破吴三年，东向而霸。

司马迁评论道："故子贡一出，存鲁，乱齐，破吴，强晋而霸越。"子贡的外交才能与其雄辩的口才，由此可见。孔子称赞子贡为瑚琏，即堪当大任的宝贵人才。此言不虚。

5.5 或曰："雍①也仁而不佞②。"子曰："焉用佞？御③人以口给④，屡憎于人。不知其仁，焉用佞？"

【译文】

有人说："冉雍仁德却口才不好。"孔子说："何必要能言善辩呢？凭借口齿伶俐与人争辩，常常被人憎恶。我不知道冉雍是否仁德，但何必要能言善辩呢？"

【注释】

①雍：姓冉名雍，字仲弓，鲁国人，孔子弟子，比孔子小27岁。

②佞：口才好；能言善辩。

③御：抵挡；对付。这里指应答；争辩。

④口给（jǐ）：口齿伶俐、便捷。给：足。

【解读】

当时逞口舌之能的"佞"已成风，"佞"与"不佞"成为臧否人物的一个标准，古人也常以"不佞"来表示谦称。当有人批评冉雍"不佞"即口才不好时，孔子则明确表示反对："焉用佞？"孔子并非反对口才好，孔子弟子七十二贤人中，有"德行：颜渊、闵子骞、冉伯牛、仲弓。言语：宰我、子贡。政事：冉有、季路。文学：子游、子夏。"（《论语·先进》11.3）其中"言语"就是擅长言辞。为什么孔子说"焉用佞"呢？孔子认为，有的人能言善辩，是为了凭借口齿伶俐与人争辩，这样就容易导致被人憎恶的后果；而"佞人"则是巧言谄媚之人，孔子对其深恶痛绝，主张"远佞人……佞人殆"（《论语·卫灵公》15.11）。自从孔子提出"焉用佞"和"远佞人"之后，后世就多以"佞"为贬义词，譬如"佞臣""佞幸"等。

5.6 子使漆雕开①仕。对曰："吾斯之未能信②。"子说。

【译文】

孔子叫漆雕开去做官。他回答说："我对做官还没有信心。"孔子很高兴。

【注释】

①漆雕开：姓漆雕名开，字子开，鲁国人，孔子弟子，比孔子小11岁。

②斯之未能信：即未能信斯。助词"之"为宾语前置的标志。信：信心。

【解读】

漆雕开是孔子弟子中德才兼备者，因此孔子叫漆雕开去做官。

漆雕开或许无心从政；或许他觉得自己对做官之道还缺乏研究，自己的学识和能力还不足以出仕；或许正如康有为《论语注》所说："漆雕子以未敢自信、不愿遽仕，则其学道极深，立志极大，不安于小成、不欲为速就。"因此他回答说："我对做官还没有信心。"无论是出于何种原因，漆雕开都拂逆了孔子的好意。然而孔子不但不责备漆雕开不听劝告，反而很高兴。这表明作为老师，孔子善于尊重学生自己的选择。

如今有些为人父母和为人师者，往往出于对子女或学生的关心而鼓励他们今后去学什么专业、去从事什么工作、去成为怎样的人，总之是为子女或学生精心设计了"美好人生"，并且希望他们能够按照自己的设计走下去。然而一旦子女或学生不愿意遵从父母或老师为他们所做的"设计"，有些父母或老师则大为不悦，认为这样的子女或学生太不听话，甚至是不懂好歹。殊不知人各有志，自己的道路应该由自己来选择，自己的人生应该由自己去设计；父母和老师只能提建议而不宜包办代替。作为父母或老师，如果子女或学生听从了自己所提的建议，那固然值得高兴；如果子女或学生另有选择，我们就应该像孔子对待漆雕开那样，为他能够选择自己所想走的道路而感到高兴。

5.7 子曰："道①不行，乘桴②浮于海。从③我者，其由与?"子路闻之喜。子曰："由也好勇过我，无所取材④。"

【译文】

孔子说："如果我的学说不能推行，我就乘木排漂流到海外去。跟随我的人，大概只有仲由吧?"子路听了很高兴。孔子说："仲由好勇的精神超过了我，这没有什么可取的啊。"

【注释】

①道：政治主张；学说。

②桴：竹木筏子。

③从：跟随。

④材：同"哉"，语气词。

【解读】

孔子想去海外推行自己的政治主张。如果真要乘木排漂流到海外去，一路上必将遇到无数艰险，因此非有一位勇武之人随行不可。孔子弟子当中，就数子路最为勇武。孔子周游列国期间，子路始终追随并保护孔子，于是孔子想到了子路，因此他感叹道："跟随我的人，大概只有仲由吧？"子路听了很高兴。孔子看见子路是如此的高兴，又想起子路虽然勇敢过人，却往往争强好胜，这一点实在是不可取。因此孔子再次感叹道："由也好勇过我，无所取材。"言下之意是希望子路虽勇而不争强好胜。

5.8 孟武伯①问："子路仁乎？"子曰："不知也。"又问。子曰："由也，千乘之国，可使治其赋②也，不知其仁也。""求也何如？"子曰："求也，千室之邑③，百乘之家④，可使为之宰⑤也，不知其仁也。""赤⑥也何如？"子曰："赤也，束带⑦立于朝，可使与宾客言也，不知其仁也。"

【译文】

孟武伯问："子路仁吗？"孔子说："不知道。"孟武伯又问。孔子说："仲由啊，拥有千辆兵车的国家，可以叫他治理军队，但不知道他是否仁。"孟武伯问："冉求怎么样呢？"孔子说："冉求啊，拥有千户人口的城邑，或拥有百辆兵车的大夫封地，可以叫他当总管，但不知他是否仁。"孟武伯问："公西赤怎么样？"孔子说："公西赤啊，穿着整齐的朝服立于朝廷，可以叫他接待宾客，但不知道他是否仁。"

【注释】

①孟武伯：鲁国大夫。

②赋：兵；军队。

③邑：人民聚居的地方；城邑。

④家：大夫的封地。

⑤宰：邑宰，某一邑的长官；卿大夫的家臣，负责管理卿大夫的采邑。

⑥赤：姓公西名赤，字子华，通称公西华，鲁国人，孔子弟子，比孔子小42岁。

⑦束带：系紧腰带，指整理朝服，表示严肃、恭敬。

【解读】

虽然孔子认为仲由、冉求和公西赤皆有从政的才能，但是如果要问他们是否仁，孔子一概表示"不知道他是否仁"。这是因为孔子不仅不轻易以"仁"赞许人，也未敢以仁者自居。

5.9 子谓子贡曰："女与回也孰愈①？"对曰："赐也何敢望②回？回也闻一以知十，赐也闻一以知二。"子曰："弗如也，吾与③女，弗如也。"

【译文】

孔子对子贡说："你与颜回谁强些？"子贡回答说："我怎敢跟颜回相比？颜回听到一件事就能推知十件事；我听到一件事只能推知两件事。"孔子说："是不如他啊，我赞同你的观点，是不如他啊。"

【注释】

①愈：胜过。

②望：通"方"，比量；相比。

③与：赞同；赞许。

【解读】

子贡与颜回都是孔子高足。颜回以德行优异著称，子贡以擅长言辞著称。孔子对子贡说："你与颜回谁强些？"子贡自愧不如。由子贡的回答，可见其为人：一是有自知之明，勇于承认自己的不如人之处；二是不嫉贤妒能，对贤于己者心悦诚服。有此二者，则能学业日进，品德益彰。

5.10 宰予^①昼寝。子曰："朽木不可雕也，粪土^②之墙不可杇^③也；于予与^④何诛^⑤？"子曰："始吾于人也，听其言而信其行；今吾于人也，听其言而观其行。于予与改是。"

【译文】

宰予白天睡觉。孔子说："腐朽的木头不可雕刻，脏土筑成的墙不可粉刷；对于宰予么，还责备什么呢？"孔子说："当初我对人，听到他说的话就会相信他的行为；现在我对人，听到他说的话还要观察他的行为。从宰予白天睡觉这件事我改变了态度。"

【注释】
①宰予：姓宰名予，字子我，鲁国人，孔子弟子，比孔子小29岁。
②粪土：脏土。
③杇（wū）：泥瓦匠用的抹子。这里作动词，指粉刷；涂抹。
④与：语气词。
⑤诛：责备。

【解读】

孔子所提出的"观行法"在当今仍然具有普遍的意义。君不见，当今几乎所有的腐败官员，在其腐败行为暴露之前，无不慷慨激昂地宣讲反腐倡廉，无不语重心长地劝告下属要廉洁奉公，要算一算腐败的成本；甚至有的还当上了廉政标兵。如果仅仅听其言，个个皆是正人君子；如果再观其行，则不难窥见其狐狸尾巴。"听其言而观其行"，的确是识人之法宝。

5.11 子曰："吾未见刚者。"或对曰："申枨①。"子曰："枨也欲，焉得刚?"

【译文】

孔子说："我没见过刚强的人。"有人回答说："申枨就是。"孔子说："申枨欲望多，怎么能够刚强?"

【注释】
①申枨（chéng）：姓申名枨，字周，鲁国人，孔子弟子。

【解读】

人生难免有种种欲求，而许多欲求并非仅仅凭借自己的努力就能实现，还必将受制于人。以求宦达而言，一个人并非仅仅凭借自己的德才兼备就够进入仕途，就能得到提拔重用。中国自古及今，官吏的提拔与升迁，皆为上级任命制，虽然选拔官吏有选拔的机制，但是往往流于形式。一个人的提拔与升迁，往往与掌握任免官吏大权的权贵密切相连。说你行你就行，不行也行；说不行就不行，行也不行。如果某个人有当官的欲求，那么他在上司面前则难免俯首帖耳、唯唯诺诺、唯命是从；若想在上司面前"刚"起来，这恐怕是不可能的。刚强品德的养成源于能够除去内心的私欲。如果某个人无官欲，那么他才有可能像陶渊明那样"不为五斗米折腰向乡里小儿"，挂印而去；才有可能像李白那样"安能摧眉折腰事权贵"，并戏万乘如僚友；才能达到"富贵不能淫，贫贱不能移，威武不能屈"（《孟子·滕文公下》）的大丈夫境界，才能真正做到"我善养吾浩然之气"（《孟子·公孙丑上》）。

5.12 子贡曰："我不欲人之加诸①我也，吾亦欲无加诸人。"子曰："赐也，非尔所及②也。"

【译文】

子贡说："我不想别人强加于我的事情，我也不想强加于别人。"孔子说："端木赐啊，这不是你能做到的。"

【注释】

①诸：兼词，"之于"的合音。

②及：达到；做到。

【解读】

子贡所说"我不欲人之加诸我也，吾亦欲无加诸人"，此与孔子所说"己所不欲，勿施于人"的意思相当，为孔子所倡导的"恕"道。孔子不轻易以仁赞许人，亦不轻易以恕赞许人，何况子贡尚未做到恕，譬如"子贡方人。子曰：'赐也贤乎哉？夫我则不暇。'"（《论语·宪问》14.29）因此孔子直言道："端木赐啊，这不是你能做到的。"

5.13 子贡曰："夫子之文章①，可得②而闻也；夫子之言性③与天道④，不可得而闻也。"

【译文】

子贡说："老师关于文献方面的学问，我们可以听到；老师关于人性和天道方面的言论，我们没能听到。"

【注释】

①文章：指《诗》《书》《礼》《乐》《易》《春秋》等文献。

②得：能够；可能。

③性：人性。

④天道：自然界及其发展变化的客观规律；亦指自然与人类社会吉凶祸福的关系。

【解读】

什么是人性？孔子并未做过太多的论述，《论语》中只记载孔子谈过一次"性"："子曰：'性相近也，习相远也。'"（《论语·阳货》17.2）孔子之后的儒家，则往往喜言"性"。譬如：孟子倡导"性善论"，而荀子倡导"性恶论"。

自然与人类社会的吉凶祸福之间究竟具有怎样的关系？或许孔子并未对此作深入的研究，这是因为夏人尊天尚命，殷人尊神尚鬼，周人尊礼尚文，而孔子尊崇西周以来的礼乐文化，于是对天命鬼神持质疑的态度。或许孔子对天道并没有太大的研究兴趣，或许压根儿就不相信什么天道，他所看重的是人事。与孔子同时的郑相国子产，也有与孔子相同的观点。据《左传·昭公十八年》载："子产曰：天道远，人道迩，非所及也，何以知之？"意思是"天道远，人道近，互不相关，怎么能够由天道而知人道呢？"战国之后的儒家以及法家和阴阳五行家，则往往喜言"天道"，即喜欢把自然现象与人类社会的吉凶祸福联系在一起。譬如：战国时期的邹衍将阴阳学说与五行学说结合起来并加以扩充，而形成了一个涵盖天地万物的思想体系，他明确指出：夏代尧为木克土，商代夏为金克木，周代商为火克金，五德终始，循环不已。邹衍的著作早已散佚，而作为杂家著作的《吕氏春秋》，其中就比较完整地保存了这种"五德终始"的历史循环论。这种历史循环论不懂得事物发展呈螺旋式上升的规律，而认为是呈圆圈式的循环而封闭的系统。这无疑是错误的。汉代董仲舒竭力倡导"天人合一""天人感应"的阴阳五行学说，认为"美事召美类，恶事召恶类，类之相应而起也"（《春秋繁露·同类相动》）。据《汉书·五行志上》载："董仲舒治《公羊春秋》，始推阴阳，为儒者宗"。由此可见，虽然董仲舒"为儒者宗"，但是此时的"儒术"已经不是纯粹的儒术了，或者说不是孔子的儒术了，它融合了阴阳五行学说以及法家的某些思想，或者说是阴阳五行化的儒学。

5.14 子路有闻，未之能行①，唯恐有②闻。

【译文】

子路有所闻，还没能实行，唯恐又有所闻。

【注释】

①未之能行：即"未能行之"，否定句中代词宾语前置。

②有：通"又"。

【解读】

子路好勇，不仅体现在具有勇敢的胆魄、见义勇为上，而且也体现在勇于实践的品德上。作为孔子的忠实弟子，他严格按照孔子的教诲而躬行实践，是"知行合一"的典型。每当他听到孔子的教诲，就会想要"闻斯行之"（《论语·先进》11.22）。如果子路有所闻，还没能实行，这是他唯恐又有所闻。刘宝楠《论语正义》云："有闻文章之道也。子路好勇，闻斯行之，其未及行，又恐别有所闻，致前所闻不能并行。"

5.15 子贡问曰："孔文子①何以谓之'文'也?"子曰："敏而好学，不耻下问，是以谓之'文'也。"

【译文】

子贡问道："孔文子的谥号为什么称为'文'呢?"孔子说："他勤勉好学，不以向地位、学问低于自己的人请教为耻，因此谥他为'文'。"

①孔文子：卫国大夫孔圉（yǔ），辅佐卫灵公，为执政上卿。"文"是其谥号。

【解读】

孔子倡导"不耻下问"，乃有所本。《诗经·大雅·板》云："先民有言，询于刍荛。"樵夫乃山野粗鄙之人，询于樵夫，可谓不耻下问。《淮南子·主术训》云："文王智而好问，故圣；武王勇而好问，故胜。"可见周文王、周武王皆有不耻下问的精神，并且这种"好问"的精神能够助其成就大业。俗话说"智者千虑，必有一失；愚者千虑，必有一得"，即使是智者，若能向愚者咨询其"一得"，也能够增广其见闻而弥补自己"一失"之缺憾。由此可见，"不耻下问"既是广泛地获取知识的一种途径，也是一种谦虚好学的精神。

5.16　子谓子产①，"有君子之道四焉：其行己也恭②，其事上也敬③，其养民也惠，其使民也义④。"

【译文】

孔子谈论子产时说："他具有四条君子之道：他要求自己端庄恭敬，他侍奉君主恪尽职守，他教养人民宽厚慈惠，他役使人民合于情理。"

【注释】

①子产：名侨，字子产，郑穆公之孙、子国之子。公之孙称公孙，故名公孙侨。以父字为氏，故又称国侨。

②恭：容貌端庄，待人恭敬。

③敬：慎重；不怠慢。指办事严肃认真，恪尽职守。

④义：合宜；于事合宜为义。

【解读】

"其行己也恭"，是称赞子产的修身之道；"其事上也敬"，是称赞子产的事君之道；"其养民也惠"，是称赞子产的惠民之道；"其使民也义"，是称赞子产的使民之道。这些其实就是孔子所倡导的从政之道。子产所具有的君子之道，对于当今的从政者亦具有重要的借鉴意义。修身则能正己正人；敬上和惠民则能使自己与上级和百姓之间皆保持和谐的关系；役使百姓而不夺其农时，则不会影响正常的生产，不会扰民。有此四者，自然能够形成和谐的局面，从而创造出良好的政绩。

5.17 子曰："晏平仲①善与人交，久而敬之。"

【译文】

孔子说："晏平仲善于跟别人交往，相交越久，别人越尊敬他。"

【注释】

①晏平仲：姓晏名婴，字仲，"平"为其谥号。春秋时齐国大夫。

【解读】

据《史记·管晏列传》载：有个叫越石父的人有才能，却被当成囚犯捆绑着，晏子外出时正好遇见了，就解下自己马车左边的马来赎他，并且把他带回家。越石父不但不感谢晏子的解救之恩，在晏子家住了很长一段时间之后他竟然要求离去。晏子感到很惊讶，问他为什么要离开？越石父说：当时我被捆绑时，是因为那人不了解我；你能够赎我，说明你是我的知己；既然是知己，而你却对我无礼，我还不如在监狱里呢！晏子于是把他延为上客。对一个有才而身险囹圄的人伸手相救，并且把他带回家住着；此人非但不言谢，反而责备晏子对他无礼，怠慢了他；而晏子不但不生气，反而改正自己的"过错"，于是把他延为上客。这就是晏子！由此可见，交友之道，并非完全靠交际艺术，而贵在人格魅力、贵在真诚、贵在敬人。具有人格魅力者，则人久久不愿离去；待人真诚者，人亦以真诚待之；敬人者，人恒敬之。或许晏子就是以其人格魅力，以其真诚和以礼待人而使得朋友对他保持长久的尊敬之情吧！

5.18 子曰："臧文仲①居②蔡③，山节④藻棁⑤，何如其知也？"

【译文】

孔子说："臧文仲给大乌龟盖了一间房子，柱上的斗拱雕刻着山，梁上的短柱画着水草。他的聪明才智怎么会是这样呢？"

【注释】

①臧文仲：姓臧孙，名辰，字仲，"文"是其谥号。春秋时鲁国大夫。

②居：使……居。这里指盖房子。

③蔡：大乌龟。蔡本地名，因其地出产大乌龟，因此把大乌龟叫做"蔡"。

④节：柱上的斗拱。

⑤棁（zhuō）：梁上的短柱。

【解读】

孔子认为臧文仲的聪明才智用错了地方。这是因为：第一，古人占卜，主要用动物的甲骨和蓍草，其中甲骨主要是牛羊的肩胛骨和龟甲。在甲骨占卜中，龟被视为卜筮之灵。据《白虎通·蓍龟篇》载："天子下至士，皆有蓍龟者，重事决疑，示不自专。"然而根据礼，大龟为天子和诸侯所用，非大夫所当有。因此臧文仲拥有大龟是不明智的，是越礼的行为。第二，根据《礼记·明堂位》载："山节藻棁……天子之庙饰也。"可见"山节藻棁"为天子之庙的装饰，因此这种行为也是不明智的，是越礼的行为。

5.19 子张问曰："令尹①子文②三③仕为令尹，无喜色；三已④之，无愠色。旧令尹之政，必以告新令尹。何如？"子曰："忠矣。"曰:"仁矣乎?"曰:"未知。焉得仁?"

"崔子⑤弑⑥齐君,陈文子⑦有马十乘⑧,弃而违⑨之。至于他邦,则曰:'犹⑩吾大夫崔子也。'违之。之⑪一邦,则又曰:'犹吾大夫崔子也。'违之。何如?"子曰:"清矣。"曰:"仁矣乎?"曰:"未知。焉得仁?"

【译文】

子张问道:"楚国令尹子文几次出仕当令尹,没有喜悦之色;几次被罢免,没有怨恨之色。交接时他必定把自己做令尹时的政务告诉新上任的令尹。子文怎么样?"孔子说:"这是忠于职守。"子张问道:"他算不算仁呢?"孔子说:"不知道。这怎么可以算是仁呢?"

子张问道:"崔杼杀了齐庄公,陈文子有马车十辆,他丢弃马车而离开齐国。到了一个国家,却说:'这里的执政者好像我国大夫崔子。'就离开了。又到了一个国家,却又说:'这里的执政者好像我国大夫崔子。'又离开了。陈文子怎么样?"孔子说:"很清白。"子张问道:"他算不算仁呢?"孔子说:"不知道。这怎么可以算是仁呢?"

【注释】

①令尹:楚国宰相。

②子文:姓斗名谷於菟(gòu wū tú)字子文,为楚成王令尹达28年。

③三:虚数,表示多次。

④已:停止;罢免。

⑤崔子:齐国大夫崔杼。

⑥弑:下级杀上级。

⑦陈文子:齐国大夫,名须无,谥号"文"。

⑧有马十乘:春秋时车与马相连,一车四马为一乘。有马十乘,即有10辆车、40匹马。

⑨违：离开。

⑩犹：好像。

⑪之：到；到达。

【解读】

　　子文初为令尹时，就捐献家财来缓和楚国的危难；他灭弦伐随，功勋卓著；他屡遭罢免却无怨言；他忠君勤政却家无余财。据《左传·僖公二十三年》载：楚国的成得臣领兵攻打陈国，夺取了焦、夷两处城邑，令尹子文认为成得臣的功劳大，就主动把令尹的位子让给他。据《左传·襄公二十五年》载：齐棠公死，崔杼去吊唁，看见棠公之妻棠姜很美，就把她娶回家。齐庄公与棠姜私通，崔杼因此怀恨在心。一日崔杼托病不办公事，第二天齐庄公去问候崔杼，趁机又与棠姜幽会。崔杼安排众甲士杀死了齐庄公。

　　5.20　季文子①三②思而后行。子闻之，曰："再③，斯可矣。"

【译文】

　　季文子办事总是反复思考然后行动。孔子听到这件事，说："思考两次就可以了。"

【注释】

①季文子：姓季孙名行父，谥号文，鲁桓公少子季友的孙子，鲁国执政。

②三：再三；多次。

③再：两次。

【解读】

　　季文子历仕鲁文公、宣公、成公、襄公。虽相四代国君，但家无私积，无衣帛之妾、食粟之马，无藏金玉、重器备，可谓鲁国社稷之臣。然其生平精于利害之计，凡事皆先反复思考利害得失，然后才行动。由此可见，孔子并非反对"三思而后行"，他所说的"再，斯可矣"，是针对季文子过于谨慎，且世故太深而言。

5.21 子曰："宁武子^①，邦有道，则知；邦无道，则愚。其知可及也，其愚不可及也。"

【译文】

孔子说："宁武子在国家政治清明时就显得聪明，在国家政治黑暗时就表现出愚蠢。他那聪明，别人可以达到；他那愚蠢，别人达不到。"

【注释】
①宁武子：姓宁名俞，谥号武。卫国大夫。

【解读】

宁武子仕于卫文公和卫成公两代。文公有道，而武子无所建树，似乎才能平平，没有过人之智，所以孔子说宁武子"其知可及也"。据《左传·僖公二十八年》载：晋文公准备攻打曹国，向卫国借道，卫成公不答应。晋军从南河渡过黄河，入侵曹国，攻打卫国。卫成公想亲附楚国，国内的人不愿意，就把成公赶走了，以讨好晋国。在成公失国期间，宁武子跟随成公，尽心竭力，不避艰险，不顾身家性命。这在"聪明人"看来是有点"愚"，并且这种"愚"也是别人不肯为的，所以孔子说宁武子"其愚不可及也"，这实际上是对宁武子为了国家而尽心竭力、不避艰险之精神的赞美。

5.22 子在陈，曰："归与！归与！吾党^①之小子狂简^②，斐然成章，不知所以裁之^③。"

孔子在陈国，说：“回去吧！回去吧！我家乡的学生志向远大而行事粗略，文章富有文采，我不知道该怎样指导他们。”

【注释】

①党：乡党；家乡。

②狂简：志向远大而行事粗略。

③裁：割正；指导。

【解读】

据《史记·孔子世家》载：“孔子居陈三岁，会晋楚争强，更伐陈，及吴侵陈，陈常被寇。孔子曰：‘归与归与！吾党之小子狂简，进取不忘其初。’於是孔子去陈。”后来孔子又到了陈国。鲁哀公三年（公元前 492 年），“秋，季桓子病，辇而见鲁城，喟然叹曰：‘昔此国几兴矣，以吾获罪于孔子，故不兴也。’顾谓其嗣康子曰：‘我即死，若必相鲁；相鲁，必召仲尼。’后数日，桓子卒，康子代立。已葬，欲召仲尼。公之鱼曰：‘昔吾先君用之不终，终为诸侯笑。今又用之，不能终，是再为诸侯笑。’康子曰：‘则谁召而可？’曰：‘必召冉求。’于是使使召冉求。冉求将行，孔子曰：‘鲁人召求，非小用之，将大用之也。’是日，孔子曰：‘归乎归乎！吾党之小子狂简，斐然成章，吾不知所以裁之。’子赣知孔子思归，送冉求，因诫曰‘即用，以孔子为招’云。”

5.23 子曰：“伯夷、叔齐①不念旧恶②，怨是用③希。”

【译文】

孔子说：“伯夷叔齐不记旧怨，因此别人对他们的怨恨很少。”

【注释】

①伯夷、叔齐：商朝末年孤竹国国君的两个儿子。伯夷是长子庶出，叔齐是次子嫡

出。据《史记·伯夷列传》载：孤竹君将死，遗命立次子叔齐为继承人。孤竹君死后，叔齐以兄弟之伦让位给其兄伯夷，伯夷以父命当遵而不受。他们都逃到周文王处。周武王起兵伐纣时，他们曾拦住车马谏阻。武王灭商后，他们耻食周粟而隐于首阳山，采薇而食，最终饿死山中。

②恶：怨；怨恨。

③是用：因此；所以。

【解读】

人生在世，难免与人结怨，并且这种结怨或许是由于他人对自己的伤害所致。然而冤家宜解不宜结，君子不念旧恶，相逢一笑泯恩仇，这对于他人是一种宽容，对于自己也是一种修炼。既体现了一种宽广的胸怀，也是欲成就大事业者所应具备的胸襟。

5.24 子曰："孰谓微生高①直？或乞醯②焉，乞诸其邻而与之。"

【译文】

孔子说："谁说微生高直率？有人向他要点醋，他向邻居讨了点再给那人。"

【注释】

①微生高：姓微生名高，鲁国人。

②醯（xī）：醋。

【解读】

或许微生高当时以直率著称，然而孔子通过一件小事发现微生高并非直率之人。有人向微生高要点醋，他家没有，直说没有不就可以了么。然而他不说没有，而是向邻居讨了点再给那人。这是一种掠美而"市直"的行为。何晏《论语集解》引孔安国曰：

"乞之四邻，以应求者，用意委曲，非为直人。"孔子善于从细微处来观察人品，可谓明察秋毫。

5.25 子曰："巧言、令色、足①恭，左丘明耻之，丘亦耻之。匿怨而友其人，左丘明耻之，丘亦耻之。"

【译文】

孔子说："花言巧语，装出和颜悦色，过分恭顺，左丘明认为可耻，我也认为可耻。心存怨恨却表面上跟他友好，左丘明认为可耻，我也认为可耻。"

【注释】

①足：过分。

【解读】

此章与《论语·学而》1.3 章"巧言令色，鲜矣仁"的意思大致相当。

5.26 颜渊、季路侍①。子曰："盍②各言尔志?"子路曰："愿车马衣轻③裘与朋友共，敝之而无憾④。"颜渊曰："愿无伐⑤善，无施⑥劳。"子路曰："愿闻子之志。"子曰："老者安之，朋友信之，少者怀之。"

【译文】

颜渊和子路站在孔子身边。孔子说："何不各自说说自己的志向?"子路说："愿意将自己的车马和穿的轻暖皮衣与朋友共用，即使用坏了也不遗憾。"颜渊说："希望不夸耀自己的善行，不宣扬自己的功劳。"子路说："希望听听先生的志向。"孔子说："使老年人安乐，使朋友信任，使年轻人受到关怀。"

①侍：在尊长身边陪着。杨伯峻《论语译注》："《论语》有时用一'侍'字，有时
　　用'侍坐'两字。若单用'侍'字，便是孔子坐着，弟子站着。若用'侍坐'，
　　便是孔子和弟子都坐着。"

②盍："何不"的合音。

③轻：松软。这里指轻暖。

④憾：遗憾；后悔。

⑤伐：夸耀；宣扬。

⑥施：夸耀；宣扬。

【解读】

　　俗话说"言为心声"，子路的豪爽、颜渊的谦逊、孔子的仁
厚，皆跃然纸上。师生之间可以相互提问，并且袒露心志，由此
亦可见师生之间关系的亲密和教学气氛的融洽。

5.27　子曰："已矣乎，吾未见能见其过而内自讼①者也。"

【译文】

　　孔子说："罢了吧，我没见过能够发现自己的错误而在内心自
责的人。"

【注释】
①自讼：自责。

【解读】

　　朱熹《论语集注》云："已矣乎者，恐其终不得见而叹之也。
内自讼者，口不言而心自咎也。人有过而能自知者鲜矣，知过而
能内自讼者为尤鲜。能内自讼，则其悔悟深切而能改必矣。夫子
自恐终不得见而叹之，其警学者深矣。"

5.28　子曰："十室之邑，必有忠信如丘者焉，不如丘之好

学也。"

【译文】

孔子说："即使十户人家的地方，一定有像我一样忠信的人，只是不如我好学罢了。"

【解读】

人的知识，是通过学习获得的；人的品德，是通过学习养成的。孔子不以圣人自居，亦不以忠信自专，并且承认"我非生而知之者。"（《论语·述而》7.20）却每每以好学而自豪。我辈智力远不及孔子，能不好学乎？

雍也第六

（共三十章）

6.1　子曰："雍①也，可使南面。"

【译文】

　　孔子说："冉雍，可以让他做卿大夫。"

【注释】

①雍：姓冉名雍，字仲弓，鲁国人，孔子弟子，比孔子小27岁。

【解读】

　　有人认为"雍也，可使南面"，是说冉雍可以做诸侯。如：何晏《论语集解》引包咸曰："可使南面者，言任诸侯治。"刘宝楠《论语正义》引《周礼·夏官·掸人》郑玄注："面犹向也。言人君向明而治，故位皆南面。"钱穆《论语新解》注云："南面：人君听政之位。言冉雍之才德，可使任诸侯也。"按，南面：面朝南。古代以坐北朝南为尊位，故天子、诸侯见群臣，皆南面而坐。因此引申为居天子、诸侯之位。然而先秦时期卿大夫见僚属，亦南面而坐，因此南面亦引申为居卿大夫之位。这里指冉雍可居卿大夫之位。孔子提倡任人唯贤，因此曾建议或推荐其弟子出仕，然而孔子绝无建议或推荐他人居诸侯之位的道理。如果让冉雍居诸侯之位，无疑是使布衣而僭拟人君，这是孔子所深恶痛绝的犯上作乱的行为。王引之《经义述闻·通说·南面》

云："书传凡言'南面'，有谓天子诸侯者。《说卦传》：'圣人南面而听天下。'……有谓卿大夫者。《论语·雍也篇》：'雍也可使南面。'《大戴礼·子张问入官篇》：'君子南面临官。'《史记·樗里子传》：'请必言子于卫君，使子为南面。'是也。盖卿大夫有临民之权。临民者无不南面。仲弓之德，可为卿大夫以临民，故曰'可使南面'也。……而包咸《论语注》乃以为任诸侯，皇疏亦云'冉雍之德可使为诸侯。'非也。身为布衣，安得僭拟于人君乎？"

6.2 仲弓问子桑伯子。子曰："可也，简。"仲弓曰："居①敬而行简，以临其民，不亦可乎？居简而行简，无乃大简乎②？"子曰："雍之言然。"

【译文】

仲弓问子桑伯子这个人怎么样。孔子说："还行，但行事简单。"仲弓说："平时严肃认真而行事简单，这样来治理百姓，不也可以吗？平时简单而行事也简单，岂不是太简单了吗？"孔子说："冉雍的话是对的。"

【注释】

①居：平时；平常。

②无乃大简乎：无乃……乎：惯用短语，表示揣测语气。可译为"不是……吗""难道不是……吗""恐怕……吧"。大：同"太"。

【解读】

孔子说桑伯子行事简单。所谓行事简单，是指少繁文缛节，太质朴。冉雍由此而感悟孔子此言的意蕴：治理政事，仅仅简单是不够的，还得存有"敬"心。所谓敬，就是慎重，不怠慢。所以冉雍认为平时要严肃认真，而在治理政事的时候则可简单一点；

如果平时简单而行事也简单，岂不是太简单了吗？意思是不能一味求简。孔子认为冉雍准确地理解了自己所说的"可也，简"的意蕴，于是说："冉雍的话是对的。"由此亦可见冉雍的从政理念和才能，无怪乎孔子称赞冉雍道："雍也，可使南面。"

6.3 哀公问："弟子孰为好学？"孔子对曰："有颜回者好学，不迁怒，不贰过。不幸短命①死矣。今也则亡②，未闻好学者也。"

【译文】

鲁哀公问："你的学生中哪个好学？"孔子回答说："有个叫颜回的人好学，不迁怒于人，不再犯同样的过错。不幸短命死了。现在没有了，没听过好学的人了。"

【注释】
①短命：颜回死时年仅31岁。
②亡（wú）：通"无"。

【解读】

孔子称赞颜回好学，按照一般人的理解，应该是指颜回在读书方面很刻苦；然而孔子特别强调颜回的好学之处在于"不迁怒，不贰过"。按照现行的教育评介标准，这应该是颜回"思想品德好"的体现，它与"好学"不搭界。其实孔子所说的"学"主要包括学习做人与品德修养、学习古代文献（《诗》《书》《礼》《乐》《易》《春秋》）和学习六艺（礼、乐、射、御、书、数）等三大内容。

6.4 子华①使于齐，冉子②为其母请粟。子曰："与之釜③。"请益。曰："与之庾④。"冉子与之粟五秉⑤。子曰："赤之适齐也，乘肥马，衣轻裘。吾闻之也：君子周急不继富⑥。"

【译文】

子华出使齐国，冉有替子华的母亲请求小米。孔子说："给她六斗四升。"冉有请求增加一些。孔子说："给她十六斗。"冉有给了她八十斛小米。孔子说："公西赤到齐国去，乘坐肥壮马驾的车，穿着轻暖的皮衣。我听说过：君子周济急难之人而不接济富裕之人。"

【注释】

①子华：姓公西名赤，字子华，通称公西华，鲁国人，孔子弟子，比孔子小42岁。

②冉子：冉有。

③釜：古量器。六斗四升为一釜。杨伯峻《论语译注》："约合今天的容量一斗二升八合。"

④庾：古量器。十六斗为一庾。

⑤秉：古量器。十六斛为一秉。古代十斗为一斛，南宋改五斗为一斛，一直沿用到民国初年。

⑥君子周急不继富：周：周济。急：困窘；急难。继：增益；接济。

【解读】

请参见下章解读。

6.5 原思①为之宰②，与之粟九百，辞。子曰："毋！以与尔邻里乡党③乎！"

【译文】

原思担任孔子家的总管，孔子给他小米九百，原思推辞。孔子说："别推辞！拿去给你乡的人吧！"

【注释】

①原思：名宪字子思，通称原思，鲁国人，孔子弟子，比孔子小36岁。

②宰：卿大夫家务总管；卿大夫私邑的长官。何晏《论语集解》引包咸曰："孔子

为鲁司寇，以原宪为家邑宰。"

③邻里乡党：家乡；乡里。古代 5 家为邻，5 邻为里，500 家为党，5 党为州，5 州
为乡，即 12500 家为乡。

【解读】

冉有认为子华为孔子出使齐国，其母必须有粮食可吃，于是
替子华的母亲请求小米。孔子同意给她六斗四升，冉有请求增加
一些。孔子同意给她 16 斗。然而原思担任孔子家的总管，孔子却
给他小米九百，原思推辞，认为给得太多了。孔子说："别推辞！
拿去给你家乡的人吧！"

两相比较，看来孔子似乎不愿给子华粮食而愿意多给原思。这
是否有厚此薄彼之嫌？孔子为何要这样处理事情？这与两人的工作
性质和家境密切相关，也与孔子的思想密切相关。子华出使齐国，
这是临时性的专项事务，办完事即可回国；而原思为孔子家的总管，
这是常规性的日常事务，天天得做，必须有一定的俸禄。谁该少给，
谁该多给，不言自明，因此不存在厚此薄彼的问题。孔子赞成"君
子周急不继富"的观念，即重视雪中送炭，而不提倡锦上添花。子
华出使齐国，乘坐的是肥壮马驾的车，穿的是轻暖的皮衣，由此可
见，子华家境富足，他的母亲不可能因为他出国办事而断粮，因此
孔子并未打算给他粮食，只是当冉有替子华的母亲请求粮食时，孔
子不想当面拒绝，也不想直截了当地告诉他不应该给子华粮食，只
是以少给来委婉地表达自己的意思。孔子提倡"君子周急不继富"，
在构建社会主义和谐社会中仍不失其重要意义。这就要求政府为贫
困的百姓着想，帮助他们脱贫解困，而不应与富人勾结来侵害穷人
的权益，致使穷人更穷，富人更富。

6.6 子谓仲弓，曰："犁牛之子骍且角①，虽欲勿用，山川
其②舍诸③?"

【译文】

孔子谈论冉雍时说:"耕牛之子毛赤色角端正,虽然不想用它作祭品,山川之神难道会舍弃它吗?"

【注释】

①骍且角:这里指牛毛赤色,牛角端正。骍(xīng):赤色。周朝以赤色为贵,所以祭祀时用赤色的牲畜。角:指两角长得端正。

②其:岂;难道。

③诸:"之乎"的合音。

【解读】

古代供祭祀的牺牲不用耕牛,而且认为耕牛之子也不配做牺牲。仲弓以德才兼备著称,然而据《史记·仲尼弟子列传》载:"仲弓父,贱人。"孔子认为耕牛所产之子如果够得上作牺牲的条件,山川之神一定会接受这种祭享。那么,仲弓这样的人才,为什么因为他父亲是贱人而舍弃不用呢?朱熹《论语集注》引范氏曰:"以瞽瞍为父而有舜,以鲧为父而有禹。古之圣贤,不系于世类。"古来将相出身寒微者屡见不鲜,后世所谓"英雄不问出处",的确是有道理的。

6.7 子曰:"回也,其心三月①不违仁,其余则日月②至焉而已矣。"

【译文】

孔子说:"颜回啊,他的心长时间内不背离仁德,其他学生则是短时间达到仁德而已。"

【注释】

①三月:指时间长久。

②日月:指时间短暂。

【解读】

颜回一生追随孔子，一心向道，注重品德修养。他"愿无伐善，无施劳"（《论语·公冶长》5.26），他"不迁怒，不贰过"（《论语·雍也》6.3）、"一箪食，一瓢饮，在陋巷，人不堪其忧，回也不改其乐"（《论语·雍也》6.11），他"以能问于不能，以多问于寡；有若无，实若虚；犯而不校"（《论语·泰伯》8.5）。后世儒家认为颜回是孔门七十二贤之冠。

6.8 季康子问："仲由可使从政①也与？"子曰："由也果，于从政乎何有②？"曰："赐也可使从政也与？"曰："赐也达，于从政乎何有？"曰："求也可使从政也与？"曰："求也艺，于从政乎何有？"

【译文】

季康子问："可以让仲由治理政事吗？"孔子说："仲由果敢决断，对于治理政事有何难呢？"季康子问："可以让端木赐治理政事吗？"孔子说："端木赐通达事理，对于治理政事有何难呢？"季康子问："可以让冉求治理政事吗？"孔子说："冉求多才多艺，对于治理政事有何难呢？"

【注释】
①从政：参与政治，治理政事。
②何有：有何难，即不难；有余力。

【解读】

从孔子的回答可知，从政需具备"果""达""艺"，但人各有所长，不必求全责备，贵在知人善任。因此孔子认为，虽然子路、子贡、冉求并不兼具此三者，但是从政对于他们来说，是没有什么困难的。

6.9 季氏使闵子骞①为费②宰。闵子骞曰："善为我辞焉！如有复我者，则吾必在汶上③矣。"

【译文】

季氏要闵子骞担任费邑的长官。闵子骞对使者说："好好地替我辞掉吧！如果再来召我，那我一定避居到齐国了。"

【解读】

闵子骞是孔子弟子中一心求学而无心从政之人。当今社会，官本位极其严重。且不说政府部门，即使是号称学问殿堂的大学，也已经完全行政化了。在大学，一个处长可以把一位知名教授整治得灰溜溜的，使得他毫无尊严可言，这并非危言耸听；"教授算老几？科长也神气"的现象在大学校园里亦屡见不鲜，做学问的教授不如当处长的，已是不争的事实；因此致使许多读书人忍耐不住书斋的寂寞而希冀捞个一官半职。于是乎教授竞聘大学处级岗位而趋之若鹜的现象屡见不鲜；甚至教授、博士争相竞聘大学科长岗位者也时有耳闻。而像闵子骞那样专心治学不求宦达甚至拒绝做官的学者，则不多见矣。此乃学者之幸欤？抑或不幸欤？此乃学术之幸欤？抑或不幸欤？此乃国家之幸欤？抑或不幸欤？其实中国并不缺官员，而是缺学者；或许也并非缺学者，而是缺清高且不媚权贵的学者，缺有尊严、有思想的学者，缺埋头治学而心无旁鹜的学者，缺铁肩担道义的学者。此理甚明，人所易晓，可惜许多学者忘了。

6.10 伯牛①有疾②，子问之，自牖执其手③，曰："亡之④，命⑤矣夫！斯人也而有斯疾也！斯人也而有斯疾也！"

【译文】
　　伯牛患了恶疾，孔子去探问他，从窗户拿着他的手给他把脉，说："没有办法医治了，这是命啊！这样的人竟有这样的病啊！这样的人竟有这样的病啊！"

【注释】
①伯牛：姓冉名耕，字伯牛，鲁国人，孔子弟子，比孔子小7岁。
②有疾：《史记·仲尼弟子列传》作"有恶疾"。
③自牖执其手：何晏《论语集解》引包咸曰："牛有恶疾，不欲见人，故孔子从牖执其手也。"江声《论语俟质》："执其手者，切其脉也。"
④亡（wú）：通"无"，没有。这里指没有办法医治。之：助词，无义。
⑤命：命运。孔子所说的"命"并非天命论者所谓生死、富贵和一切遭遇皆是生来注定的，而是指一种非人力所能知晓及抗拒的外在必然性。

【解读】
　　伯牛和颜渊一样，也是孔子弟子七十二贤人中德行优异者，可惜身患恶疾，并且没有办法医治了。孔子痛心疾首地感叹道："这样的人竟有这样的病啊！这样的人竟有这样的病啊！"颜渊死，"子哭之恸"（《论语·先进》11.10），并且痛心疾首地哭喊道："噫！天丧予！天丧予！"（《论语·先进》11.9）这些都是孔子在其弟子遭受厄运时而发出的悲痛欲绝的哭喊，似乎在抱怨上天对贤者的不公。由此可见，孔子是圣人，也是凡人，也有七情六欲。这里体现了孔子的哀伤之情。师生情深，跃然纸上，我们可以感受到一个活生生的率真的孔子。

6.11 子曰："贤哉，回也！一箪^①食，一瓢饮^②，在陋巷^③，人不堪其忧，回也不改其乐。贤哉，回也！"

【译文】

孔子说："颜回多么贤德啊！一小竹筐饭，一瓢水，住在陋室，常人难以忍受那忧愁，颜回却不改变他的快乐。颜回多么贤德啊！"

【注释】

①箪：盛饭食的圆形小竹筐，有盖。

②饮：饮料。这里指水。

③陋巷：简陋狭窄的居室。

【解读】

一小竹筐饭，一瓢水，住在陋室，可见颜回家境贫寒；然而他一心追随孔子求道不辍，"其心三月不违仁"（《论语·雍也》6.7），颜回简直就是"君子食无求饱，居无求安"的典型！更为难能可贵的是，"人不堪其忧，回也不改其乐"。"乐"什么？"乐"贫吗？非也，乐道也！颜回不因贫困放弃求道而去改求富贵，无怪乎孔子反复称赞他道："贤哉，回也！"颜回"在陋巷"而能"不改其乐"的精神，古往今来，一直激励着知识分子培养自己不惧怕条件艰苦，不贪图物质享受而注重修身养性的美好品德。

6.12 冉求曰："非不说子之道，力不足也。"子曰："力不足者，中道而废。今女画^①。"

【译文】

冉求说："不是不喜欢您的学说，是力量不够啊。"孔子说："如果力量不够，走到半途才会停止。现在你是止步不前。"

【注释】

①画：停止。

【解读】

冉求还没有开始践行孔子的学说，就以"力不足"为托词，这本身就是给自己划定界限而不肯前进啊。

6.13　子谓子夏曰："女为君子儒，无为小人儒。"

【译文】

孔子对子夏说："你要做君子式的儒者，不要做小人式的儒者。"

【解读】

《说文》："儒，柔也。术士之称。"意思是儒是性格柔和的人，是有道艺的人。《周礼·地官司徒·大司徒》云："四曰联师儒。"郑玄注："师儒，乡里教以道艺者。"由此可知，儒是学者、先生之称，以道与艺教人。这原本是一种行业，犹今之教师行业。孔子创立儒家学派，教弟子以仁之道和文献典籍与各种技能，于是儒成为一种学派之称。在孔门弟子中，子夏以文学（文献典籍）著称。相传，《诗经》和《春秋》等儒家经典是由他传授下来的。孔子在世时，子夏就开始招收弟子设教。孔子担心他仅以文学授徒，而忽略仁之道，因此告诫他不仅要传授知识，并且还要传授仁之道，告诉弟子如何做人与增进品德修养。只注重传授专门知识而忽略仁之道的儒者，只能算是小人儒；只有既注重传授知识又注重传授仁之道的儒者才是君子儒。孔子告诫子夏的为师之道，对当今教师仍具有普遍的指导意义。余以为，"教书育人"者，盖为君子儒；只教书而不育人者，盖为小人儒乎！

6.14 子游①为武城宰。子曰："女得人焉耳乎?"曰："有澹台灭明②者，行不由径③，非公事，未尝至于偃之室也。"

【译文】

子游做了武城的长官。孔子说："你得到了人才吗?"子游说："有一位叫澹台灭明的人，办事不走后门，如果不是公事，从不到我屋里来。"

【注释】
①子游：姓言名偃，字子游，吴国人，孔子弟子，比孔子小45岁。
②澹（tán）台灭明：姓澹台名灭明，字子羽，鲁国武城人。
③径：小路；捷径。比喻歪门邪道。

【解读】

办事不走捷径，不走后门，而走正道，走正常程序，此为坚守正道而务实之人；不是因为公事，从不到当官者之家，可见其从不与上司套近乎拉关系，更不阿谀奉承。此等正直之人，被子游视为人才。我们不仅钦佩澹台灭明的清高和正直，同时也钦佩子游这样的领导，他居然能够把不跟自己套近乎拉关系、不对自己阿谀奉承的人视为人才，实属难得。只有那些具有宽阔胸襟与正直品行的领导者，才可能具有这样的人才观。

当今社会，不乏澹台灭明之类的人，但能够被当官者视为人才者，几近于无。君不见，今之当官者，往往把经常围着自己转、善于阿谀奉承的人当成人才；而往往把那些"非公事，未尝至于己之室"的人视为傲慢之人、不懂得亲近和尊敬领导之人。君不见，"不跑不送，原地不动；只跑不送，平级调动；又跑又送，三级跳动"几乎成了官场的潜规则。君不见，那些想办事而又不愿拉关系走后门者，往往被人视为迂腐。呜呼！前不见子游，后不见来者，纵有澹台灭明，可谓人才而被举用乎?

6.15 子曰："孟之反①不伐②，奔③而殿④，将入门，策⑤其马，曰：'非敢后也，马不进也。'"

【译文】

孔子说："孟之反不夸功，打仗败退时他殿后，将进城门时，就一边鞭赶着马一边说：'不是我敢于殿后，是马不肯前进啊。'"

【注释】

①孟之反：姓孟名侧，字反，鲁国大夫。

②伐：夸耀。

③奔：逃亡；败走。

④殿：殿后，行军时走在最后。

⑤策：鞭打；鞭赶。

【解读】

不夸耀功劳，既是一种美德，也是一种处世之道。自古以来，立功而不自夸者，往往能够永保其功；居功而自傲者，往往身死功灭。"不自伐，故有功。不自矜，故长。"（《老子》22章）意思是"不自我夸功，所以能够建功。不骄傲自大，所以能够长久"。"功成弗居。夫唯弗居，是以不去。"（《老子》2章）意思是"立功而不居功。正因为不居功，所以他的功业不会失去"。儒、道之始祖孔子和老子，皆倡导立功而"不自伐"，的确是有道理的啊！

6.16 子曰："不有祝鮀①之佞而②有宋朝③之美，难乎免④于今之世矣。"

【译文】

孔子说："没有祝鮀那样的口才和宋朝那样的美貌，在当今社会要想免遭祸害是很难的啊。"

【注释】

①祝鮀（tuó）：名鮀，字子鱼，官太祝（祝即太祝，主管宗庙祭祀的官），故称祝鮀，卫国大夫，善辞令。

②而：与；和。

③宋朝：宋国的公子，名朝，卫国大夫，美男子，好色淫荡。

④免：逃避；避免。这里指免于祸害。

【解读】

据《左传·定公四年》载，卫国大夫宋朝貌美而曾通于卫襄公夫人宣姜，后又通于卫灵公夫人南子。卫国大夫祝鮀善辞令而得宠于卫灵公。孔子此叹，正如朱熹《论语集注》所云："言衰世好谀悦色，非此难免，盖伤之也。"历史一再证明这样一个简单而深刻的道理：当君主昏庸无道而重用巧言佞色和貌美淫荡之徒时，正直之士则难以容身，而这个国家距离败亡也就不远了。

6.17　子曰："谁能出不由户？何莫^①由斯道^②也？"

【译文】

孔子说："谁能够外出不从房门经过？为什么没有谁从这条道路经过呢？"

【注释】

①莫：没有谁；没有人。

②道：道路，比喻孔子的学说。

【解读】

春秋时期，礼崩乐坏，人们的道德行为也已失范，不再遵循礼制而变得无章可循。或许孔子有感于此而叹。孔子的言外之意是：就像人外出必须经过房门一样，人立身行事也必须循道而行。历史一再证明这样一个简单而深刻的道理：当社会无章可循或者有章不循时，必将导致人们的道德行为失范和社会的动荡不安。

6.18 子曰："质^①胜文^②则野^③，文胜质则史^④。文质彬彬^⑤，然后君子。"

【译文】

孔子说："质朴胜过文采，就会显得粗野；文采胜过质朴，就会显得虚浮。文采与质朴配合得当，这才是君子。"

【注释】

①质：质朴。

②文：文采。

③野：粗野。

④史：言辞华丽而内容虚浮。

⑤彬彬：配合均匀。

【解读】

从言语表达方面来看，"文质彬彬"是孔子言语表达观的一个重要内容，即美言观，是指语言表达要注重内容充实和形式优美。质，是就内容而言，是言之有物，是内容充实；文，是就形式而言，是言之有文，是形式优美。如果言之无物，则内容空洞，叫人不知所云；如果言之无文，则行之不远。《礼记·表记》："子曰：情欲信，辞欲巧。"意思是感情要真实，言辞要美丽。这句话也可以看做是"文质彬彬"在言语表达方面的具体体现。

6.19 子曰："人之生也直，罔^①之生也幸而免。"

【译文】

孔子说："人的生存是靠正直，不正直之人的生存是靠侥幸而免于祸害。"

【注释】

①罔：不正直；不正直的人。

【解读】

不正直之人总是存在着某种侥幸的心理。譬如：当今反腐的力度正在不断加强，但是为什么总有人前"腐"后继呢？个中原因虽然复杂，但有一个原因是共同的，那就是贪腐者总是怀着侥幸的心理："这么多官员都在腐败，未必就正好抓住我？"一旦东窗事发，他仍然愤愤不平曰："还有比我更贪的没抓出来，我真不走运啊！"《左传·宣公十六年》云："民之多幸，国之不幸也。"看来这句话得改为："官之多幸，国之不幸也。"

6.20 子曰："知之者不如好之者，好之者不如乐之者。"

【译文】

孔子说："懂得知识有用的人不如喜爱知识的人，喜爱知识的人不如以追求知识为快乐的人。"

【解读】

当一个人不把"学而时习之"当作负担或枯燥乏味的事情，而是当成自觉行动，并且以"好之"和"乐之"的心境去对待时，这种学习和温习的过程又该是多么愉快啊，学习效率又该是多么高啊。这或许是当今"愉快教育"的源头吧！

6.21 子曰："中人①以上，可以语②上也；中人以下，不可以语上也。"

【译文】

孔子说："中等资质以上的人，可以告诉他高深的学问；中等资质以下的人，不可以告诉他高深的学问。"

①中人：中等资质的人。
②语（yù）：告诉。

【解读】

　　此章体现了孔子因材施教和循序渐进的教学原则。因材施教原则，是指注重学生的实际情况和个性差异的教学原则。循序渐进原则，是指遵循人们的认识规律，根据知识系统来传授知识的教学原则。孔子既根据各人（中人以上和中人以下）的资质差异，又根据知识的难易程度来进行教学（可以语上和不可以语上）。这两种教学原则在当今教学工作中仍不失为重要的教学原则，孔子作为中国古代最伟大的教育家，可谓名实相副，名至实归。

　　6.22　樊迟问知①。子曰："务②民之义③，敬鬼神而远之，可谓知矣。"问仁。曰："仁者先难而后获，可谓仁矣。"

【译文】

　　樊迟问如何才算聪明。孔子说："专心致力于对人民合宜的事情，敬奉鬼神但疏远它们，可以说是聪明了。"樊迟问如何才算仁德。孔子说："仁德的人先艰苦努力然后考虑收获，可以说是仁德了。"

【注释】
①知（zhì）聪明；智慧。这个意义后来写作"智"。
②务：专心致力；努力从事。
③义：合宜；合宜的事情。

【解读】

　　夏人"尊天尚命"，殷人"尊神尚鬼"，周人"尊礼尚文"。《礼记·表记》云："子曰：夏道尊命，事鬼敬神而远之，近人而忠焉。……殷人尊神，率民以事神，先鬼而后礼。……周人尊礼尚施，事鬼敬礼而远之，近人而忠焉。"孔子尊崇西周以来的礼乐文化，对天命鬼神持质疑态度。所以"子不语怪、力、乱、神。"（《论语·述而》7.21）而提倡"敬鬼神而远之"。然而自夏代以来就有事鬼敬神之习俗，为了尊重传统观念，孔子提倡敬奉鬼神。譬如："子曰：'禹，吾无间然矣。菲饮食而致孝乎鬼神，恶衣服而致美乎黻冕。'"（《论语·泰伯》8.21）为了不被鬼神所迷惑，孔子又提倡疏远鬼神。这种对传统鬼神观念的既保留又疏远、存而不论的态度，既反映了孔子重人道轻天道的思想，也表达了孔子对鬼神能够降祸福于人的怀疑。然而令人奇怪的是，当今有不少官员不是修身养性、勤政爱民，而是热衷于烧香拜佛，祈求神灵保佑自己平安无事、升官发财。这种"重鬼神"而"轻人事"的行为，与孔子所说的"务民之义，敬鬼神而远之"背道而驰，其结果必定是鬼神不会保佑他，百姓要把他拉下马。

6.23 子曰："知者乐水，仁者乐山。知者动，仁者静。知者乐，仁者寿。"

【译文】

孔子说："智者喜爱水，仁者喜爱山。智者好动，仁者好静。智者快乐，仁者长寿。"

【解读】

"智者动，仁者静"这两句，不仅揭示出了智者和仁者不同的性格特性，而且也阐释了"智者乐水，仁者乐山"的原因。智者的特性是好动。智者以其才智见用于世，并且自强不息；水亦具有动的特性，并且不舍昼夜，所以"智者乐水"。仁者的特性是好静。仁者无欲，并且以其仁爱之心安人；山亦具有静的特性，并且生长万物，所以"仁者乐山"。"智者乐，仁者寿"，这是揭示智者和仁者不同的功效。智者追求将其才智服务于社会，追求成功。成功固然快乐，而服务社会和追求成功的过程，本身也充满着快乐。仁者无欲无求，则无忧无愁；有如花开花落、云卷云舒，心境恬淡，皆出自然，此乃长寿之道。

6.24 子曰："齐一变，至于鲁；鲁一变，至于道。"

【译文】

孔子说："齐国的教化一经变革，可以达到鲁国的状况；鲁国的教化一经变革，可以达到先王之道的境界。"

【解读】

齐国乃姜太公之后，太公，大贤也；鲁国乃周公之后，周公，圣人也。然春秋时期，礼崩乐坏。齐桓公称霸诸侯，齐国从此重霸道；鲁国自三桓把持朝政，国势渐衰，然仍重礼教。所以朱熹《论语集注》云："孔子之时，齐俗急功利，喜夸诈，乃霸政之余习。鲁则重礼教，崇信义，犹有先王之遗风焉，但人亡政息，不能无废坠耳。道，则先王之道也。"此时齐强而鲁弱，齐重霸道而鲁重礼教。孔子认为，两国若要达到先王之道的境界，则有难易之分。齐国的教化经过变革，得先达到鲁国此时的境界，然后才可以达到先王之道的境界；而鲁国的教化一经变革，则可以达到先王之道的境界。顾炎武《日知录》曰："变鲁而至于道者，'道之以德，齐之以礼'；变齐而至于鲁者，'道之以政，齐之以刑。'"虽然齐鲁都未能达到先王之道，但是孔子能够根据两国国情的不同，来分别为他们制定迈向先王之道的战略步骤。齐国为两步走战略，鲁国为一步到位战略。这种根据国情来制定发展战略的方法，在今天仍然具有重要的借鉴意义。

6.25 子曰："觚^①不觚，觚哉！觚哉！"

【译文】

孔子说："觚不像觚了，这不是觚啊！这不是觚啊！"

【注释】

①觚（gū）：酒器，有棱。

【解读】

礼仪制度能够使人各安其位，各尽其职。春秋时期，礼崩乐坏，名与实已不相符。孔子认为，若要以礼治国，就得给各种礼乐制度"正名"，其中一种方法就是循其名而责其实，以纠正那种名不副实的现象。觚是酒器，原本为上圆下方，有四条棱角，后来改为圆筒形，没有棱角了。这就是"觚不觚"。如果仍然叫做觚，这就是名不副实了。朱熹《论语集注》引程子曰："觚而失其形制，则非觚也。举一器，而天下之物莫不皆然。故君而失其君之道，则为不君；臣而失其臣之职，则为虚位。"所以孔子感叹道："觚哉！觚哉！"何晏《论语集解》云："言非觚也。"朱熹《论语集注》："言不得为觚也。"

6.26 宰我问曰："仁者，虽告之曰：'井有仁^①焉。'其从之也？"子曰："何为其然也？君子可逝^②也，不可陷也；可欺也，不可罔^③也。"

【译文】

宰我问道："如果有人告诉仁者说：'井里有人。'他会跟着下去吗？"孔子说："为什么要这样呢？君子可以去井边救人，但不可以自陷于井里；君子可以受欺骗，但不可以受愚弄。"

【注释】

①仁：当为"人"。

②逝：往；去。

③罔：无中生有；愚弄。

【解读】

宰我此问，似乎有点"刁钻"：如果仁者知道井里有人而不下去救，则未免不仁；如果下去救，则可能自己也上不来了。在宰我看来，仁者乃忠厚之人，很容易被人诓骗而受其害。孔子的回答蕴含着三层意思：第一，仁者爱人，井里有人，肯定会去救的。此乃"君子可逝也"。第二，仁者不可以自陷于井里而作无谓的牺牲。此乃君子"不可陷也"。第三，君子可以受欺骗，但不可以受愚弄。此乃君子"可欺也，不可罔也"。为什么说君子"可欺也，不可罔也"呢？《孟子·万章上》打了个生动的比喻：从前一个人送了一条活鱼给子产，子产就叫主管鱼池的人养起来，那人却把鱼煮吃了，并且还回复子产说："刚把鱼放到鱼池里时，它还是要死不活的样子，一会儿就活蹦乱跳起来，突然间就游到远处去了。"子产说："它去了好地方啊！它去了好地方啊！"那人出来之后就说道："谁说子产聪明呢？我已经把鱼煮吃了，他还说什么'它去了好地方啊！它去了好地方啊！'"孟子由此而感叹说："故君子可欺以其方，难罔以非其道。"意思是对于君子，你可以用符合情理的方法来欺骗他，却很难用违背道理的方法来愚弄他。明乎此三者，我们就知道应该怎样正确处理宰我所提出的这种疑难问题了。

6.27 子曰："君子博学于文①，约之以礼，亦可以弗畔②矣夫！"

【译文】

孔子说："君子广博地学习文献，用礼仪来约束自己，也就可以不违背道了。"

①文：文献。

②弗畔：不违背道。畔，通"叛"，背叛；违背。

【解读】

"博学于文"，属于学习文献典籍的范畴。古代文化典籍不仅能够让人获得丰富的知识，并且载有古代圣王之道，可以增强治国安邦的才能。"约之以礼"，属于品德修养的范畴。如果君子用礼仪来约束自己的言行，这样也就可以做到不违背道了。博文而知礼，就是一个既有文化知识又有道德修养的人，是社会所需要的人才。

6.28 子见南子①，子路不说。夫子矢②之曰："予所③否④者，天厌之！天厌之！"

【译文】

孔子拜见南子，子路不高兴。孔子发誓说："如果我做了不合礼的事，天厌弃我！天厌弃我！"

【注释】

①南子：卫灵公夫人。

②矢：通"誓"，发誓。

③所：如果，用于誓词中。

④否：朱熹《论语集注》："谓不合于礼，不由其道也。"

【解读】

卫灵公乃荒淫无道之君。他晚年宠幸夫人南子，而南子又是淫乱之人，与大夫宋朝私通。据《史记·孔子世家》载："（孔子）反乎卫，主（住）蘧伯玉家。灵公夫人有南子者，使人谓孔子曰：'四方之君子不辱欲与寡君为兄弟者，必见寡小君。寡小君愿见。'孔子辞谢，不得已而见之。夫人在绨帷中，孔子入门，北面稽首。

夫人自帷中再拜,环佩玉声璆然。"孔子只是根据礼节而去见南子,可子路知道后很不高兴,认为这样淫乱的女人您怎么也去见啊!孔子只好发誓说:"如果我做了不合礼的事,天厌弃我!天厌弃我!"子路一生气,孔子就很着急,看来孔子也怕人误解啊!

6.29 子曰:"中庸①之为德也,其至矣乎!民鲜②久矣。"

【译文】

孔子说:"中庸作为一种道德,或许是最高的了!人们缺少它已经很久了。"

【注释】

①中庸:中和可常行之德;以中和为常道。

②鲜:少。

【解读】

关于中庸,我们可以从两个方面来加以阐释:第一,中庸作为儒家的伦理思想,它是最高的道德。此孔子所谓"中庸之为德也,其至矣乎"。正因为"其至矣乎",所以一般人难以达到,孔子曾对子路说:"由,知德者鲜矣。"(《论语·卫灵公》15.4)意思是"仲由啊,懂得中庸之德的人太少了"。因此无怪乎"民鲜久矣"。第二,中庸也是孔子所提出的一种方法论。所谓"中庸",就是主张待人接物不偏不倚,调和折中,不走极端,无过无不及,力求恰如其分。朱熹《论语集注》云:"中者,无过无不及之名也。庸,平常也。"程子曰:"不偏之谓中,不易之谓庸。中者天下之正道,庸者天下之定理。"由此可见,中庸无疑具有辩证因素,也就为人们提供了一种保持和谐与均衡的智慧。譬如把中庸之道运用于处理人与自然的关系,就可以达到人与自然之间的和谐与均衡;把中庸之道运用于处理人际关系,就可以达到人与人之间的和谐与均衡；把中庸之道运用于处理自身的欲求与理智，就可以达到身心和谐与均衡。

6.30 子贡曰：“如有博施于民而能济众，何如？可谓仁乎？”子曰：“何事于仁，必也①，圣乎！尧舜其犹病诸②！夫仁者，己欲立③而立人，己欲达④而达人。能近取譬⑤，可谓仁之方⑥也已。”

【译文】

子贡说：“如果有人广泛地给予人民好处并且能救济民众，怎么样？可以说是仁者吗？”孔子说：“何止是仁者，如果要说的话，那是圣人啊！尧舜或许还难以做到啊！仁者，自己想立足就也使别人能立足，自己想遇事通达就也使别人遇事通达。能够以自身打比喻，推己及人，可以说是成为仁者的方法了。”

【注释】

①必：如果；果真。必也：单独为一分句。

②尧舜其犹病诸：其：或许；大概。犹：尚且；还。病：忧虑；以为难。诸：“之乎”的合音。

③立：站得住；能立足社会。

④达：遇事行得通；达到目的。

⑤能近取譬：意思是能够以自身打比，推己及人。

⑥方：术；方法。

【解读】

“己欲立而立人，己欲达而达人”，这是仁者处理人际关系的准则之一。设身处地，由己及人，由自己所想得到的而推想别人也会想得到，从而使别人也能够得到，那么就能够赢得别人的好感、肯定和尊重。果真如此，那么就会朋友遍天下，人际关系也就和谐了。

述而第七

（共三十八章）

7.1 子曰：“述而不作，信而好古，窃①比于我老彭②。”

【译文】

孔子说：“传述先王之道而不创作，信奉并喜爱古代文化典籍，私下把自己比作我那老彭。”

【注释】

①窃：私下；私自。谦辞。

②老彭：何晏《论语集解》引包咸曰：“老彭，殷贤大夫，好述古事。我若老彭，但述之耳。”

【解读】

孔子“信而好古”，一是因为这些文化典籍能够让人获得丰富的知识，二是这些文化典籍所记载的是古代圣王之道。孔子一生，试图以先王之道来改变礼崩乐坏的社会为己任，然而最终还是“道之不行”。既然自己无法实现圣王之道，那么就去整理和传播古代文化典籍吧。这整理和传播古代文化典籍的工作，无疑主要是“述”，即传述、阐述，而不必自己另外去撰写治国之道的新著，因为那些文化典籍中所记载的就是圣王之道。更何况，孔子对待“作”是相当慎重的，“子曰：‘盖有不知而作之者，我无是也。’”（《论语·述而》7.28）所以孔子自称“述而不作”。

孔子对待古代文化遗产采取"信""好""述"的态度，这是对古代文化遗产的肯定、喜爱、尊重并传承。朱熹《论语集注》云："孔子删《诗》《书》，定《礼》《乐》，赞《周易》，修《春秋》，皆传先王之旧，而未尝有所作也，故其自言如此。……然当是时，作者略备，夫子盖集群圣之大成而折中之。其事虽述，而功则倍于作矣，此又不可不知也。"《史记·孔子世家》称赞孔子说："孔子布衣，传十余世，学者宗之。自天子王侯，中国言六艺者折中于夫子，可谓至圣矣！"由此可见，古代文化典籍如《诗》《书》《礼》《乐》《周易》《春秋》因孔子"述"而得以传承，孔子"述"之功大矣；孔子亦因"述古"而成为中国古代最伟大的文化大师。

当然，孔子在其"述"的过程当中自然会有所选择，有所删定，有所阐释。《史记·孔子世家》云："乃因史记作《春秋》，上至隐公，下讫哀公十四年，十二公。据鲁，亲周，故殷，运之三代。约其文辞而指博。故吴楚之君自称王，而《春秋》贬之曰'子'；践土之会实召周天子，而《春秋》讳之曰'天王狩于河阳'。推此类以绳当世。贬损之义，后有王者举而开之。《春秋》之义行，则天下乱臣贼子惧焉。"由"《春秋》之义行，则天下乱臣贼子惧焉"，可以看出孔子在"述"的当中是有所褒贬的。

孔子在传述先王之道的过程当中，提出了以"仁"为核心，以"礼"为形式，以"中庸"为方法论，以道德修养为基础的儒家学说，孔子由此而成为中国古代最伟大的思想家。孔子在传述先王之道的过程当中，还提出了"实施先王之道""以德治国""以礼治国"和"举贤才"等一整套的政治主张和执政理念，孔子由此而成为中国古代最著名的政治家。这些实际上都是他的创作，或者说是寓作于述。

7.2 子曰："默而识①之，学而不厌，诲人不倦，何有②于我哉?"

【译文】

孔子说："默默地记住所学的知识，学习而不厌倦，教导别人不知疲倦，这对我来说有什么困难呢?"

【注释】

①识（zhì）：记住。

②何有：表示反问的习惯说法，其意思较灵活，可根据上下文意译为"有什么困难""有什么舍不得""有什么关系"等。这里指"有什么困难"。

【解读】

"默而识之"，讲的是学习方法。"子曰：'盖有不知而作之者，我无是也。多闻，择其善者而从之；多见而识之。'"（《论语·述而》7.28）其中的"多见而识之"与"默而识之"旨意相同。孔子通过将所学的东西"默而识之"，并烂熟于心，从而巩固了所学的知识。"学而不厌"，讲的是好学精神。"叶公问孔子于子路，子路不对。子曰：'女奚不曰，其为人也，发愤忘食，乐以忘忧，不知老之将至云尔。'"（《论语·述而》7.19）其中的"发愤忘食"，这是孔子建议子路宣扬他的好学精神。"子曰：'我非生而知之者，好古，敏以求之者也。'"（《论语·述而》7.20）这是孔子又一次公开宣扬自己的好学精神。"诲人不倦"，讲的是教学态度。"子曰：'若圣与仁，则吾岂敢？抑为之不厌，诲人不倦，则可谓云尔已矣。'"（《论语·述而》7.34）在"圣"与"仁"两方面，孔子表示自谦；而在"为之不厌"与"诲人不倦"等方面却显得非常自豪，并且认为这对他来说，是很容易做到的。

7.3 子曰："德之不修，学之不讲，闻义不能徙①，不善不能改，是②吾忧也。"

【译文】

　　孔子说:"不修养品德,不讲习学问,听到义之所在不能追求,有过错不能改正,这些都是我所忧虑的。"

【注释】

①徙:迁移。这里指靠拢;追求。

②是:这。

【解读】

　　儒家以修身、齐家、治国平天下为己任,其中修身是基础。孔子认为,道德修养也是治国之道。《礼记·中庸》云:"子曰:'好学近乎知,力行近乎仁,知耻近乎勇。知斯三者,则知所以修身;知所以修身,则知所以治人;知所以治人,则知所以治天下国家矣。'"然而该怎样修身呢?孔子在这里提出了四个方面的内容:修德、讲学、徙义、改过。孔子以此四者自勉,并且经常担忧自己未能做到这四条。何以如此呢?朱熹《论语集注》引尹氏曰:"德必修而后成,学必讲而后明,见善能徙,改过不吝,此四者日新之要也。苟未能之,圣人犹忧,况学者乎?"

　　7.4　子之燕居①,申申如②也,夭夭如③也。

【译文】

　　孔子在家休闲时,精神舒畅,神情愉悦。

【注释】

①燕居:闲居。

②申申如:精神舒畅貌。

③夭夭如:愉悦貌。

孔子在家休闲时，既不是慵懒拖沓，也不是作古正经，而是率真自然，精神舒畅，神情愉悦。其风度、其神情宛然目前。此乃非常人刻意模仿所能至者，亦是其弟子善记其容貌者也。

7.5　子曰："甚矣吾衰也①！久矣吾不复梦见周公②！"

【译文】

孔子说："我衰老得厉害啊！我很久没再梦见周公了啊！"

【注释】

①甚矣吾衰也：主谓倒装句，即"吾衰也甚矣"，下句"久矣吾不复梦见周公"句式相同。甚：厉害；过分。

②周公：姓姬名旦，周武王之弟、成王之叔。辅佐武王灭商，建立周王朝，封于鲁（今山东曲阜市），为鲁国始祖。武王死，成王年幼继位，周公摄政，尽心辅佐，有大功于周。相传周公制礼作乐，建立典章制度，主张"明德慎罚"。周公是孔子最钦佩的圣人之一。

【解读】

请参见《论语·述而》7.26章解读。

7.6　子曰："志于道，据①于德，依②于仁，游于艺③。"

【译文】

孔子说："立志于求道，坚守道德，依据仁德，游憩于六艺之中。"

【注释】

①据：固守；坚守。

②依：依据；凭借。

③游：游历；游憩。

孔子一生，志于求道。孔子所求之道，是尧、舜、禹、商汤、周文王、周武王的仁爱之道，孔子认为此乃治国安邦之道；孔子所求之道，是真理。"据于德"主要侧重于自身的品德修养，"依于仁"主要侧重于正确处理人际关系，学会如何做人。"游于艺"是指学习礼、乐、射、御、书、数六艺，用以增进知识，增强才干，陶冶身心。我们现在言"艺"，可泛指各种知识和技艺。"志于道，据于德，依于仁，游于艺"，既可以看成是孔子进行道德修养的方法；也可以把它看成是孔子的教学大纲，他以"道、德、仁、艺"教育学生。如果谁真正做到了，那么他无疑就是一个德才兼备的人，就具有了君子人格。有鉴于此，我们不妨把此章当作自己的座右铭，也可以当成一所大学的校训。

7.7　子曰："自行①束脩②以上，吾未尝无诲焉。"

【译文】

孔子说："凡是自己送上十条以上干肉作为拜师礼的，我没有不教诲的。"

【注释】

①行：授予；付与。

②束脩：十条干肉。脩：干肉。十条为一束。

【解读】

中国古代的学校教育远在夏代就已出现，《汉书·儒林传》云："三代之道，乡里有教，夏曰校，殷曰庠，周曰序。"西周时期的学校都是官学。从学校级别来看，分为"国学"与"乡学"两种。国学设在王都和诸侯国的都城，是供大贵族子弟入学的学校；乡学设在其他地方，是供一般贵族子弟入学的学校。从教育程度来看，学校分为小学与大学两类。八岁入小学，学制七年，主要学习礼仪、音乐、射箭、驾驭、识字、算数等六种技艺。古人十五岁入大学，学制九年，或者更长一些，主要学习修身、齐家、治国平天下的道理。贵族子弟从八岁入小学，到大学毕业，一般是三十岁，这时才有资格参与国家政事。西周时期，学在官府，奴隶和庶人一般没有接受教育的权利。春秋时期，诸侯兼并，王室衰微，礼崩乐坏，社会动荡，教育也随之发生巨大的变化，原本由官府收藏的一些文献典籍流落到了民间，新兴的"士"阶层活跃起来，他们开始聚徒讲学。公元前522年（鲁昭公20年）孔子30岁时创办私学，招收弟子。只要交点学费，孔子就收他做弟子。朱熹《论语集注》云："古者相见，必执赞以为礼。束脩，其至薄者。"后来"束脩"就成为教师酬金的代名词。

7.8 子曰："不愤①不启，不悱②不发。举一隅③不以三隅反④，则不复⑤也。"

【译文】

孔子说："不到学生冥思苦想而想不通时，不去开导他；不到学生想说而说不出时，不去启发他。我举出一隅而学生不能类推出其他三隅，我就不重复教了。"

【注释】

①愤：郁结于心；憋闷。此指苦苦思考而想不通。

②悱：想说而说不出来。

③隅：角；角落。

④反：类推。

⑤复：重复。

孔子在教学实践中形成了启发性教学原则，这主要体现在以下两个方面：第一，启发学生积极思维的能力。"不愤不启，不悱不发"，是孔子所倡导的启发式教育原则的重要内容，启发式教学原则亦由此而来，其实质是注重学生独立思考，反对注入式教学。第二，培养学生举一反三的能力。"子曰：'举一隅不以三隅反，则不复也。'""举一反三"的教学原则由此而来，其实质是提倡善于学习，由此及彼，触类旁通。

7.9　子食于有丧者之侧，未尝饱也。

【译文】

孔子在有丧事的人旁边，不曾吃饱过。

【解读】

遇到在有丧事的人旁边时，孔子以不吃饱来表明自己食不甘味，以此表示自己的哀悼和同情之心。由此可见，孔子讲礼，非常注重细节。

7.10　子于是日哭，则不歌。

【译文】

孔子在这天哭泣过，就不唱歌。

【解读】

《礼记·曲礼上》云："邻有丧，舂不相。里有殡，不巷歌。适墓不歌，哭日不歌。"意思是邻居有丧事，舂米时就不唱歌；乡里有死者尚未安葬，就不在闾巷唱歌；去墓地不唱歌，去吊丧这一天不唱歌。又《礼记·檀弓下》云："吊于人，是日不乐。"孔子参加丧礼时洒下同情和悲伤的泪水，整天都无法快乐起来，当然也就不会唱歌了。这既符合礼的要求，亦体现了孔子的仁厚。

7.11 子谓颜渊曰："用之则行①，舍之则藏②。惟我与尔有是夫！"子路曰："子行③三军④，则谁与⑤？"子曰："暴虎冯河⑥，死而无悔者，吾不与也。必也⑦，临事而惧，好谋而成者也。"

【译文】

孔子对颜渊说："任用我，就出仕；不用我，就退隐。只有我与你能够这样啊！"子路说："如果您率领军队，则与谁共事？"孔子说："徒步搏虎，徒步渡河，死了也不后悔的人，我不与他共事。如果我率领军队，与我共事的，是遇事能战战兢兢，善于谋划而能成功的人。"

【注释】

①行：做；从事。这里指出仕。

②藏：隐藏。这里指退隐。

③行：率领。

④三军：周朝制度，天子六军，诸侯大国三军。后以"三军"泛指军队。

⑤谁与：与谁。疑问代词作宾语时前置。

⑥暴虎冯（píng）河：《尔雅·释训》："暴虎，徒搏也。冯河，徒涉也。"所谓"徒搏"，是不凭借车而徒步搏虎；所谓徒涉，是不凭借舟而徒步渡河。

⑦必：如果；果真。必也：单独为一分句，假设的内容往往承前而省略。

【解读】

孔子倡导任用我，就出仕，以施展自己的才干；不用我，就退隐，以修身养性。孔子在另外的场合也说过类似的话。"孔子曰：'隐居以求其志，行义以达其道。吾闻其语矣，未见其人也。'"（《论语·季氏》16.11）后来《孟子·尽心上》对孔子的这一思想做了阐发："古之人，得志，泽加于民；不得志，修身见于世。穷则独善其身，达则兼善天下。"这种"用之则行，舍之则藏""穷则独善其身，达则兼善天下"的思想，2000年来，它几乎成为了知识分子的人格理想，也几乎成为知识分子仕途失意时自我安慰的良方。

7.12 子曰："富而①可求也，虽执鞭之士②，吾亦为之。如不可求，从吾所好。"

【译文】

孔子说："财富如果可以求得，即使做执鞭的人，我也做。如果不可以求得，就做我喜欢的事情吧。"

【注释】
①而：如果。
②执鞭之士：手执皮鞭维持秩序的差役。

【解读】

根据《周礼》，古代执鞭之士有两种：一是天子诸侯出行时执鞭开道的人。《周礼·秋官司寇·条狼氏》："条狼氏：掌执鞭以趋辟。王出入，则八人夹道，公则六人，侯伯则四人，子男则二人。"意思是"条狼氏掌管拿着鞭子驱赶行人避让。天子出入时有八人执鞭夹道护卫，公出入时有六人，侯伯出入时有四人，子男出入时有二人"。二是市场执鞭维持秩序的守门人。《周礼·地官司徒·司市》："凡市入，则胥执鞭度守门。"意思是"凡事市场开始交易人们进入时，胥师就要拿着鞭杖把守市场大门"。据《史记·孔子世家》载："孔子贫且贱。及长，尝为季氏史，料量平；尝为司职吏而畜蕃息。"这可证明孔子所说的"财富如果可以求得，即使做执鞭的人，我也做"。又据《史记·孔子世家》载："季氏亦僭于公室，陪臣执国政，是以鲁自大夫以下皆僭离于正道，故孔子不仕，退而修《诗》、《书》、《礼》、《乐》，弟子弥众，至自远方，莫不受业焉。"这可证明孔子所说的"财富如果不可以求得，就做我喜欢的事情吧。"

7.13　子之所慎：齐①、战、疾。

【译文】

孔子所慎重对待的事情是：斋戒、战争、疾病。

【注释】
①齐（zhāi）：通"斋"，斋戒。古人在祭祀或举行典礼前清心洁身以示庄敬。

【解读】

《左传·成公十三年》云："国之大事，在祀与戎。"古人在祭祀之前都要进行斋戒，即沐浴洁身，穿上整洁的衣服，戒除酒、荤、色等嗜欲，以示庄敬，从而使自己处于一种"思与神接"的境界，这样在祭祀时方可与所祭之神沟通，因此孔子对待斋戒（与祭祀相关）和战争都很慎重。

7.14　子在齐闻《韶》，三月不知肉味，曰："不图为①乐之至于斯也。"

【译文】

孔子在齐国听到《韶》乐，很长时间尝不出肉味，说："没想到《韶》乐达到了这种美妙境界。"

【注释】
①为：作；制作。

【解读】

孔子往往被优美的音乐所陶醉，我们仿佛看见一个听到美妙的音乐就高兴得几乎手舞足蹈的率真的孔子。

7.15 冉有曰："夫子为^①卫君乎?"子贡曰："诺,吾将问之。"入,曰："伯夷、叔齐何人也?"曰："古之贤人也。"曰："怨^②乎?"曰："求仁而得仁,又何怨?"出,曰："夫子不为也。"

【译文】

冉有说："老师会帮助卫君吗?"子贡说："好吧,我去问他。"子贡进入孔子屋里,说："伯夷、叔齐是怎样的人呢?"孔子说:"是古代的贤人。"子贡说："他们会因辞让君位而后悔吗?"孔子说："他们追求仁德并得到了仁德,又后悔什么呢?"子贡出来,说："老师不会帮助卫君。"

【注释】

①为（wèi）：帮助。
②怨：后悔。朱熹《论语集注》："怨,犹悔也。"

【解读】

卫灵公太子蒯聩得罪了卫灵公夫人南子而逃到宋国,又转到晋国。灵公死,立蒯聩之子蒯辄为君。晋国赵简子试图送蒯聩回国为君,借以侵略卫国。卫国发兵抵御晋军,拒绝蒯聩回国。孔子此时在卫国,冉有疑孔子欲助卫君,便有此问。子贡去问孔子,但很讲究询问的艺术,他旁敲侧击地问道："伯夷、叔齐是怎样的人呢?"通过孔子的回答,子贡找到了答案:"夫子不为也"。子贡何以知之?何晏《论语集解》引郑玄曰："父子争国,恶行也。孔子以伯夷、叔齐为贤且仁,故知不助卫君明矣。"

7.16 子曰："饭疏食^①,饮水,曲肱而枕^②之,乐亦在其中矣。不义而富且贵,于我如浮云^③。"

【译文】

孔子说："吃粗粮，饮水，弯曲胳膊当枕头，快乐也在其中了。用不正当手段而得来的富贵，对我来说好像浮云。"

【注释】

①饭疏食：吃粗粮。饭：吃；吃饭。疏食：粗粮。

②枕：以……为枕。

③浮云：比喻不值得关心和重视的事物，意思是与己无关。

【解读】

孔子倡导吃苦耐劳，他自己也是身体力行。士欲摆脱贫困而富贵，则必须出仕。虽然孔子急于出仕，但他是有原则讲操守的。这表明孔子不屑于用不正当的手段去谋求官职来获得富贵。孔子高尚的道德操守由此可见。

7.17 子曰："加我数年①，五十以学《易》②，可以无大过矣。"

【译文】

孔子说："增加我几年寿命，五十岁去学习《易》，可以无大过了。"

【注释】

①加我数年：邢昺《论语注疏》："此章孔子言其学《易》年也。加我数年方至五十，谓四十七时也。"

②易：《周易》，也称《易经》，为儒家六经之一。

【解读】

《周易》是一部政治著作，该书提出了一些治国理论和方法，譬如恩威并重、赏罚严明、任用贤人等；《周易》也是一部哲学著作，具有深刻的哲学内涵，譬如"道""中行""无为""阴阳"

"天人合一""历史循环论"等。《史记·孔子世家》云："孔子晚而喜《易》，序《彖》、《系》、《象》、《说卦》、《文言》。读易，韦编三绝。"由此可见孔子对《易》的痴迷程度以及所下的工夫。在阅读和研究《周易》的过程中，孔子必然会感受到其中的治国理论和方法，感受到其中的哲学内涵，从而明乎吉凶消长之理，进退存亡之道，所以孔子说："五十以学《易》，可以无大过矣。"

7.18 子所雅言①，《诗》、《书》、执②礼，皆雅言也。

【译文】

孔子用共同语的场合：诵读《诗经》《尚书》和执行礼仪，都用共同语。

【注释】
①雅言：当时通行的官话、共同语，犹今之普通话。
②执：执行；实行。

【解读】

方言，古已有之。孔子闲居之时，或许使用方言；当他诵读《诗经》《尚书》和执行礼仪时，则用共同语。方言语体具有地域性，共同语语体具有全民性。方言词语受着地域的限制，一般难以为其他方言区域的人接受，尤其是在当今人口流动性非常大、一个单位的人往往来自五湖四海的情况下，能够说普通话时则应尽量说普通话。

7.19 叶公①问孔子于子路，子路不对。子曰："女奚②不曰，其为人也，发愤忘食，乐以忘忧，不知老之将至云尔③。"

【译文】

叶公向子路询问孔子是怎样的人，子路没有回答。孔子说：

"你为什么不说：他的为人，勤奋学习就忘记了吃饭，乐于求道就忘记了忧愁，不知道衰老快要到了，如此而已。"

【注释】
①叶公：姓沈名诸梁，字子高，楚国大夫，在叶县任长官，故称叶公。
②奚：何；为什么。
③云尔：如此而已。

【解读】

刘宝楠《论语正义》云："发愤忘食者，谓好学不厌几忘食也；乐以忘忧者，谓乐道不忧贫也；不知老之将至者，言忘身之老，自强不息也。"朱熹《论语集注》云："未得，则发愤而忘食；已得，则乐之而忘忧。"这是孔子勤奋好学精神的真实写照，同时也告诉人们：读书并非完全就是苦差事，当一个人把读书和求道当成自己的一种生活方式时，他必然会享受到无穷快乐的。

7.20　子曰："我非生而知之者①，好古，敏②以求之者也。"

【译文】

孔子说："我不是无需老师传授就有知识的人，而是喜爱古代文化典籍，通过勤勉而获得的。"

【注释】
①生而知之者：无需老师传授就有知识的人，靠的是非凡才智和亲身实践。
②敏：勤勉。

【解读】

孔子所倡导的是"学而知之"，经过学习而获得知识；倡导"敏以求之"，通过勤勉而获得知识。圣人犹如此勤勉好学，何况智力平庸如我辈者乎？

7.21 子不语怪、力、乱、神。

【译文】

孔子不谈论怪异、暴力、悖乱和鬼神。

【解读】

怪异和悖乱之事，往往有悖常理；有些是人们对它们暂时还缺乏科学的认识，有些则是人们的迷信思想造成的。例如："星队、木鸣，国人皆恐，曰：'是何也？'曰：无何也。是天地之变、阴阳之化、物之罕至者也。"（《荀子·天论》）流星坠落、树木发出声响，大家都很害怕，以为是什么怪异的现象，而荀子认为这没有什么值得大惊小怪的，这是由于自然界的变化、阴阳二气的转化造成的，只是罕见的事物而已。因此君子当谨慎对待怪异和悖乱之事，而不宜以讹传讹，以谣传谣。

暴力或者武力，不是解决人与人之间或者国与国之间争端的法宝，相反它必将带来战乱、死伤、仇恨等。孔子一贯主张以德治国、以德服人，因此孔子不谈论暴力。孔子倡导治国要重视人事而轻鬼神，他说："务民之义，敬鬼神而远之。"（《论语·雍也》6.22）"季路问事鬼神。子曰：'未能事人，焉能事鬼？'"（《论语·先进》11.12）因此孔子不谈论鬼神。

7.22 子曰："三人①行，必有我师焉②。择其善者而从之，其不善者而改之。"

【译文】

孔子说："几个人一起行走，必定有我的老师在其中。选择他的优点而向他学习，发现他的缺点而改正自己类似的缺点。"

①三人：几个人。"三"是虚数。

②焉：兼词，于此。

【解读】

"三人行，必有我师焉"，这既是广泛地获取知识的一种有效途径，也是一种谦虚好学的精神。"择其善者而从之，其不善者而改之"，这是增进品德修养的一种有效途径。《老子》27 章亦云："故善人者，不善人之师；不善人者，善人之资。不贵其师，不爱其资，虽智大迷，是谓要眇。"意思是，"善人可以成为不善人的老师，不善之人可以成为善人的借鉴。如果不尊重他的老师，不珍惜他的借鉴，即使是聪明人也会迷惑，这就是精妙的道理。"

7.23　子曰："天生德于予，桓魋①其如予何②?"

【译文】

孔子说："上天赋予我品德，桓魋能把我怎么样？"

【注释】

①桓魋（tuí）：宋国司马向魋，宋桓公的后代，因此又叫桓魋。

②如……何：表示询问的习惯说法，意思是"把……怎么样""对……怎么办""怎样对付（处置；安顿）……"等。

【解读】

据《史记·孔子世家》载："孔子去曹，适宋。与弟子习礼大树下。宋司马桓魋欲杀孔子，拔其树。孔子去。弟子曰：'可以速矣。'孔子曰：'天生德于予，桓魋其如予何?'"面对危难，孔子自信既然上天赋予我品德，就不会轻易让我死，桓魋当然也就奈何不了我。这里表面上是体现了孔子"信天命"，说自己得到了天佑，其实是体现出了孔子临危不惧的精神。

7.24 子曰："二三子①以我为隐乎？吾无隐乎尔。吾无行而不与二三子者，是丘也。"

【译文】

孔子说："你们以为我有所隐瞒吗？我对你们没有隐瞒。我没有什么行动不是与你们在一起的，这就是我的为人啊。"

【注释】

①二三子：诸位；你们这些人；你们几个人。这里指弟子们。

【解读】

孔子为何说："二三子以我为隐乎？"何晏《论语集解》引包咸曰："圣人知广道深，弟子学之不能及，以为有所隐匿，故解之也。"朱熹《论语集注》亦云："诸弟子以夫子之道高深不可几及，故疑其有隐，而不知圣人作、止、语、默无非教也。故夫子以此言晓之。"孔子既注重言传，也注重身教，在孔子身上，知与行是合一的，因此弟子不仅要从老师的言传处去学习，还要善于从老师的无言之教处去学习，从老师的身教中去体会做人做事的道理。这才是善于学习。

7.25 子以四教：文①、行②、忠、信。

【译文】

孔子以四项内容教育学生：古代文献、社会实践、忠于职守、诚实守信。

【注释】

①文：古代文献。

②行：行事；实践。

自古以来，教育的目的是培养人才。什么是人才？第一，必须具备和掌握一定的文化知识，孔子之时，"文"莫过于古代文献，即《诗》《书》《礼》《乐》《易》《春秋》等六艺之文；今天实行专业教学制度，各个专业的内容也就是"文"。第二，仅有书本知识还不够，还得参加社会实践活动，把书本知识"文"转化为实践技能，即孔子所说的"行"；第三，必须培养和具备良好的品德。学成之后，需走向社会。而走向社会必将遇到两个最基本的问题：一是就业，一是与人交际。孔子时代，所谓就业，主要是指士在诸侯那里谋得一官半职，或在卿大夫那里做家臣。就业就得敬业。如何敬业？最基本的一条就是"忠"。所谓忠，就是尽心竭力做好本分的事，忠于职守。人是社会的人，不可能不与人交际。如何交际？最基本的一条就是"信"。所谓信，就是诚实守信，这是孔子所倡导的重要的社会伦理道德规范。"忠信"是人的品德、学问和修养的基础，是"仁"的重要体现。根据人才所必须具备的条件，因此孔子把"文、行、忠、信"当作教育学生的内容，由此开创了我国"教书育人"的教学模式，确立了教师的职责，也奠定了"文化知识＋实践能力＋品德修养"的人才培养模式。随着时代的发展，当今社会最需要的是具有创造力和创新精神的人才，由此人才培养模式注入了新的内容，即创新精神，从而形成了"文化知识＋实践能力＋创新精神＋品德修养"的人才培养模式。

7.26 子曰："圣人，吾不得而见之矣；得见君子者，斯①可矣。"子曰："善人，吾不得而见之矣；得见有恒者，斯可矣。亡②而为有，虚而为盈，约③而为泰④，难乎有恒矣。"

【译文】

孔子说："圣人，我是不能见到了；能见到君子，就可以了。"

孔子说："善人，我是不能见到了；能见到有恒心的人，就可以了。没有却装作有，空虚却装作充实，穷困却装作奢华。这样的人是很难有恒心的。"

【注释】
①斯：就；则。
②亡：通"无"。
③约：穷困；窘困。
④泰：奢侈；奢华。

【解读】

《论语》里的"善人"是与"圣人"相对的概念，"圣人"是品格最高尚、智慧最高超的人，指尧、舜、禹、商汤、周文王、周武王那样的贤明天子；"善人"是品格完美的人，指有志于仁而未进入圣人之室的诸侯。孔子希望能够有圣人与善人在位来治理国家，也希望自己能够像周公辅佐成王那样，使天下太平、人民安居乐业，然而孔子不但见不到圣人和善人，甚至连做梦也梦不到了。孔子曾这样感叹道："甚矣吾衰也！久矣吾不复梦见周公！"（《论语·述而》7.5）大有前不见古人、后不见来者之叹，亦为孔子忧国忧民之叹。

7.27　子钓而不纲①，弋②不射宿③。

【译文】

孔子钓鱼但不拦网捕鱼，射鸟但不射宿巢的鸟。

【注释】
①纲：渔网上的大绳。这里指拦网捕鱼。
②弋（yì）：带绳的箭。这里指用箭射鸟。
③宿：指宿巢的鸟。

【解读】

拦网捕鱼，则难免滥捕，竭泽而渔；射杀宿鸟，则难免滥杀而一锅端，不利于鸟类繁殖。因此孔子钓鱼但不拦网捕鱼，射鸟但不射宿巢的鸟。这体现了孔子保护自然的态度，即对大自然取之有度。此种观念，已成为中华文化中人与自然和谐相处的一个重要内容，对当今生态保护政策和"环境友好型"社会建设具有重要的借鉴意义。

7.28 子曰："盖有不知而作^①之者，我无是也。多闻，择其善者而从之；多见而识^②之。知之次^③也。"

【译文】

孔子说："或许有自己不懂却创作的人，我没有这种毛病。多闻，选择其中好的而吸收；多见并记住。这是仅次于'生而知之'的。"

【注释】
①作：创作；创造。
②识（zhì）：记住。
③次：差一等；次一等。

【解读】

所谓"不知而作之者"，就是不懂装懂，就是学风浮躁，就是制造学术垃圾。孔子对此嗤之以鼻，如今却趋之若鹜。岂不悲哉！

7.29 互乡^①难与言。童子^②见，门人惑。子曰："与^③其进也，不与其退也，唯何甚？人洁己^④以进，与其洁也，不保^⑤其往也。"

【译文】

互乡人很难跟他交谈。互乡有一少年得到孔子的接见，弟子们感到疑惑。孔子说："我赞许他的进步，不赞许他的退步，何必做得过分呢？人家把自己弄洁净而进来，就应该赞许他的洁净，但不担保他以前的作为。"

【注释】
①互乡：地名。
②童子：小孩；未成年人。
③与：赞许；赞成。
④洁己：使自己洁净，比喻改正错误。
⑤保：负责；担保。

【解读】

由孔子对待互乡童子的态度，我们可以获得两点感悟：第一，孔子倡导"有教无类"，他不因互乡人难与言善而拒绝教育他们。当今的教师，亦不应拒绝接收后进生。第二，对待有过错的人，孔子采取的是"与其进也，不与其退也""与其洁也，不保其往也"的态度，这样就能使后进转化为先进，而不宜采取歧视甚至一棍子把人打死的态度。

7.30 子曰："仁远乎哉？我欲仁，斯仁至矣。"

【译文】

孔子说："仁德距离我们很远吗？我想要仁德，仁德就来了。"

【解读】

孔子认为，仁是最高的道德准则，必须用毕生的精力去努力追求。然而"仁"又并非遥不可及，"仁"也是一种实践活动，只要我们立志行仁，仁就在我们身边。

7.31 陈司败①问："昭公知礼乎？"孔子曰："知礼。"孔子

退，揖巫马期^②而进之，曰："吾闻君子不党^③，君子亦党乎？君取^④于吴，为同姓，谓之吴孟子。君而^⑤知礼，孰不知礼？"巫马期以告。子曰："丘也幸，苟^⑥有过，人必知之。"

【译文】

陈司败问："鲁昭公知礼吗？"孔子说："知礼。"孔子退出来，陈司败向巫马期作揖，请他走近自己，说："我听说君子不偏袒，君子也会偏袒吗？鲁君从吴国娶了位夫人，因为鲁国和吴国是同姓，就叫她吴孟子。鲁君如果知礼，谁还不知礼呢？"巫马期把这番话告诉孔子。孔子说："我真幸运，如果有过错，人家必定会指出来。"

【注释】
①陈司败：人名。
②巫马期：姓巫马名施，字子期，鲁国人，孔子弟子，比孔子小30岁。
③党：结党；偏袒。
④取：娶妻。这个意义后来写作"娶"。
⑤而：如果。
⑥苟：如果。

【解读】

或许鲁昭公在不少方面是依礼而行的，因此孔子认为昭公知礼。殊不知鲁昭公曾经做了件违礼之事。鲁国国君为周公（周武王之弟）之后，姬姓；吴国国君为泰伯（周文王之伯父）之后，姬姓。根据周礼，同姓不婚，因为姓有明血缘、别婚姻的作用，"男女同姓，其生不蕃"（《左传·僖公二十三年》）。然而鲁昭公从吴国娶了位夫人，这就违背了同姓不婚的礼制。因此陈司败认为孔子偏袒鲁昭公，并认为"鲁君如果知礼，谁还不知礼呢"。巫马期把这番话告诉孔子。孔子说："我真幸运，如果有过错，人家必定会指出来。"孔子之所以能够成为具有高尚道德的仁者，这与他具有从善如流、勇于改过的精神密切相关。

7.32　子与人歌而善，必使反①之，而后和②之。

【译文】

孔子和别人一起唱歌，如果别人唱得好，一定请他再唱一遍，然后跟着唱。

【注释】
①反：重复。
②和（hè）：和谐地跟着唱。

【解读】

孔子平常喜欢唱歌，也喜欢和别人一起唱歌。除非"子于是日哭，则不歌"（《论语·述而》7.10）。即使遭受困厄和挫折之时，孔子仍然唱歌。据《史记·孔子世家》载：孔子辞官离开鲁国，在屯地住宿。大夫师己前来送行，说："您是没有什么罪过的。"孔子说："我唱首歌可以吗？"于是唱道："那妇人的口啊，可以让大臣出走；那妇人的话啊，可以叫人身死名败。我只好悠闲自在啊，聊以度日！"师己返回国都，季桓子问："孔子说了什么？"师己如实相告。季桓子喟然感叹说："夫子是因为那群女乐的缘故怪罪我啊！"孔子在愤而辞官离开鲁国之时，犹不忘用歌声来表达自己心中的怨恨和感慨。

7.33　子曰："文莫①，吾犹人也。躬行②君子，则吾未之有得。"

【译文】

孔子说："在勤勉方面，我和别人差不多。身体力行做一个君子，那我还没有做到。"

【注释】

①文莫：勤勉；努力。

②躬行：亲自实践；身体力行。

【解读】

"文莫"长期以来主要有四种解释：一是"文莫"为两个词，其中"莫"为"无"。何晏《论语集解》："莫，无也。文无者，犹俗言文不也。文不吾犹人也者，言凡文皆不胜于人也。孔曰：'身为君子，己未能也。'"二是"文莫"为两个词，其中"莫"为疑辞。朱熹《论语集注》："莫，疑辞。犹人言不能过人而尚可以及人。未之有得，则全未有得。皆自谦之辞。"三是"文莫"为两个词，其中"莫"为"其"字之误。王引之《经义述闻》："'莫'盖'其'之误，言文辞吾其犹人也，上下相应。犹《左传》'其将积聚也'，其与也相应也。"四是"文莫"为一个词。程树德《论语集释》引刘台拱《论语骈枝》曰："《丹铅录》引晋欒肇《论语驳》曰：'燕齐谓勉强为文莫。'又《方言》曰：'侔莫，强也。北燕之外郊，凡劳而相勉，若言努力者，谓之侔莫。'案《说文》：'忞，强也。''慔，勉也。'忞读若旻，'文莫'即'忞慔'，假借字也。《广雅》亦云：'文，勉也。'黾勉、密勿、蠠没、文莫，皆一声之转。"按，"文"上古属文部、明纽，"侔"属幽部、明纽，"忞"属文部、明纽，"文""侔""忞"为双声，"文莫""侔莫""忞慔"是同一个联绵词的三种书写形式，《方言》写作"侔莫"，《说文》写作"忞慔"，意思都是"勤勉；努力"。因此第四种解释是对的。

7.34 子曰："若①圣与仁，则吾岂敢？抑②为之不厌，诲人不倦，则可谓云尔已矣。"公西华曰："正唯弟子不能学也。"

孔子说："至于圣人和仁人，那我怎么敢当？只不过朝此努力不知厌倦，教导别人不知疲倦，就是如此而已。"公西华说："这些正是我们不能学到的。"

【注释】

①若：连词，至于。

②抑：只是；只不过。

【解读】

孔子把圣人、仁人和君子当成自己毕生的追求，因此孔子从不以圣人和仁人自居，亦不以君子自居，孔子的谦逊，亦由此可见。

7.35 **子疾病①，子路请祷②。子曰："有诸?"子路对曰："有之。诔③曰：'祷尔于上下神祇④。'"子曰："丘之祷久矣。"**

【译文】

孔子病重，子路请求向神祷告求福。孔子说："有这种事吗?"子路回答说："有。《诔》文上说：'为你向天神地祇祷告。'"孔子说："我早就祷告过了。"

【注释】

①疾病：病重。

②祷：祷告；向神祷告求福。

③诔（lěi）：通"讄"，祷告文书。

④神祇（qí）：天神曰神，地神曰祇。

【解读】

人有疾病则希望疾病痊愈。在科学与医学皆不发达的古代，把希望寄托于神祇，这是可以理解的。然而现在还有人在患病时不去求医，而是去求神，甚至是请巫婆到家里来驱魔祛邪。这就显得有点愚昧了。然而在大灾大难面前，人们在奋力抵御灾难的同时，往往举行祈福大会，这可以看做是一种希望消灾免祸、祈求祥和生活的民族文化心理，自然有其存在的价值。

7.36　子曰："奢则不孙①，俭则固②。与其不孙也，宁固。"

【译文】

　　孔子说："奢侈就显得骄傲，节俭就显得吝啬。与其骄傲，宁可吝啬。"

【注释】

①孙（xùn）：通"逊"，谦逊。

②固：吝啬；寒碜。

【解读】

　　奢侈与节俭，分别处于两个极端。奢侈相当于"过"，节俭相当于"不及"，因此各有其弊：奢侈者，往往以富而傲人，因此孔子不取也；节俭者，尤其是那些富贵而节俭者，往往给人以吝啬的感觉。然而"由俭入奢易，由奢入俭难""成由俭，败由奢""俭以养德"，这是一再被历史所证明的颠扑不破的真理。因此，在"骄傲与吝啬"，即"奢侈与节俭"之间，孔子的选择是："与其骄傲，宁可吝啬。"

7.37　子曰："君子坦荡荡①，小人长戚戚②。"

【译文】

　　孔子说："君子胸怀坦荡，小人长期忧愁。"

①坦荡荡：心胸宽广的样子。

②戚戚：忧愁。

【解读】

君子并非无欲无求，然其所欲所求，皆合乎道义，亦不为名利所羁绊。此可谓君子坦荡荡，心底无私天地宽。小人则违离正道，昧于事理，追名逐利，患得患失。求而不得，忧戚也；得而患失，忧戚也。如此，则岂有不忧戚之理？

7.38 子温而厉①，威②而不猛，恭③而安。

【译文】

孔子温和而严肃，有威仪而不凶猛，庄严而安详。

【注释】

①厉：严肃。

②威：威严；威仪。

③恭：容貌端庄严肃。

【解读】

"温和"与"严肃"，"有威仪"与"不凶猛"，"庄严"与"安详"皆是对立关系的概念，它们不能同真，然而它们却完美而和谐的统一于孔子身上。孔子的这种容貌气质，是其内心修养的体现。孔子之风采，亦由此可见。

泰伯第八

（共二十一章）

8.1 子曰："泰伯[①]，其可谓至德[②]也已矣。三以天下让，民无得而称焉。"

【译文】

孔子说："泰伯，那可以说是达到最高的道德境界了。多次以天下相让，民众找不出恰当的词语来称赞他。"

【注释】

①泰伯：亦作"大伯""太伯"，周朝始祖古公亶（dǎn）父（周太王）的长子，周文王的伯父。

②至德：最高的道德境界。

【解读】

古公亶父有三子：泰伯、仲雍（亦称虞仲）、季历。古公亶父发现季历之子姬昌具有超凡的才德，曾说："我世当有兴者，其在昌乎！"因此想把君位传给季历，以便由季历传给姬昌。泰伯了解其父的意图，就把君位继承权让给了小弟季历，而与仲雍一起出走勾吴（今江苏无锡）隐居，为吴国始祖。古公亶父遂立季历，传国至昌，是为文王。文王时国势强盛，其疆域占天下三分之二。文王崩，其子姬发立，兴兵伐纣，遂灭商而有天下，是为武王。孔子称赞泰伯"三以天下让"，蕴涵着对春秋之世礼崩乐坏、诸侯国内部为争夺君位而不惜父子相争、兄弟相残的感叹。

8.2 子曰："恭而无礼则劳，慎而无礼则葸^①，勇而无礼则乱，直而无礼则绞^②。君子^③笃^④于亲，则民兴于仁；故旧^⑤不遗，则民不偷^⑥。"

【译文】

孔子说："庄严而无礼就会疲劳，谨慎而无礼就会胆怯，勇敢而无礼就会作乱，直率而无礼就会尖酸。在上位的人对亲族感情深厚，民众中就会兴起仁德的风气；不遗弃老朋友，民众就不会对人冷漠。"

【注释】

①葸（xǐ）：畏缩；胆怯。

②绞：尖酸；说话带刺，使人难受。

③君子：这里指有位者；统治者。

④笃：真诚；纯一。

⑤故旧：故交；老朋友。

⑥偷：浇薄；不敦厚。

【解读】

孔子倡导"恭""慎""勇""直"等美德，然而要防止走极端，如果太过，则将分别导致"劳""葸""乱"和"绞"等弊病，何以如此？因为不能以礼节之。孔子在这里也揭示了事物向其反面转化的可能性，这反映了孔子具有辩证思想。

8.3 曾子有疾，召门弟子曰："启^①予足！启予手！《诗》云^②：'战战兢兢，如临深渊，如履薄冰。'而今而后，吾知免^③夫！小子！"

【译文】

曾子生病，把学生召集来说："看看我的脚，看看我的手。《诗经》上说：'小心谨慎啊，好像临近深渊，好像走在薄冰上面。'从今以后，我知道可以免于祸患刑戮了！学生们！"

【注释】

①启：省视；察看。

②《诗》云：诗句见《诗经·小雅·小旻》。

③免：免除；避免。这里指免于祸患刑戮。

【解读】

曾子一生遵纪守法，谨慎行事，在他病重临终之时，要学生们看看他的手和脚，皆健全，意思是他免遭了刑戮之灾。如今已面临死亡，终于可以松一口气了，认为此生不会有刑戮之灾了。此章或许可以看做对孔子所说"君子怀刑"（《论语·里仁》4.11）的具体阐释。

8.4 曾子有疾，孟敬子①问之。曾子言曰："鸟之将死，其鸣也哀；人之将死，其言也善。君子所贵②乎道③者三：动容貌，斯远暴慢④矣；正颜色⑤，斯近信矣；出辞气⑥，斯远鄙倍⑦矣。笾豆⑧之事，则有司⑨存。"

【译文】

曾子生病，孟敬子去探问他。曾子说："鸟将死时，它的鸣声是悲哀的；人将死时，他的话语是友善的。君子所行应注重三个方面的礼仪：严肃自己的容貌，就可以避免粗暴傲慢；端正自己的脸色，就近于诚信；说话时注意言辞语气，就可以避免粗俗背理了。至于陈列笾豆之类的礼仪，自有主管人员负责。"

【注释】

①孟敬子：姓仲孙名捷，鲁国大夫，鲁国三桓之一孟氏第十代，仕于鲁哀公、悼公之世。

②贵：注重；重视。

③道：这里指礼仪。

④暴慢：粗暴傲慢。

⑤颜色：面容；脸色。

⑥辞气：言辞语气。

⑦鄙倍：粗俗背理。鄙：粗俗鄙陋。倍：背离；背理。

⑧笾豆：笾和豆都是古代祭祀或宴享时用的礼器。这里代指祭祀或宴享的礼仪。

⑨有司：掌管某方面事务的小吏。

【解读】

　　曾子临终之时劝诫孟敬子要注重容貌、颜色和辞气等三个方面的礼仪。从表面上来看，这是待人接物之道，因此邢昺《论语注疏》云："人之相接，先见容貌，次观颜色，次交言语，故三者相次而言也。"而究其实质，则如朱熹《论语集注》所云："是皆修身之要，为政之本。"《礼记·冠义》亦有类似的说法："凡人之所以为人者，礼义也。礼义之始，在于正容体，齐颜色，顺辞令。容体正，颜色齐，辞令顺，而后礼义备，以正君臣，亲父子，和长幼。君臣正，父子亲，长幼顺，而后礼义立。"由此可见，君子的言行举止，当以礼节之。

　　8.5　曾子曰："以能问于不能，以多问于寡；有若无，实若虚；犯①而不校②。昔者吾友③尝从事于斯矣。"

【译文】

　　曾子说："自己有能力却向无能力的人请教，自己知识丰富却向知识浅薄的人请教；拥有却好像没有，充实却好像空虚；被侵犯却不计较。从前我的朋友曾经这样做了。"

【注释】

①犯：侵犯；冒犯。

②校（jiào）：计较。

③吾友：指颜渊。

【解读】

每个人一生中不知会有多少次被人冒犯甚至侵犯。如果逢犯必校，那么其后果必然是：或者被人认为不大度、缺乏涵养；或者被人认为不善于处理人际关系；或者疲于应付他人之犯己而影响自己的工作和事业；或者导致心情不好而影响身体健康；或者兼而有之。由此可见，曾子所提倡的"犯而不校"是有一定道理的。生活中"犯而不校"之人大致可以分为不予理睬型、自我反省型和逆来顺受型等三种类型。这三种类型之人，皆体现出孔子所倡导的"和为贵"原则，至少在正确处理人际关系和保持自我身心和谐方面具有一定的指导意义。然而要做到"犯而不校"，无疑需要具备一定的道德修养方可达此境界，因此我们把"犯而不校"的三种类型称之为修身养性的三种境界。"不予理睬型"，实际上是不与犯己者计较、不与之纠缠。这是一种忍让与超脱，是最常见的处理他人"犯己"的方法。此可谓"犯而不校"之第一境也。"自我反省型"，不把别人的犯己当成不是，而把它作为一面镜子，以此来反省自己是否做错了什么，从而加以改正，以进一步提高自己的品德修养，并希望借此来消除别人的犯己。这是一种大度与自我完善。此可谓"犯而不校"之第二境也。"逆来顺受型"，"唾面自干"的典故是对这种类型之人最好的诠释。据《新唐书·娄师德传》载："娄师德长八尺，方口博唇。深沉有度量，人有忤己，辄逊以自免，不见容色。其弟守代州，辞之官，教之耐事。弟曰：'人有唾面，洁之而已。'师德曰：'未也。洁之，是违其怒，正使自干耳。'"采取这种逆来顺受态度的人，往往身处弱势或不利处境，而只好忍辱负重、委曲求全。然而娄师德贵为宰相，其弟亦官拜代州刺史，此可谓位高权重，但他担忧因此而将遭人嫉妒。为了避免祸害，他便教其弟以"唾面自干"之法。"逆来顺受型"，看上去像是懦弱，甚至是孬种，譬如唾面自干之类，但其实是一种"示人以弱"的策略，是弥勒佛之"大肚能容，容世上难容之事"的雅量，这也是常人难以做到的。此可谓"犯而不校"之第三境也。具此三种境界者，何愁人际关系不和谐，何愁道德不臻于完善，何愁身心不和谐呢！

8.6 曾子曰："可以托六尺之孤①，可以寄百里之命②，临大节③而不可夺④也。君子人与？君子人也。"

【译文】

曾子说："可以托付年幼的孤儿，可以寄托方圆百里的国家命运，面临生死存亡的紧要关头而不会动摇屈服。这种人是君子吗？是君子啊。"

【注释】
①六尺之孤：年幼的孤儿，此指年幼的国君。古代一尺约合今 23 厘米。身高五尺、
　六尺的人都还是小孩。
②百里之命：国家命运。百里：领土方圆百里，指诸侯国。
③大节：关系国家安危存亡的大事，个人生死的关头。
④夺：倾夺；屈服。

【解读】

可以托六尺之孤，说明其品德高尚，可以辅佐幼君，必不篡逆；可以寄百里之命，说明其才能卓越，可以摄行国政，能堪重

任；临大节而不可夺，说明其意志坚强，绝不贪生怕死。此乃旷世之才，是真正的君子，周公、诸葛亮属此类，他们皆以其"鞠躬尽瘁，死而后已"的高尚品德赢得后世敬仰。至于王莽、董卓篡逆，此皆不可"托孤寄命"之奸佞。

8.7　曾子曰："士不可以不弘毅[①]，任重而道远。仁以为己任，不亦重乎？死而后已，不亦远乎？"

【译文】

曾子说："士不可以不抱负远大，意志坚强，因为他肩负的责任重大并且路途遥远。把实现仁作为自己的责任，难道不是责任重大吗？到死才停止奋斗，难道不是路途遥远吗？"

【注释】

①弘毅：抱负远大，意志坚强。弘：大。

【解读】

人具有远大抱负，方能觉肩上的责任重大，所以曾子说："仁以为己任，不亦重乎？"为了实现远大抱负，就必须具备坚强的意志，所以曾子说"士不可以不弘毅"。为了实现远大抱负，就必须为之奋斗终生，所以曾子说："死而后已，不亦远乎？"曾子此言，对于激发中国人的远大志向和坚忍不拔的意志，起到了积极的作用。过去中华民族在遭受西方列强欺辱时，无数仁人志士，为了中华民族的独立和解放，他们抛头颅，洒热血，前赴后继，勇往直前。如今在和平建设与发展时期，无数仁人志士，为了实现中华民族的伟大复兴，他们竭尽自己的聪明才智，兢兢业业，把毕生精力献给了祖国的建设事业。这些仁人志士就是中华民族的脊梁！

8.8 子曰："兴①于《诗》，立于礼，成②于乐。"

【译文】

孔子说："《诗经》能使人振奋，礼仪能使人在社会上立足，音乐能养人性情。"

【注释】

①兴：振奋；激发（意志）。

②成：养成；完善。

【解读】

诗言志，阅读《诗经》，便可览古人之志，从而使人奋发有为；礼是立身之本；高尚的音乐能养人性情，是提高道德修养、培养情操的一种途径。

8.9 子曰："民可使由①之，不可使知之。"

【译文】

孔子说："可以使老百姓遵循去做，不可以使他们知道原因。"

【注释】

①由：遵循；遵从。

【解读】

"民可使由之，不可使知之"，曾几何时几乎成为孔子反对民主、实施愚民政策的铁证；有人为了维护孔子而把这句话的标点改为："民可，使由之；不可，使知之。"又把孔子打扮成倡导民主的先锋。其实这两种解读都有失偏颇，都没有把这句话放到当时的历史背景中去考察。

西周时期，学在官府，只有贵族子弟才能接受教育，平民百姓没有文化。作为统治者，又岂能与没有文化的民众去商讨国是？又岂能将自己所要实行的政策去家喻户晓？且不说没有文化的百姓，即使是某些朝廷大臣，有时也不能理解朝廷的决策，此乃自然之理。

不仅孔子倡导"民可使由之，不可使知之"，孔子之前、之时以及其后的其他学派和著名的政治家，几乎都持这样的观点，这几乎成为当时"精英"们的共识。例如：商鞅对秦孝公说："民不可与虑始，而可与乐成。"（《商君书·更法》）据《史记·滑稽列传》载："魏文侯时，西门豹为邺令。……西门豹即发民凿十二渠，引河水灌民田，田皆溉。当其时，民治渠少烦苦，不欲也。豹曰：'民可以乐成，不可与虑始。'"综上所述，把孔子的观点放到那个时代去看，这种观点无疑具有普遍性，我们既不必强求处于奴隶制和封建制时代的人具有现代社会的民主观念而去责备他们，也不必为"尊者讳"而人为地拔高他们的思想。其实，即使历史发展到了现在的民主化时代，且不说政府决策之时不使民知之的现象仍然屡见不鲜，就连决策之后政策仍然不透明的现象亦相当普遍。君不见，各个地方政府的所谓"政务公开"网站上，有多少真正透明的内容？又有多少"政务公开网"是形同虚设？如果说"民可使由之，不可使知之"的观念存在于奴隶制和封建制时代尚情有可原的话，那么在当今的民主化时代，这种观念无疑是过时的，也是行不通的。

8.10 子曰："好勇疾①贫，乱也。人而不仁，疾之已②甚，乱也。"

【译文】

孔子说："喜好勇力却憎恶自己贫困的人，容易作乱。对不仁之人痛恨太过分，容易导致其作乱。"

【注释】

①疾：憎恶；痛恨。

②已：太。

【解读】

不欲贫贱而欲富贵，此乃人之常情，但应以正当的手段去获取富贵，孔子曾并且明确表示："不义而富且贵，于我如浮云。"（《论语·述而》7.16）所以君子能够安贫乐道。至于"好勇疾贫"之人，不考虑财富是否以义获得，只要能够使自己迅速脱贫则行，不惜干些打家劫舍、偷摸抢劫之类的勾当。此种人易于作乱，乃不言而喻。痛恨不仁之人，此亦人之常情。凡有正义感之人，皆会有此心理。但是这种痛恨切忌超过"度"，用当今的话来说，就是不要太"左"，不要以为对不仁之人越是深恶痛绝就越显得自己革命，显得自己是好人。且不说对这种人亦应采取宽容、挽救与感化的政策，如果把这种人逼急了，他就会破罐子破摔，从而导致作乱。

8.11　子曰："如有周公之才之美①，使骄且吝，其余不足观也已。"

【译文】

孔子说："一个人即使具有周公那样卓越的才智，如果骄傲并且吝啬，别的方面就不值得看了。"

【注释】

①才美：才智卓越。

【解读】

有才而骄，则易恃才傲物，很难与人相处，然而"富贵而骄，自遗其咎"（《老子》9章）、"骄而不亡者，未之有也"（《左传·

定公十三年》)。有才而吝，则易好蝇头小利，胸无大志。有此二者，必定难成大事，亦不堪重用。这是孔子观察人的方法之一，也是告诫人们如何做人。

8.12　子曰："三年学①，不至②于谷③，不易得也。"

【译文】

孔子说："在大学读书三年，无意于做官拿俸禄，难得啊。"

【注释】

①三年学：程树德《论语集释》引李塨《论语传注》曰："学，入大学也。"

②至：想到；意念所至。

③谷：俸禄。古代"穀"与"谷"是互不相干的两个字，"俸禄"义写作"穀"，现在简化为"谷"。

【解读】

孔子时代的所谓"仕"，虽然是指做官，所谓"谷"，也是指做官拿俸禄，但实际上就是相当于我们今天所说的就业。因为当时只有做官才能获得俸禄。虽然孔子积极鼓励弟子出仕，即就业，但是也不反对弟子"不至于谷"，并且对这类人发出由衷地赞叹："不易得也。"反观当今高校，如果真有某人读大学四年毕业而不愿就业时，估计学校领导会气急败坏，或者忧心忡忡，因为这样必将影响学校的就业率啊！于是，没找到工作的毕业生"被就业"了，不愿去找工作的人也"被就业"了。试问：学生就业难道真的就是当今高校唯一的培养目标吗？孔子此言，是否能够使我们从中得到某种启示呢？

8.13　子曰："笃①信好学，守死②善道。危邦不入，乱邦不居③。天下有道则见④，无道则隐。邦有道，贫且贱焉，耻也；邦

无道，富且贵焉，耻也。"

【译文】

孔子说："坚定信仰喜爱学习，拼死守住美好的道。危险和动乱的国家都不要进入和居住。天下政治清明就出仕，政治黑暗就隐居。国家政治清明时，自己贫贱，是耻辱；国家政治黑暗时，自己富贵，也是耻辱。"

【注释】

①笃：坚定；专一。

②守死：犹今之"死守"，拼死守住。

③危邦不入二句：这两句为互文，即危邦不入、不居，乱邦不居、不入。

④见（xiàn）：出现。这个意义后来写作"现"。这里指出仕。

【解读】

如果天下政治清明，那么这正是施展才华的大好时机，因此君子应该出仕，建功立业；如果政治黑暗，那么君子就无法行其道而施展才华，既然如此，就不如隐居，而不宜与无道之君或权贵同流合污。《孟子·尽心上》云："穷则独善其身，达则兼善天下。"亦是此理。如果国家政治清明，君子却不能出仕而建功立业，仍然处于"贫且贱焉"的境地，这无疑说明自己无能，理应感到耻辱；如果国家政治黑暗，君子却"富且贵焉"，这无疑说明自己枉道而事人，理应感到耻辱。孔子在出仕与否方面所倡导的这种"耻辱感"，强调的是一个人要具备政治操守。这种耻感文化，两千年来不断地激励着人们洁身自好和刚正不阿。

8.14　子曰："不在其位，不谋其政。"

【译文】

孔子说："不在那个职位，就不去考虑它的政事。"

【解读】

自古以来就是官有其位，位有其职，各居其位，各谋其政，此乃秩序井然，责任分明。若不在其位而谋其政，其结果往往是：一是难以产生实际效果，二是容易导致同僚之间关系紧张，三是容易导致干政。当然，"不在其位，不谋其政"也不是放之四海而皆准的理论，且不说"天下兴亡，匹夫有责"，就是小到一个单位，如我辈工作的地方，它的盛衰与我辈的饭碗息息相关，因此，虽不在其位，也不能完全"事不关己，高高挂起"，有时也忍不住去找在位者提提建议而"谋其政"。至于有没有效果、是否被采纳，那是另外一回事。此乃责任感使然。

8.15 子曰："师挚①之始，《关雎》之乱②，洋洋③乎盈耳哉！"

【译文】

孔子说："从师挚演奏序曲开始，到《关雎》结尾的合奏，丰富美妙的音乐充满我的耳朵。"

【注释】
①师挚：鲁国太师（乐官之长），名挚。师：乐师。
②乱：乐曲的最后一章，多种乐器合奏。
③洋洋：美盛貌。

【解读】

音乐能够陶冶人的情操，给人以美的享受。

8.16 子曰："狂而不直，侗①而不愿②，悾悾③而不信，吾不知之矣。"

【译文】

孔子说："狂妄而不正直，无知而不老实，无能而不诚信，我不知道这种人究竟是什么人。"

【注释】

①侗（tóng）：幼稚；无知。

②愿：老实。

③悾悾：无能。

【解读】

一般而言，人各有所长，亦各有所短。此所谓人无完人，不宜求全责备。然而，如果某人狂妄而不正直，无知而不老实，无能而不诚信，那么，对这种集众短于一身而一无是处之人，真不知他究竟是什么人了。做人做到这种份上，实在是太失败，太叫人失望了。

8.17　子曰："学如不及，犹①恐失之。"

【译文】

孔子说："学习知识生怕来不及，学到了还担心遗忘它。"

【注释】

①犹：还。

【解读】

刘宝楠《论语正义》云："如不及者，方学而如不及学也；犹恐失之者，既学有得于己，恐复失之也。如不及，故日知所亡；恐失，故月不忘是能。"

8.18　子曰："巍巍乎！舜禹之有天下也，而不与①焉。"

【译文】

孔子说:"多么崇高啊!舜和禹都拥有天下,而不亲自参与处理事务。"

【注释】

①与(yù):参与。

【解读】

所谓"不与",就是不亲自参与处理事务,意思是任贤使能,以达到天下治理。《汉书·王莽传》载:"太后诏曰:选忠贤,立四辅,群下劝职。孔子曰'巍巍乎!舜禹之有天下而不与焉。'"颜师古注:"舜禹治天下,委任贤臣,以成其功,而不身亲其事也。"王充《论衡·语增篇》云:"舜承安继治,任贤使能,恭己无为而天下治。"

8.19 子曰:"大哉尧之为君也!巍巍乎!唯天为大,唯尧则^①之。荡荡^②乎!民无能名^③焉。巍巍乎其有成功^④也;焕^⑤乎其有文章^⑥!"

【译文】

孔子说:"尧作为君主真伟大啊!多么崇高啊!只有天最大,只有尧能够效法天。尧的恩惠多么广博啊!老百姓无法用语言来称赞他。尧的功绩多么崇高啊,他制定的礼仪制度多么美好啊!"

【注释】

①则:效法。

②荡荡:广博貌。

③名:称说;称赞。

④成功:伟大功绩。

⑤焕:光亮;鲜明。

⑥文章：礼仪制度。

【解读】

天并没有告诉尧应该怎么做，尧却能从天的无言中发现应该怎么做，于是他就效法天来治理天下，并收到了理想的效果。

8.20 舜有臣五人而天下治。武王曰："予有乱臣①十人。"孔子曰："才难，不其然乎？唐虞②之际，于斯为盛。有妇人③焉，九人而已。三分天下有其二④，以服事殷。周之德，其可谓至德⑤也已矣。"

【译文】

舜有五位贤臣天下就太平了。周武王说："我有治理天下的贤臣十人。"孔子说："人才难得，不是这样吗？唐尧和虞舜之间以及周武王时代，人才最兴盛。武王十位贤臣中还有一位妇女，男人九人而已。周文王得到三分之二的天下，还服事殷朝。周文王的道德，可以说是最高的了。"

【注释】

①乱臣：治国之臣。出自《尚书·泰誓中》："予有乱臣十人，同心同德。"乱：治理。

②唐虞：唐，即陶唐氏，传说中远古部落名。尧为其部落首领。因此尧在帝位时叫唐，亦称唐尧。虞，即有虞氏，传说中远古部落名。舜为其部落首领。因此舜在帝位时叫虞，亦称虞舜。

③妇人：指太姒，周文王之妻、武王之母。

④三分天下有其二：朱熹《论语集注》："盖天下归文王者六州，荆、梁、雍、豫、徐、扬也。惟青、兖、冀，尚属纣耳。"

⑤至德：最高的道德境界。

【解读】

孔子用舜、禹和周武王任用贤臣而达到天下大治的事例，说明人才难得；同时也说明舜、禹和周武王的治国之道，即任用贤臣。

8.21 子曰："禹，吾无间①然矣。菲②饮食而致孝乎鬼神，恶③衣服而致美乎黻冕④，卑⑤宫室而尽力乎沟洫⑥。禹，吾无间然矣。"

【译文】

孔子说："对于禹，我没有什么可批评的了。自己饮食很差，祭祀鬼神却丰盛洁净；自己衣服破旧，祭服却华美；自己的房屋低矮，却尽力兴修农田水利。对于禹，我没有什么可批评的了。"

【注释】

①间（jiàn）：批评；非议。

②菲：菲薄。

③恶：粗劣的；不好的。

④黻（fú）冕：礼服、礼帽，都是祭服。

⑤卑：低下。

⑥沟洫（xù）：田间水道，泛指农田水利。

【解读】

禹：姓姒，夏后氏部落长，史称禹、大禹、夏禹。传说其父鲧用堵塞的方法治水而失败，禹改用疏导的方法治水，栉风沐雨13年，曾三过家门而不入，终于战胜洪水，深得民心，受舜禅让而即帝位，为夏代第一个君主

子罕第九

（共三十一章）

9.1　子罕言利与命，与^①仁。

【译文】

孔子很少谈论利益和天命，赞许仁德。

【注释】

①与：许；赞许。

【解读】

　　古往今来对此句的解释可谓众说纷纭。此句通行的标点是"孔子罕言利与命与仁。"把两个"与"字都解释成连词，这就成了孔子"罕言仁"，这与《论语》里大量谈"仁"的事实不符。有人认为孔子只是罕言利，因此把"与"解释成"许；赞许"，并把此句标点成"孔子罕言利，与命，与仁。"然而说孔子赞许"仁"则可，说孔子赞许"命"则并非正确。我们知道，夏人尊天尚命，殷人尊神尚鬼，周人尊礼尚文，而孔子尊崇西周以来的礼乐文化，于是对天命鬼神持质疑的态度，可见孔子并非信命之人，更不会赞许命。有人把这句话标点成"孔子罕言利与命，与仁。"并且把第一个"与"解释成连词，把第二个"与"解释成"许；赞许"，我们姑且采用此说。

9.2　达巷党^①人曰："大哉孔子！博学而无所成名。"子闻之，

谓门弟子曰："吾何执②？执御③乎？执射乎？吾执御矣。"

【译文】

达巷乡的人说："孔子真伟大！博学却没有成就名声的专长。"孔子听到这话，对学生们说："我做什么呢？做驾驭车马的人吗？做射箭手吗？我做驾驭马车的人吧。"

【注释】

①达巷党：达巷乡。党：古代一种居民组织单位。古代5家为邻，5邻为里，500家为党，5党为州，5州为乡，即12500家为乡。

②执：从事；做。

③御：驾驭车马。

【解读】

在达巷乡的人看来，如果孔子能够以某种专长来成就名声，那该多好啊！孔子听到这话，就对学生们说："我做驾驭马车的人吧。"从表面上看，这好像是孔子接受了达巷乡人的意见，并且选择了"执御"来作为专长，其实我们不妨把它看成是孔子的自我解嘲：既然达巷乡人认为我"博学却没有成就名声的专长"，那么我该有什么专才呢？我就做驾驭马车的人吧。就这么随口一说，而不去反驳达巷乡人对自己的不了解，这样不仅体现了孔子所倡导的"人不知而不愠，不亦君子乎"（《论语·学而》1.1）的精神，也体现了孔子的幽默感。

9.3 子曰："麻冕①，礼也；今也纯②，俭，吾从众。拜下，礼也；今拜乎上③，泰④也。虽违众，吾从下。"

【译文】

孔子说："用麻织礼帽，这是礼的规定；现在用丝织礼帽，比较节俭，我依从大家的做法。臣拜见君时，先在堂下行拜礼，这是礼的规定；现在只在堂上行拜礼，这是骄慢。虽然违反大家的做法，我仍然遵照先在堂下行拜礼的规定。"

【注释】

①麻冕：用麻织的礼帽。

②纯：丝。

③拜下、拜乎上：臣拜见君时，先要在堂下跪拜，这就是"拜下"；升堂后还要再拜，这就是"拜乎上"。

④泰：骄慢；倨傲。

【解读】

孔子倡导节俭，并以此为依据来判断哪些礼节可以改革。例如：根据礼的规定，礼帽是要用麻来织的，孔子之时改用丝来织了。孔子认为这样比较节俭，因此他说"我依从大家的做法"。由此可见，孔子具有改革的思想，也善于顺应历史发展的潮流而从众，并非一味地死死地固守周礼。孔子倡导敬，为礼强调一个"敬"字，并以此为依据来判断哪些礼节不可以改革，例如：根据礼的规定，臣拜见君时，先要在堂下行拜礼，升堂后还要再拜；孔子之时，臣子已不在堂下向君行拜礼了，而直接在堂上行拜礼。孔子认为，这事关君臣之道，不可轻易废弃；况且抛弃"拜下"之礼，此举乃"泰也"，是骄慢的行为，是为礼不敬。如果行礼却缺乏恭敬之心，那么礼还有什么用呢？只不过徒有虚名罢了。因此孔子说："虽违众，吾从下。"由此可见，孔子对待礼制的改革又是相当慎重的。这或许可以看成是孔子的改革观。

9.4　子绝①四，毋意②，毋必③，毋固④，毋我⑤。

【译文】

孔子杜绝了四种毛病，他不凭空猜测，不绝对肯定，不固执己见，不自私自利。

【注释】

①绝：杜绝。

②意：推测；猜测。

③必：绝对肯定。

④固：固执；顽固。

⑤我：这里指为我；自私自利。

【解读】

孔子在这里提出了谋事和行事的四项基本原则。有些人特别是某些行政官员在谋事和行事方面，好凭空猜测，主观臆断，不愿做深入细致的调查研究，此乃"意"也；一旦形成方案、计划，则过于自信，刚愎自用，此乃"必"也，"固"也；究其原因，乃在于为一己之私利，此乃"我"也。

9.5 子畏于匡^①，曰："文王既没，文不在兹乎^②？天之将丧斯文也，后死者^③不得与^④于斯文也；天之未丧斯文也，匡人其如予何？"

【译文】

孔子在匡地遭围困，说："文王已死，古代文献典籍不都在我这里吗？如果天将使这些古代文献典籍丧失，那我就不能掌握这些古代文献典籍了；如果天不让这些古代文献典籍丧失，匡人又能把我怎么样呢？"

【注释】

①子畏于匡：孔子在匡地遭围困。畏：围困；拘禁。匡：地名，在今河南省长

垣县。

②文不在兹乎："文"指古代文献典籍。兹：此。这里为孔子自指。

③后死者：孔子自称。

④与（yù）：参与，这里指掌握；获得。

【解读】

据《史记·孔子世家》载："阳虎尝暴匡人，匡人于是遂止孔子。孔子状类阳虎，拘焉五日。"孔子在遭受困厄之时，眼看救援无望，但自信能够脱险。其根据在于自己担负着传承古代文献的重任，而这些古代文献也是天所不欲丧失的，因此，我既承天意，匡人岂敢违天意而加害于我？我又何惧匡人的围困呢！此可谓匡人围困达数日，我自岿然不动。

9.6 太宰①问于子贡曰："夫子圣者与？何其②多能也？"子贡曰："固③天纵④之将圣⑤，又多能也。"子闻之，曰："太宰知我乎！吾少也贱，故多能鄙事⑥。君子⑦多乎哉？不多也。"

【译文】

太宰向子贡问道："孔夫子是圣人吧？为什么这样多才多艺呢？"子贡说："这本是天使他成为圣人，又使他多才多艺。"孔子听到之后说："太宰了解我吗？我小时候贫贱，所以学会了很多卑贱的事。在上位的人有这么多技艺吗？当然是不多的。"

【注释】

①太宰：官名。此人姓名不详。

②何其：为什么这样，表询问原因。

③固：本来。

④纵：使；让。

⑤将圣：大圣人。将：大。

⑥鄙事：卑贱的事；小技艺。

⑦君子：这里指有位者；统治者。

【解读】

太宰认为孔子是圣人，如果不是圣人，为什么这样多才多艺呢？子贡认为孔子之所以是圣人，是天要使他成为圣人的，这是关键；至于多才多艺，只是圣人之余事，不过这也是天使他这样的。子贡把孔子的多才多艺镀上了一层神秘色彩。孔子认为自己并非圣人，多才多艺实与圣人无关，也与天意无关。因此太宰只知道我"多能"而不知我何以"多能"，子贡居然把我的"多能"与天意联系在一起，这似乎在神话我。其实根本原因就在于"吾少也贱"，故多能鄙事。哪像那些在位者，禄位世袭，衣食无忧，当然用不着去从事这些鄙事了，自然也就没有我这么多技艺了。这种表白，多么朴素无华啊！既不忌讳自己"少也贱"的经历，也不接受别人所赠送的"圣人"和"天意"之类的光环，始终保持清醒的头脑，低调做人，此乃难能可贵。

9.7 牢①曰："子云：'吾不试②，故艺。'"

【译文】

牢说："孔子说过：'我没有被任用，所以学了一些技艺。'"

【注释】

①牢：人名，姓氏不详。

②试：使用；任用。

【解读】

孔子的父亲叔梁纥，两次作战有功，被封为陬邑大夫（一说陬邑宰）。孔子三岁时，他父亲就去世了，从此家境贫困。为了谋生，所以学了一些技艺。个中酸楚，谁能知之？此章亦可视为对上章夫子多才多艺原因的补充说明。

9.8 子曰:"吾有知乎哉? 无知也。有鄙夫^①问于我,空空如^②也。我叩^③其两端^④而竭焉。"

【译文】

孔子说:"我有知识吗? 没有知识。有位知识浅陋的人问我问题,我一无所知。我从那个问题的正反本末去询问,然后尽量回答他。"

【注释】

①鄙夫:知识浅陋的人。鄙:鄙陋;见识短浅。

②空空如:形容一无所有。这里指一无所知。

③叩:叩问;询问。

④两端:朱熹《论语集注》:"两端,犹言两头。言终始、本末、精粗,无所不尽。"

【解读】

虽然孔子多才多艺,但他也知道自己并非无所不知。譬如面对一位知识浅陋之人的询问,他老老实实地承认自己对此一无所知。这正是孔子所倡导的"知之为知之,不知为不知"的治学态度。

9.9 子曰:"凤鸟不至,河不出图^①,吾已矣夫!"

【译文】

孔子说:"凤凰不来,黄河不出现八卦图,我的理想不能实现了啊!"

【注释】

①凤鸟河图:凤鸟:凤凰,传说中的百鸟之王,祥瑞的象征。传说虞舜时代和周文

王时代皆出现过凤凰。河图：传说伏羲时代黄河中有龙马背负八卦图而出。所以人们用凤鸟河图的出现象征着圣人出现与天下太平。

【解读】

孔子的这种感叹，是他对诸侯纷争、礼崩乐坏的社会现实的不满，是他对清明政治、太平盛世的向往，是他忧国忧民思想感情的真情流露，是他对世无明君的失望，是他对理想抱负不能实现而发出的无可奈何的伤感。

9.10 子见齐衰①者、冕②衣裳者与瞽者③，见之，虽少，必作④；过之，必趋⑤。

【译文】

孔子看见穿丧服的人、戴礼帽穿礼服的人以及盲人，相见时，即使他们年轻，孔子也一定站起来；经过时，一定快步走。

【注释】

①齐衰（zīcuī）：丧服。

②冕：帝王、诸侯、卿大夫所戴的礼帽。

③瞽（gǔ）者：盲人。

④作：起；站起来。

⑤趋：跑；快步走。

【解读】

人们可以由这些细节看到孔子的仁心与守礼；同时也表明，如何对待不幸者、残疾人，如何对待上级领导，这往往体现出一个人是否具有仁爱之心与是否懂礼，品德修养往往从细枝末节处体现出来。

9.11 颜渊喟然①叹曰："仰之弥高，钻之弥坚。瞻之在前，忽焉在后。夫子循循然②善诱人，博我以文，约我以礼，欲罢不能。既竭吾才，如有所立③卓尔④。虽欲从之，末⑤由⑥也已。"

【译文】

颜渊感叹着说："老师的道德学问，越仰望越觉得它崇高，越钻研越觉得它坚实。好像看见它在前面，忽然又好像到了后面。老师善于循序渐进地诱导人，用古代文献来增广我的知识，用礼仪来约束我的言行，即使我想停止学习都不可能。我已经竭尽才力，仿佛看见老师的道德学问高高地耸立着。虽然我想追随它，却找不到道路。"

【注释】

①喟然：叹气的样子。喟：叹气声。

②循循然：有步骤、有次序的样子。

③所立：指孔子所建树的道德学问。

④卓尔：高耸的样子。

⑤末：无；没有。

⑥由：通"迪"，道路；途径。

【解读】

这是颜回谈论向孔子学习的体会。第一，颜回认为孔子的道德学问，越仰望越觉得它崇高，此可谓不可及；越钻研越觉得它坚实，此可谓不可入；好像看见它在前面，忽然又好像到了后面，此可谓高深莫测。第二，虽然如此，但是孔子善于循序渐进地诱导人，其教学方法科学。第三，孔子的教学内容实用。"博我以文"，则能使我增广知识，培养才干；"约我以礼"，则能使我自觉地用礼仪来约束自己的言行。博文而知礼，就是一个既有文化知识又有道德修养的人，是社会所需要的人才。我们由此可见孔子的人才培养目标。第四，孔子善于催人奋进，即使我想停止学习都不可能。第五，孔子的道德学问非常人所能及。正因为颜回对孔子的道德学问有此五叹，因而笃志追随孔子求道问学，最终成为孔门高足。

9.12 子疾病①，子路使门人为臣②。病间③，曰："久矣哉，由之行诈也！无臣而为有臣。吾谁欺？欺天乎！且予与其死于臣之手也，无宁④死于二三子之手乎！且予纵不得大葬⑤，予死于道路乎？"

【译文】

孔子病重，子路使同学们充当治丧的家臣。孔子病情好转之后，说："仲由干这种欺诈的勾当很久了啊！我不配有治丧的家臣，却做出了使我有治丧的家臣之事。我欺骗谁呢？欺骗天吗？况且我与其死在治丧的家臣的手里，宁可死在你们的手里啊！即使我死后不能举行隆重的葬礼，难道我会被抛尸路旁吗？"

【注释】

①疾病：病重。

②臣：此指料理丧事的家臣。

③病间（jiàn）：疾病稍愈或好转。

④无宁：宁可；宁肯。

⑤大葬：隆重的葬礼。

【解读】

根据礼制，诸侯和大夫死后才能有治丧的家臣。《礼记·王制》正义引郑玄曰："大夫退，葬以士礼。致仕，以大夫礼葬。"虽然孔子曾经做过鲁国司寇，但是早已辞官，因此孔子死后只能以士礼安葬。孔子在返回鲁国的途中病重，子路却使孔子弟子充当治丧的家臣。就子路而言，其本意是为尊师，想把葬礼办得隆重一些。孔子病情好转之后得知此事，非常生气。由此可见，孔子一生循礼而行，至死也不会行僭越礼制之事，哪怕是"被僭越"，他也认为这是欺天之罪。另外，孔子所重者，师生之情也。死后由家臣来操办丧事，固然是有地位的象征，但是怎比得上由自己的弟子来操办所具有的亲情呢！并且孔子坚信，如果他死了，弟子不可能置之不顾的，事实上也的确如此。据《史记·孔子世家》载："孔子年七十三，以鲁哀公十六年四月己丑卒。……孔子葬鲁城北泗上，弟子皆服三年。三年心丧毕，相诀而去，则哭，各复尽哀；或复留。唯子赣庐于冢上，凡六年，然后去。弟子及鲁人往从冢而家者百有余室，因命曰孔里。"孔子死后或许没有家臣治丧那种排场，却享受到"弟子皆服三年"的尊荣。古往今来，为师之尊、之荣，莫过于此！

9.13 子贡曰："有美玉于斯，韫椟①而藏诸？求善贾②而沽③诸④？"子曰："沽之哉！沽之哉！我待贾者也。"

【译文】

子贡说："这里有块美玉，是把它放在匣子里藏起来呢？还是寻找识货的商人卖掉它呢？"孔子说："卖掉它！卖掉它！我就是在等待识货的人。"

【注释】

①韫（yùn）椟（dú）：藏在匣子里。韫：收藏。椟：木匣。

②善贾（gǔ）：识货的商人。贾：商人。

③沽：卖。

④诸："之乎"的合音。

【解读】

或许子贡想试探孔子是否愿意出仕，但又不便直截了当地问，于是设喻道："这里有块美玉，是把它放在匣子里藏起来呢？还是寻找识货的商人卖掉它呢？"子贡是商人，其设喻也"三句话不离本行"。孔子当然知道子贡问话的真实意图，既然你不明言，而以经商设喻，那么我也不直说，干脆就顺着你的表层语意来谈吧："卖掉它！卖掉它！我就是在等待识货的人。"我们可以展开想象：孔子言罢，与子贡相视而笑，师生之间的那种亲密无间，跃然纸上；孔子的幽默感，亦由此可见。

想当年，姜太公穷困潦倒，年老钓于渭滨，以"待善贾"，最终得以遇见周文王，文王拜之为师。"待善贾"，这在春秋战国时期几乎已成为士之共识。"士为知己者死，女为悦己者容"，正是当时之士选择明主的写照。

9.14 子欲居九夷①。或曰："陋②，如之何？"子曰："君子居之，何陋之有？"

【译文】

孔子想去九夷居住。有人说："那里文化落后，怎么居住呢？"孔子说："君子居住在那里，有什么文化落后呢？"

【注释】
①九夷：东方的少数民族部落。
②陋：粗俗。这里指文化粗俗落后。

【解读】

孔子为了推行自己的政治主张而不惜周游列国，历尽艰辛，却屡屡碰壁。或许他有种预感：在华夏诸侯国当中他的政治主张是难以实施了，于是他感叹道："道不行，乘桴浮于海。"（《论语·公冶长》5.7）此章又言"欲居九夷"。不少人认为这些皆表明孔子曾经产生过隐逸的思想。其实不然。孔子认为，君子可以用先进的文化去改造那里落后的文化。虽然在华夏诸侯国当中他的政治主张难以实施，但是"东方不亮西方亮"，总会有一个地方将采用他的政治主张。由此可见，无论孔子是欲"乘桴浮于海"，还是"欲居九夷"，都不是想去那里隐居，而是想去那里推行自己的政治主张。

9.15 子曰："吾自卫反鲁，然后乐正①，《雅》、《颂》各得其所。"

【译文】

孔子说："我从卫国返回鲁国，然后才把《诗经》的音律校正好，使《雅》、《颂》各归其类。"

【注释】
①乐正：使乐正。

【解读】

《诗经》305篇，分为《风》《雅》《颂》三类，各类诗篇皆入乐，可歌唱。例如：《风》是15方国和地区的民间诗歌，《雅》主要是朝会乐歌，用于诸侯朝聘、贵族宴享等典礼，《颂》是西周王室、鲁国和宋国的宗庙祭祀乐歌。《诗经》流传到孔子时，存在着诗篇重复、残缺、次序混乱、文字错讹、曲调离谱等现象，孔子广泛搜集《诗经》的各种抄本，对《风》诗、《雅》诗和《颂》诗按照乐曲进行分类整理，以正确的音调校正音律。由此可见孔子精通音律，以及他在整理《诗经》方面所作出的贡献。

9.16 子曰："出①则事公卿，入则事父兄，丧事不敢不勉②，不为酒困③，何有于我哉?"

【译文】

孔子说："出仕就侍奉公卿，在家就侍奉父兄，有丧事不敢不尽力，不因酒醉而失礼，这些对我来说有什么困难呢?"

【注释】

①出：这里指出仕。

②勉：努力；尽力。

③困：困扰。这里指醉酒。

【解读】

"出则事公卿"，此可谓尽忠之事；"入则事父兄"，此可谓尽孝悌之事；"丧事不敢不勉，不为酒困"，此可谓尊礼。孔子自信地说："这些对我来说有什么困难呢？"此乃孔子身体力行其忠、孝、礼的政治主张。

9.17 子在川上，曰："逝者①如斯夫！不舍②昼夜。"

【译文】

孔子站在河边感叹道："时光就像这河水一样啊！日夜不停地流逝。"

【注释】

①逝者：流逝的河水，比喻流逝的时光。

②舍：停留；停止。

【解读】

孔子志向远大，他说："如有用我者，吾其为东周乎！"（《论语·阳货》17.5）然而这种理想，何日能够实现呢？阳货曾一语道出孔子的心事："日月逝矣，岁不我与。"（《论语·阳货》17.1）孔子站在河边，看着滔滔逝去的流水，于是顿生无限感叹，那消逝的时光就像这河水一样！日夜不停地流逝。正所谓人年易逝，韶华不再，而吾道尚犹未兴！此后不少具有远大抱负的人往往具有这种"逝川"情结。

9.18 子曰：“吾未见好德如好色者也。”

【译文】

孔子说：“我没见过喜好道德如同喜好女色一样的人。”

【解读】

据《史记·孔子世家》载：孔子在卫国都城居住了一个多月，有一天，卫灵公和夫人南子同乘一辆车，宦官雍渠为车右担任护卫，出宫游览，让孔子坐在另一辆车上，招摇过市。孔子非常气愤，于是向来温文尔雅的孔子也忍不住斥责说：“我没见过喜好道德如同喜好女色一样的人。”孔子认为卫灵公好色成性，却不好德。如果他像好色一样也好德，或许还有值得称道之处，可惜没有。此人纯粹是一个好色之徒而已。孔子厌恶卫灵公这样的无道之君，于是离开了卫国。由此可见，孔子虽欲从政，但是孔子始终坚持着这样的出仕原则："天下有道则见，无道则隐。"（《论语·泰伯》8.13）孔子高尚的道德情操，亦由此可见。

9.19 子曰：“譬如为山①，未成一篑②，止，吾止也。譬如平地③，虽④覆一篑，进⑤，吾往⑥也。”

【译文】

孔子说：“譬如垒山，只差一筐土就完成了，如果停下来，是我自己停止的。譬如填平土地，只倒下一筐土，如果继续倒下去，是我自己坚持下去的。”

【注释】

①为山：垒山；堆土造山。

②篑（kuì）：竹筐。

③平地：填平土地。平：平整；填平。“平地”与“为山”一样，都是动宾短语。

④虽：通“惟（唯）”。

⑤进：这里指继续。

⑥往：前进。这里指坚持。

【解读】

孔子首先从反面告诫人们：在经过艰辛的努力而大功即将告成之时，如果放弃最后的一次努力，其结果必然是前功尽弃；接着又从正面来鼓励人们：就像填平土地，只倒下一筐土，如果继续倒下去，是我自己坚持下去的。这终将获得成功。无论是功亏一篑还是终将成功，都在于人们的主观是否有恒心，是否能够自强不息，积少成多，坚持到底。此可谓成也由己，败也由己。堆土筑山与填平土地是如此，做其他任何事情亦莫不如此。

9.20 子曰："语之而不惰者，其回也与！"

【译文】

孔子说："告诉他道理，能坚持实行而不懈怠的人，大概只有颜回吧！"

【解读】

颜渊深悦孔子之道，称自己"欲罢不能。既竭吾才。"（《论语·子罕》9.11）孔子曾告诉颜渊"仁"的道理："克己复礼为仁。"并告诉他"仁"的条目："非礼勿视，非礼勿听，非礼勿言，非礼勿动。"颜渊听到之后，立即回答道："回虽不敏，请事斯语矣。"（《论语·颜渊》12.1）由此可见，颜渊不仅仅是听老师的话，更重要的是能够认真贯彻实行老师的教诲。所以孔子称赞颜渊说："语之而不惰者，其回也与！""吾见其进也，未见其止也。"（《论语·子罕》9.21）这上下两章的意思大致相同，只是赞扬的角度不同而已。我们也可以把这两章视为对上章的补充说明，孔子以颜渊为例，从正面证明"譬如为山，未成一篑，止，吾止也。譬如平地，虽覆一篑，进，吾往也"的道理。

9.21　子谓颜渊，曰："惜乎！吾见其进也，未见其止也。"

【译文】

孔子谈论颜渊时说："可惜啊他死了！我只看见他不断进步，没看见他停止过。"

【解读】

请参见上章解读。

9.22　子曰："苗而不秀①者有矣夫！秀而不实者有矣夫！"

【译文】

孔子说："庄稼只长苗却不吐穗开花的，有吧！只吐穗开花却不灌浆结实的，有吧！"

【注释】
①秀：禾类植物吐穗开花。

【解读】

庄稼需经过长苗、吐穗开花、灌浆结实等生长阶段，方可成熟。然而，由于各种原因所致，并非所有的庄稼都能吐穗开花，都能灌浆结实。这也是自然之理。由此而类推，为学亦然。所有为学之人当然皆希望自己最终能够学有所成，然而又并非人人皆能如愿。朱熹《论语集注》云："盖学而不至于成，有如此者，是以君子贵自勉也。"为学是否至于成，是否出现"苗而不秀""秀而不实"的现象，其原因是多方面的，康有为《论语注》云："学者之有此，或厄于寿命，或懈于中途。故学者如牛毛，成者如麟角，圣人之所以激励后生至矣。"余以为，懈于中途者，是其缺乏恒心与毅力；厄于寿命者，虽天不假年，但只要做到生命不息、奋斗不止，即使最终未能结实，亦可无憾矣。这样他在生命的最后时刻就可以自豪地说："我一生都在努力奋斗，坚持不懈。在奋斗与坚持中，我享受到了追求的充实和快乐，它让我的人生充满了阳光。"

9.23 子曰："后生①可畏②，焉知来者③之不如今④也？四十、五十而无闻⑤焉，斯亦不足畏也已。"

【译文】

孔子说："青年人值得敬佩，怎么知道青年人不如现在的成年人呢？如果一个人到了四十、五十还没有什么名声，也就不值得敬佩了。"

【注释】

①后生：年轻人；青年人。

②畏：敬佩；佩服。

③来者：后辈。与"后生"同义。

④今：今者，指成年人；长辈。

⑤闻：名望；名声。

【解读】

青年人或许暂时还不如成年人有成就，但这并不意味着他们永远追赶不上如今的成年人。他们年富力强，充满活力，充满朝气，充满创造精神，将来很容易超过自己的前辈；他们拥有时间，拥有未来，其前途无可限量。作为成年人、老年人、长辈，应该关心和培养年轻人、下一代，甘为人梯，为他们创造成才的条件和良好环境。这样，当"来者""后生"有朝一日超过我们这些

"今者"时，我们就可以欣慰地说：长江后浪推前浪，江山代有才人出。我们的事业后继有人。但是从另外一个角度来看，虽然后生可畏，但如果今日之后生不趁着年富力强而奋发向上，等到"四十、五十而无闻焉"，"斯亦不足畏也已"，因为人生七十古来稀，《礼记·曲礼上》云："五十曰艾。"《礼记·王制》云："五十始衰。"即已步入老年人的行列矣，或许"大器晚成"者有之，但那只是个别现象，而剩下的只有少壮不努力，老大徒伤悲。

9.24 子曰："法语①之言，能无从乎？改之为贵。巽与之言②，能无说③乎？绎④之为贵。说而不绎，从而不改，吾末如之何也已矣。"

【译文】

孔子说："以法则告诫的话，能不听从吗？改正错误才可贵。恭顺赞许的话，能不高兴吗？分析其用意才可贵。听了高兴而不加分析，表面听从而不改正，对这种人我就没有办法了。"

【注释】

①法语（yù）：以法则告诫。法：法则；合理。语：告诉；告诫。

②巽（xùn）与之言：恭顺赞许的话。巽：和顺；恭顺。与：赞许。

③说：喜悦。这个意义后来写作"悦"。

④绎：本义是抽丝，引申为理出事物的头绪；分析。

【解读】

如何对待别人指出自己的错误？孔子认为正确的态度是"改之为贵"。如何对待别人对自己的恭顺和赞许？孔子认为正确的态度是"绎之为贵"。意思是要对别人恭顺自己、赞许自己的原因进行分析，他是真心佩服我还是另有所图呢？此人是阿谀奉承之人乎？抑或是有求于我乎？战国时期的邹忌就曾透彻地分析过别人对他的赞美："吾妻之美我者，私我也；妾之美我者，畏我也；客之美我者，欲有求于我也。"面对别人的赞许，古人尚且能够保持清醒的头脑，我辈切莫被别人的迷魂汤灌倒了。

9.25 子曰："主忠信。毋友不如己者。过则勿惮改①。"

【译文】

孔子说："以忠诚信实为主。不要与不如自己的人交朋友。有了过错就不害怕改正。"

【注释】

①此章与《论语·学而》1.8章相重复。

9.26 子曰："三军①可夺帅也，匹夫②不可夺志③也。"

【译文】

孔子说："三军可以被夺取主帅，人不可以被强迫改变志向。"

【注释】

①三军：周朝制度，天子六军，诸侯大国三军。以中军之将为三军主帅。后以"三军"泛指军队。

②匹夫：平民男子；泛指普通人。

③夺志：被强迫改变志向或主张。夺：改变；更改。

【解读】

三军，人多势众；匹夫，势单力薄。两者对比是多么悬殊！然而，如果面对强大的外力，三军主帅有可能被夺取，譬如或被杀，或被俘，这在战争中是时有发生的。匹夫的志向却不会因外力而改变，也就是说无论外力有多么强大，哪怕是刀架在脖子上。一个具有坚定志向的人，一个愿意为这种志向献身的人，他是无所畏惧的。此可谓夺三军之帅易，夺匹夫之志难！《孟子·滕文公下》云："富贵不能淫，贫贱不能移，威武不能屈。"富贵不能惑乱其心，贫贱不能改变其志，威武不能屈服其节。具有这种坚定志向的人，孟子称之为"大丈夫"。譬如孔子，虽然过着"饭疏食，饮水，曲肱而枕之"的贫困生活，但是面对阳货以出仕相邀的诱惑，孔子坚持"不义而富且贵，于我如浮云"（《论语·述而》7.16）的原则，而拒不接受这种即将到手的富贵；据《史记·孔子世家》载：定公五年，"季氏亦僭于公室，陪臣执国政，是以鲁子大夫以下皆僭离正道。故孔子不仕，退而修诗书礼乐，弟子弥众，至自远方，莫不受业焉。"此可谓富贵不能淫，贫贱不能移。孔子曾经在匡地遭围困，他说："匡人其如予何？"（《论语·子罕》9.5）此可谓"威武不能屈"。孔子所谓"三军可夺帅也，匹夫不可夺志也"，既是孔子身体力行的道德操守，也是他对天下有志之士的激励和期望。

9.27 子曰："衣①敝缊袍②，与衣狐貉③者立，而不耻者，其由也与？'不忮不求，何用不臧④?'"子路终身诵之。子曰："是道也，何足以臧？"

【译文】

孔子说："穿着破旧的丝绵袍，跟穿着狐貉皮衣的人站在一起，不感到羞愧的，大概只有仲由吧？'不嫉妒不贪求，怎么会不好呢？'"子路终身吟诵着这两句诗。孔子说："这是做人的道理，但仅仅这样，又怎么能够好呢？"

【注释】

①衣（yì）：穿。

②敝缊（yùn）袍：破旧的丝绵袍。缊：旧丝绵。

③狐貉（hé）：狐貉之皮制成的裘衣。

④不忮不求，何用不臧：出自《诗经·邶风·雄雉》。忮（zhì）：嫉妒。何用：为什么；怎么，表示询问或反问。臧（zāng）：善；好。

孔子一贯倡导"君子食无求饱，居无求安"（《论语·学而》1.14），并且认为："士志于道，而耻恶衣恶食者，未足与议也。"（《论语·里仁》4.9）在这方面，有两位弟子受到了孔子的称道，一个是颜回。"子曰：'贤哉，回也！一箪食，一瓢饮，在陋巷，人不堪其忧，回也不改其乐。贤哉，回也！'"（《论语·雍也》6.11）颜回简直就是"君子食无求饱，居无求安"的典型！另一个是子路。据《孔子家语·致思》载，子路对孔子说："昔者，由也事二亲之时，常食藜藿之实，为亲负米百里之外。"据《礼记·檀弓下》载，"子路曰：'伤哉贫也。生无以为养，死无以为礼也。'"子路家贫，由此可见。子路简直就是不耻恶衣恶食的典型！当今"富二代"与"贫二代"现象相当突出，"贫二代"一方面要像颜回和子路那样不以箪食瓢饮而感到羞愧，也不以"衣敝缊袍，与衣狐貉者立"而感到羞愧，要具有良好的心理素质；一方面还要立志高远，刻苦求学，用理想来充实内心，用知识去改变命运。如此，则"何用不臧"？

9.28 子曰："岁寒，然后知松柏之后凋也。"

【译文】

孔子说："到了一年的严寒时节，然后才知道松柏是永不凋谢的。"

【解读】

松树柏树皆为常绿乔木，到了严寒时节也不凋谢。孔子从这一自然生命的伟力之中来感悟人生。在暖春时节，万木身披绿装花满枝头，此时无以知松柏与其他万木的区别；一旦到了严寒时节，万木凋谢，只有松柏仍然身披绿装，此时才能知道松柏不畏严寒的品格。这就是说，在暖春中难以辨别何树最为刚强，只有在严寒中才能知晓。人亦如此。这正如荀子所说："岁不寒，无以知松柏；事不难，无以知君子。"（《荀子·大略》）此可谓有比较才能有鉴别，也正如文天祥《正气歌》所说"时穷节乃见"，在危难的关头，一个人的节操才能显现出来。人们要知道一个人是否具有坚强不屈、忠贞不渝的高尚品德，只有把他放在艰难困苦的逆境之中才能鉴别出来。一个人是铮铮铁汉，还是稀松软蛋？是视死如归的英雄，还是贪生怕死的狗熊？是正人君子，还是奸佞小人？在"岁寒"时节，皆将见分晓，只有经得起"岁寒"考验的人，才能算是真正的铁汉、英雄、君子，正所谓"沧海横流，方显英雄本色"！因此，我辈做人，必须经得起"岁寒"的考验。

9.29 子曰："知①者不惑，仁者不忧，勇者不惧。"

【译文】

孔子说："聪明人不会被迷惑，仁德的人无忧虑，勇敢的人不畏惧。"

【注释】

①知（zhì）：智慧；聪明。这个意义后来写作"智"。

【解读】

人生难免遭遇困惑，难免被迷惑，孔子的弟子子张和樊迟皆曾向孔子询问辨惑之道。孔子认为，对同一个人，因自己好恶的不同而具有不同的态度，这就是"惑"。因为一时的愤怒就忘记了自己和父母（而不顾一切），这就是"惑"。惑的根源或许在于缺乏知识，因此要解惑，就得努力学习，使自己成为"智者"，所以孔子说："知者不惑"，并自信"四十而不惑。"（《论语·为政》2.4）所谓"不惑"，就是不被事物的假象所迷惑，亦不被功名利禄等外物所迷惑；还要不被自己的感情所迷惑，即不感情用事。

仁德的人"仁以为己任"（《论语·泰伯》8.7），所以"不忧"者，以其无个人得失之忧也。这正如孔子所说："君子忧道不忧贫。"（《论语·卫灵公》15.32）由此可见，仁者只是不忧个人的得失，而对天下苍生却是忧心忡忡的。此种思想，激发了无数仁人志士忧国忧民的情怀，范仲淹那"先天下之忧而忧，后天下之乐而乐"脍炙人口的名言，就是仁者忧乐观的最好写照。

勇敢的人胆气过人，不畏强暴。《孟子·滕文公下》云："志士不忘在沟壑，勇士不忘丧其元。"意思是"有志之士不怕弃尸荒野，勇敢的人不怕掉脑袋"。勇者连死都不怕，还怕什么？所以孔子说："勇者不惧。"

9.30 子曰："可与共学，未可与适道①；可与适道，未可与立②；可与立，未可与权③。"

【译文】

孔子说："可以跟他一起学习，未必可以跟他一起探求真理；可以跟他一起探求真理，未必可以跟他一起有所建树；可以跟他一起有所建树，未必可以跟他一起通权达变。"

【注释】

①适道：走向道；追求道，即探求道，探求真理。适：往；到……去。

②立：建立；建树。

③权：随机应变；通权达变。

【解读】

孔子在这里阐发了为学的四个阶段，或者说四个层次。第一是"学"，即学习各种知识、技艺和道德修养。第二是"适道"，即追求道，探求真理。一起学习的人，未必都能追求道，探求真理。人各有志，有的人"适道"，有的人却喜好"异端"。第三是"立"，即有所建树。一起"适道"的人，未必都能有所建树，这主要在于"适道"是否坚定、专一。孔子强调"笃信好学，守死善道"（《论语·泰伯》8.13），强调"博学而笃志"（《论语·子张》19.6）。朱熹《论语集注》认为："学不博则不能守约，志不笃则不能力行。"因此，只有"适道"而"笃信""笃志"的人才能"立"，即有所建树。第四是"权"，即通权达变。能够"学"而"适道"并有所"立"之人，已经达到了为学的第三层次，实属难能可贵，但也容易产生教条主义、本本主义，导致思想僵化。这时能够懂得"权"，即通权达变，就显得相当重要了。懂得权变的人，在面对新形势、新情况时，能够不按照常规做事，而采取适合实际需要的灵活办法。这种权变，既不违反道的准则，又能审时度势而灵活处理。孔子曰："天下有道则见，无道则隐。"（《论语·泰伯》8.13）这既体现了孔子的政治操守，也体现了孔子的权变观。《孟子·离娄上》云："嫂溺不援，是豺狼也。男女授受不亲，礼也；嫂溺，援之以手，权也。"这是孟子权变观的体现。由此可见，由"学"而能"适道"，进而有所"立"，最终能"权"，这就达到为学的最高层次了。

9.31　"唐棣之华①，偏②其反③而。岂不尔思？室是远而。"子曰："未之思也，夫何远之有？"

【译文】

"唐棣树上的花，翩翩摇动。怎么不思念你？只是住处太遥远。"孔子说："没有思念，如果真的思念，还有什么遥远呢？"

【注释】

①华（huā）：花。

②偏：通"翩"。

③反：通"翻"，翻动；摇摆。

【解读】

　　"唐棣之华，偏其反而。岂不尔思？室是远而。"此为逸诗。首两句是起兴，诗人由唐棣树上的花翩翩摆动而触景生情，他的心也像唐棣之花一样翩翩摇动起来，想起了自己的心上人。然而相距遥远，无法相见，也无鸿雁传书，只能在心中思念着。孔子认为，诗人所说的"岂不尔思？室是远而"并非真心话，因为如果真的思念，"夫何远之有"？你可以跋山涉水去找她啊！言外之意或许是说一个人心里是否真的想着什么，别人无法知晓，重要的是看他的行动。

乡党第十

（共二十七章）

10.1　孔子于乡党，恂恂如①**也，似不能言者。其在宗庙朝廷，便便**②**言，唯谨尔。**

【译文】

孔子在乡里，谦恭温顺，好像不善言谈的人。他在宗庙、朝廷，说话清楚流畅，只是谨慎罢了。

【注释】

①恂恂（xún）如：恭顺的样子。

②便便（pián）：清楚流畅。

【解读】

请参见下章解读。

10.2　朝，与下大夫言，侃侃①**如也；与上大夫言，訚訚**②**如也。君在，踧踖如**③**也，与与如**④**也。**

【译文】

孔子上朝时，跟下大夫说话，理直气壮，从容不迫的样子；跟上大夫说话，和颜悦色而正直地争辩的样子。国君临朝时，恭敬不安的样子，步履安详的样子。

【注释】

①侃：刚直。

②訚（yín）：和颜悦色而直言争辩。

③踧踖（cù jí）如：恭敬不安的样子。

④与与如：步履安详的样子。

【解读】

　　语境是人们在言语交际活动中选择恰当的语言来表达思想的言语环境，它主要包括前言后语语境、情景语境和社会语境等。语境对人们的言语交际活动起着一定的制约作用，也能够起到一定的辅助作用。交际的双方只有根据语境选择恰当的语言来表达思想，才能收到比较好的表达效果。孔子在言语交际活动中善于根据不同的语境恰当地选择语言来表达思想，从而获得理想的表达效果。此章和上章意在说明孔子在社交场合善于根据时间、地点、场合、话题、交际对象的不同，来确定自己的容貌表情和选择恰当的言辞，或者说孔子在社交场合非常注意容貌表情和言辞的得体。

　　10.3　君召使摈①，色勃如②也，足躩③如也。揖所与立，左右手④，衣前后⑤，襜如⑥也。趋进，翼如⑦也。宾退，必复命曰："宾不顾⑧矣。"

【译文】

　　国君召唤孔子接引宾客，孔子脸色庄重，脚步加快。孔子向站在一起的人作揖，分别向左边和右边拱手，衣裳前后飘动，但很整齐。他快步向前，好像鸟儿展开翅膀的样子。宾客告退后，他一定回禀国君说："宾客已经走远了。"

【注释】

①摈：通"傧"，接引宾客。

②勃如：矜持庄重的样子。

③躩（jué）：快速。

④左右手：分别向左右拱手。

⑤衣前后：指衣裳随着作揖时身体的俯仰而前后飘动。

⑥襜（chān）如：整齐的样子。

⑦翼如：像鸟儿展开翅膀的样子。

⑧不顾：不回头看，意思是走远了。

【解读】

请参见《论语·乡党》10.5章解读。

10.4 入公门①，鞠躬如②也，如不容。立不中门，行不履阈③。过位④，色勃如也，足躩如也，其言似不足者。摄齐⑤升堂，鞠躬如也，屏气似不息者。出，降一等⑥，逞颜色⑦，怡怡如⑧也。没阶⑨，趋进，翼如也。复其位，踧踖如也。

【译文】

孔子进入朝廷之门，恭敬谨慎的样子，好像无处容身。不站在门中间，走路不踩门槛。经过国君的座位时，脸色矜持庄重，脚步加快，说话好像中气不足。提起衣裳下摆登堂，恭敬谨慎的样子，屏住气好像不能呼吸。走出朝堂，走下一级台阶时，脸色舒展，怡然自得。下完台阶，快步向前，好像鸟儿展开翅膀的样子。回到自己的位置上时，恭敬不安的样子。

【注释】

①公门：朝廷之门。

②鞠躬如：恭敬谨慎的样子。

③阈（yù）：门槛。

④过位：经过国君的空座位。

⑤摄齐（zī）：提起衣裳的下摆。摄：提起；撩起。齐：衣裳缝了边的下摆。

⑥降一等：走下一级台阶。

⑦逞颜色：脸色舒展。逞：舒展；放松。

⑧怡怡如：怡然自得的样子。

⑨没阶：走完台阶。

【解读】

请参见《论语·乡党》10.5章解读。

10.5 执圭①，鞠躬如也，如不胜②。上如揖，下如授。勃如战色③，足蹜蹜④如有循。享礼⑤，有容色⑥。私觌⑦，愉愉如也。

【译文】

孔子出使他国，拿着圭，恭敬谨慎的样子，好像不能承受。向上举好像作揖，向下放好像交给别人。脸色战战兢兢，脚步很小好像循着线路走。呈献礼物时，和颜悦色。以私人身份与他国君臣会见时，轻松愉快。

【注释】

①圭：古代举行典礼时，君臣拿在手中的一种玉制礼器。

②胜：能够承担或承受。

③战色：脸色战战兢兢。

④蹜蹜（sù）：脚步细密；步伐小。

⑤享礼：古代出使外国进献礼物之礼。享：献。

⑥有容色：有和悦之色。

⑦私觌（dí）：私人会见。觌：见；相见。

【解读】

10.3章是记孔子为君傧相时之容，10.4章是记孔子在朝时之容，10.5章是记孔子为君聘于邻国时之容。总之，此三章皆是记孔子的行为举止和容貌。由此我们可以得到两点感悟：第一，礼之重要，在于履行。无论是接引宾客，出使他国，还是上朝和退朝，孔子举手投足之间、敛容展颜之间，处处合于礼仪，从而展现了一个谦谦君子和外交官的风采，也为弟子及后人遵循礼仪树立了典范。第二，孔子的行为举止和容貌随着交际的对象、地点、场合的不同而相应变化，例如：孔子进入朝廷之门，恭敬谨慎的样子，好像无处容身。经过国君的座位时，脸色矜持庄重，脚步加快。提起衣裳下摆登堂时，显得恭敬谨慎的样子，屏住气好像不能呼吸。孔子走出朝堂，走下一级台阶时，脸色舒展，怡然自得。下完台阶，快步向前，好像鸟儿展开翅膀的样子。回到自己的位置上时，显得恭敬不安的样子。由这种变化，我们似乎可以了解孔子心理的变化过程。由此可见，当今的"非言语交际学""肢体语言学"或"动作语言学"等从西方引进而来的新兴学科，其实孔子早就开其先河，并为我们提供了丰富而典型的实例，只是有待后人去深入发掘而已。

10.6　君子不以绀緅①**饰，红紫不以为亵服**②**。当暑，袗絺绤**③**，必表而出之**④**。缁衣，羔裘；素衣，麑裘；黄衣，狐裘。亵裘长，短右袂。必有寝衣**⑤**，长一身有半。狐貉之厚以居**⑥**。去丧，无所不佩。非帷裳**⑦**，必杀**⑧**之。羔裘玄冠不以吊。吉月**⑨**，必朝服而朝。**

【译文】

君子不用天青色和铁红色做衣服的镶边，不用浅红色和紫色做便服。暑天，穿着或粗或细的葛布单衣，但出门时一定要加上外衣。黑色罩衫配羊裘，白色罩衫配麑裘，黄色罩衫配狐裘。家居穿的皮袍较长，右袖要短一些。一定要有小被子，长度为身高的一倍半。用狐貉的厚皮做坐垫。服丧期满，可以佩带任何饰品。如果不是做朝服和祭服，一定要裁剪多余的布料。羔裘和黑色礼帽不能穿戴去吊丧。每月初一，一定要穿着朝服去朝拜国君。

【注释】

①绀緅（gàn zōu）：天青色和铁红色，都是斋戒时服色。绀：深青透红的颜色，相当于天青色。緅：黑中透红的颜色。杨伯峻《论语译注》："黑色是正式礼服的颜色，而这两种颜色都近于黑色，所以不用来镶边，为别的颜色作装饰。"

②红紫不以为亵服：杨伯峻《论语译注》："古代大红色叫'朱'，这是很贵重的颜色。'红'和'紫'都属此类，也连带地被重视，不用为平常家居衣服的颜色。"亵（xiè）服：家居时穿的便服。

③袗絺绤（zhěn chī xì）：穿着或粗或细的葛布单衣。袗：单衣。絺：细葛布。绤：粗葛布。

④必表而出之：一定要加上外衣然后出门。俞樾《群经平议》："'出之'二字连文。之，往也。出之者，出往他所也。居家可单衣絺绤，若其出而他往，必加表衣，故曰'必表而出之'。"

⑤寝衣：小被子。古代大被曰衾，小被曰被。

⑥居：坐。这里指坐垫。

⑦帷裳：上朝和祭祀时穿的礼服，用整幅布做成，不加裁剪。

⑧杀（shài）：减少；裁去。

⑨吉月：每月初一。

【解读】

此章意在说明君子在衣着及其颜色方面的礼仪规范。

10. 7 齐①，必有明衣②，布。齐必变食③，居必迁坐④。

【译文】

斋戒沐浴完，一定要有浴衣，用布做的。斋戒时一定要改变平时的饮食，居住一定要改换卧室。

【注释】

①齐（zhāi）：通"斋"，斋戒。古人在祭祀或举行典礼前清心洁身以示庄敬。

②明衣：浴衣。

③变食：改变平常所食，即不饮酒、不吃荤。

④迁坐：改换卧室，即不与妻子睡在一个房间。古代天子以至于士，卧室分为"燕寝"和"外寝（也叫正寝）"。平时跟妻子住在燕寝，斋戒时就单独住在外寝。

【解读】

《论语·述而》7.13 章说"子之所慎：齐、战、疾"。此章就是对孔子慎重地对待斋戒的具体描述。

10.8 食不厌精，脍①不厌细。食饐②而餲③，鱼馁而肉败④，不食。色恶⑤，不食。臭⑥恶，不食。失饪⑦，不食。不时⑧，不食。割不正⑨，不食。不得其酱⑩，不食。肉虽多，不使胜食气⑪。唯⑫酒无量，不及乱⑬。沽酒市脯⑭，不食。不撤姜食⑮，不多食。

【译文】

粮食不嫌舂得精，鱼和肉不嫌切得细。饭食腐臭而变味，鱼和肉腐烂了，不吃。食物颜色变坏了，不吃。气味难闻的，不吃。食物没做熟，不吃。不合时令的蔬菜，不吃。不按一定方法砍割的肉，不吃。调味品放得不合适，不吃。肉虽然多，但吃肉不能超过饭量。虽然酒不限量，但不能喝醉。祭祀时买来的酒和干肉，不吃。吃饭时须有姜，但不多吃。

【注释】

①脍：切得很细的鱼或肉。

②饐（yì）：饭腐臭。

③餲（ài）：饭经久而变味。

④鱼馁而肉败：鱼腐烂叫馁，肉腐烂叫败。

⑤色恶（è）：颜色不好；颜色变坏。

⑥臭（xiù）：气味。

⑦失饪：食物没煮熟。饪：烹饪，把食物做熟。

⑧不时：不合时令。

⑨割不正：割指宰杀牲口时分解其肢体。割有一定的方法，方法不当者叫做"割不正"。

⑩不得其酱：调味品不合适。

⑪食气：主食；饭食。

⑫唯：通"虽"。

⑬乱：神智昏迷。此指酒醉。

⑭脯：干肉。

⑮不撤姜食：不除去姜，意思是吃饭时有姜。

【解读】

此章充分体现了孔子的饮食养生观，并且具有较强的科学性。我们可以从中归纳出孔子如下几条饮食养生的经验：第一，"食不厌精，脍不厌细"。现代医学研究表明：精细的食物既有利于食物营养充分释放，也有利于肠胃吸收，还有利于身体迅速汲取热量。尤其是在冬季，或者对老年人来说，食不厌精，脍不厌细是值得提倡的。第二，"肉虽多，不使胜食气"。现代医学研究表明：肉食吃多了，就容易在脏腑内造成积食积热，容易造成脂肪肝，容易造成肌肉酸痛，会使得钙质轻易排出体外。第三，"唯酒无量，不及乱"。现代医学研究表明：适当饮酒有益于身体健康，但是过度饮酒则将影响身体。第四，"不撤姜食，不多食"。现代医学研究表明：生姜具有开胃健脾，散风寒，除恶热，消浮肿，去腹胀等保健功效。第五，"食饐而餲，鱼馁而肉败，不食。色恶，不食。臭恶，不食。失饪，不食。不时，不食。割不正，不食。不得其酱，不食"。这里所说的七"不食"，概括起来主要是强调三个"不吃"：一是不吃变质的食物，下章所言"祭于公，不宿肉。祭肉不出三日。出三日，不食之矣"也是这个意思，因为超过三天的祭肉容易腐败变质；二是不吃烹饪不当的食物；三是不吃不合时令的食物。总之是不乱吃食物。现代医学研究表明：食物变质后则会产生大量的细菌，食用后必将影响身体健康；烹饪不当的食物也将影响身体健康，食用了没做熟的食物，将影响人体吸收与消化，食用了调味品放得不合适的食物，譬如太咸或太淡，也不利于身体健康；所谓不合时令的食物，譬如某种瓜果尚未成熟，还没到收获的季节就强行采摘食用，其营养价值必定不高。

10.9　祭于公^①，不宿^②肉。祭肉^③不出三日。出三日，不食之矣。

【译文】

参加国家祭祀，祭肉不过夜。自家的祭肉留存不超过三天。超过三天，就不吃了。

【注释】

①公：国家；朝廷。

②宿：过夜；隔夜。古代大夫、士有助君祭祀之礼。祭祀当天清早宰杀牲畜，举行祭典。第二天又祭，叫做"绎祭"，然后把祭肉颁赐群臣。此肉已经两天了，如果再隔夜，就是三天了，容易腐败变质。

③祭肉：指自家举行祭祀的祭肉。

【解读】

请参见上章解读。

10.10　食不语，寝不言。

【译文】

吃饭时不交谈，睡觉时不说话。

【解读】

这也是孔子的养生之道。吃饭时说话，容易影响咀嚼和消化，容易引起噎食。如今人们的生活节奏加快，白天各忙各的工作，往往只有到了吃晚饭的时候才是一家人或者朋友聚在一起的时间，于是一边喝酒吃饭，一边谈天侃地，已经成为饭桌的常态，此时而欲人之不语，难矣！然而孔子所说的"食不语"对于养生的确是有益处的。睡觉时说话，容易引起大脑兴奋而难以入睡。这也是具有科学道理的。除非你躺在床上时还并不想睡，或者失眠，于是就想跟人聊天。

10.11　虽疏食①菜羹，必祭，必齐如②也。

【译文】

即使是粗粮菜汤，也一定要祭祀饮食之神，一定要像斋戒那样恭敬。

【注释】

①疏食：粗粮。

②齐如：恭敬的样子。齐（zhāi）：通"斋"。

【解读】

古人吃饭时，分出少许饭菜来祭祀先代始为饮食之人，以表示不忘本。

10.12　席不正，不坐。

【译文】

坐席摆得不正，不坐。

【解读】

"席不正"，此事虽小，于礼节亦无大碍，但是如果不注重生活中"席不正"这样的小事，就可能渐渐导致大的礼节或行为的不端正，所以孔子认为，坐席摆得不正，意味着不合礼制。礼制无小事，马虎不得，不能就座。

10.13　乡人饮酒，杖者出，斯出矣。

【译文】

举行乡人饮酒礼，等老人出去之后，孔子才出去。

【解读】

举行乡人饮酒礼，等老人出去之后，孔子才出去。这似乎看起来也是件小事，然而它体现出孔子对长者的尊敬，也体现出孔子的修养。"问人于他邦，再拜而送之。"（《论语·乡党》10.15）托人办事，有劳人家了，理当依礼相谢。此两章与上章，皆体现出孔子的修身养性，往往是从小事做起。平时注意在小事上不逾矩，才能在大事上也不逾矩；平时注意尊敬长者，才能时刻保持一颗恭敬之心；平时注意与人交际的礼节，才能做到尊重他人，从而达到人际关系的和谐。

10.14 乡人傩①，朝服而立于阼阶②。

【译文】

乡人举行迎神驱逐疫鬼的仪式，孔子穿着朝服站在东面的台阶上。

【注释】

①傩（nuó）：古代一种迎神以驱赶疫鬼的风俗。

②阼（zuò）阶：大堂前东面的台阶，是主人迎接宾客所立的台阶。

【解读】

按《礼记·郊特牲》作："乡人禓（shāng 驱除室内强鬼的祭祀），孔子朝服立于阼，存室神也。"何晏《论语集解》引孔安国曰："傩，驱逐疫鬼，恐惊先祖，故朝服而立于庙之阼阶。"

10.15 问①人于他邦，再拜而送之。

【译文】

孔子托人向在他国的朋友问候送礼，对受托人拜两次才送行。

【注释】

①问：问候并馈赠。

【解读】

请参见《论语·乡党》10.13 章解读。

10.16　康子馈药，拜而受之。曰："丘未达^①，不敢尝。"

【译文】

季康子送药来，孔子拜谢并收下。说："我不了解药性，不敢吃。"

【注释】

①达：了解；通晓。

【解读】

人最宝贵的是生命，珍惜生命是人类生存的基本法则，而疾病关系到个体生命的问题，它将直接危害人的生命，岂能不慎？孔子生病时，鲁国执政大夫季康子亲自送药来，就礼节而言，不能不收，于是孔子拜谢并收下。然而，此药是否对症？是否有疗效？是否有副作用？孔子心里没底，于是等季康子走了之后，孔子就对别人说："我不了解药性，不敢吃。"这无疑是对待疾病所采取的一种慎重态度。《论语·述而》7.13 章说："子之所慎：齐、战、疾。"此章就是对孔子慎重地对待疾病的具体描述。

10.17　厩焚。子退朝，曰："伤人乎?"不问马。

【译文】

孔子家的马棚失火。孔子退朝回来,说:"伤人了吗?"没有问到马。

【解读】

孔子家的马棚失火。孔子退朝回来,当他得知此事时,脱口而出的就是询问:"伤人了吗?"马厩失火,首先伤到的肯定是马,但也不排除伤及人的可能性。人乃天地中最可宝贵的动物,更何况孔子的学说为"仁学",仁者爱人,孔子所关心的当然是人。因此他最急切知道的是伤了人没有,至于马,即使伤了,那也只是财产损失而已,因此没有问到马。孔子的人文情怀,由此可见。这种人文情怀在社会生活中被很好地继承下来了。譬如:当电视里、报纸上报道某处发生自然灾害时,紧接着就是"所幸没有造成人员伤亡"之类的话(如果真的没有发生人员伤亡的话),人们紧张的心情也就随之松弛下来。只要有人在,财产损失了还可以补救,家园还可以重建。

10.18　君赐食,必正席①**先尝之。君赐腥**②**,必熟而荐**③**之。君赐生,必畜之。侍食于君,君祭,先饭**④**。**

【译文】

国君赐给熟食,孔子一定摆正坐席先品尝。国君赐给生肉,一定煮熟用来进献祖先。国君赐给活牲口,一定喂养着。陪国君进食,国君祭祀,孔子先吃饭。

【注释】
①正席:摆正坐席。
②腥:生肉。
③荐:进献。特指向鬼神进献。
④先饭:先吃饭,意即为国君品尝。

【解读】

国君赐给熟食，孔子一定摆正坐席先品尝。国君赐给生肉，一定煮熟用来进献祖先。这些都表明孔子是以十分恭敬而慎重的态度来对待国君所赐的食物。国君赐给活牲口，一定喂养着。这表明孔子对国君所赐生物的珍惜，不无故杀之，也能睹物生情而感念君恩。古时食前必祭，若臣子陪国君进食，则君祭而己不祭。朱熹《论语集注》云："《周礼》：'王日一举，膳夫授祭，品尝之，王乃食。'故侍食者，君祭，则己不祭而先饭，若为君尝食然。"因此陪国君进食，国君祭祀时，孔子就先吃饭，表示代替国君品尝食物。这表明孔子对国君的敬意。

10.19 疾，君视之。东首，加朝服，拖绅①。

【译文】

孔子生病时，国君来探望他。孔子就头朝东卧着，披上朝服，拖着大腰带。

【注释】

①绅：士大夫腰间束的大带子。

【解读】

此章表明孔子对国君的敬重，虽在病中仍不忘尽为臣之礼。

10.20 君命召，不俟①驾行矣。

【译文】

国君下令召见，孔子不等待驾好马车就先步行了。

【注释】

①俟：等待。

【解读】

此章表明孔子对君命的重视而不敢有丝毫的怠慢。《荀子·大略》云："诸侯召其臣，臣不俟驾，颠倒衣裳而走，礼也。《诗》曰：'颠之倒之，自公召之。'"可见这样做，也是循礼而行。孔子认为，为礼强调一个"敬"字。上述三章所记载的孔子侍奉君主时所遵循的臣礼，就是对国君始终保持恭敬的态度。

10.21　入太庙，每事问^①。

【译文】

孔子进入太庙，每件事都要问。

【注释】

①此章与《论语·八佾》3.15章"子入太庙，每事问"相重复。

10.22　朋友死，无所归^①。曰："于我殡^②。"

【译文】

朋友死了，没有亲人来安葬他。孔子说："由我来负责丧葬。"

【注释】

①归：归属。这里指安葬。
②殡：死者停放在灵柩里待葬。这里指丧葬事务。

【解读】

此章既反映出孔子的重情重义，也体现了孔子的仁爱之心。

10.23　朋友之馈，虽车马，非祭肉，不拜。

【译文】

朋友的馈赠，即使是车马，只要不是祭肉，孔子不行拜谢礼。

【解读】

对于朋友的馈赠，即使是车马这样贵重的礼物，孔子也不行拜谢礼，这一是如朱熹《论语集注》所云："朋友有通财之义，故虽车马之重不拜。"二是朋友之间相互馈赠，或许本无需行拜礼。因此孔子要循礼而行，不能因为朋友馈赠了贵重的礼物就违礼而破例行拜礼。总之，朋友之道以义相合，而非以金钱相合；朋友之间是相互平等的，即使朋友馈赠我贵重财物，亦是出于义，而非恩赐。然而，当朋友送来祭肉时，孔子会行拜谢礼。朱熹《论语集注》解释说："祭肉则拜者，敬其祖考，同于己亲也。"意思是祭肉是祭祀祖先的，朋友送祭肉来，就相当于其祖先所赐之食，这时所行拜谢之礼，是拜谢其祖先，而不是拜谢朋友。

10.24　寝不尸^①，居^②不客^③。

【译文】

孔子睡觉时不像死尸那样挺直地躺着，平时坐着不像接待客人那样端坐着。

【注释】

①尸：尸体。这里用作动词，指像尸体一样。

②居：蹲踞。这个意义后来写作"踞"。

③客：客人。这里用作动词，指接待客人。

【解读】

古人席地而坐，坐时以两膝着地，臀部贴在脚后跟上。这是正规的坐姿，但比较累人；蹲时则足底着地，两腿尽量弯曲，像坐的样子。这种坐姿比较随意，也相对轻松。孔子强调一个人要坐有坐相，站有站相，然而也有变通之时。譬如接待客人时必须以礼相待，席地而坐就是一种礼节，因此须"坐"；如果是平时居家，则可以随意些，放松些，可以蹲，不必老是摆出正襟危坐的样子。"子之燕居，申申如也，夭夭如也"（《论语·述而》7.4），孔子在家休闲时，与上朝或者待客时相比，显得精神舒畅，神情愉悦。

10.25　见齐衰①者，虽狎②，必变③。见冕④者与瞽者⑤，虽亵⑥，必以貌。凶服⑦者式⑧之，式负版⑨者。有盛馔⑩，必变色而作⑪。迅雷风烈⑫必变。

【译文】

孔子看见穿丧服的人，即使非常亲密，一定改变神色。看见戴着礼帽的人和盲人，即使常相见，一定有礼貌。在车上看见穿丧服的人，就俯身把手扶在车前的横木上以致敬。看见背负国家图籍的人，也俯身把手扶在车前的横木上以致敬。有丰盛的食物，一定改变神色而站起来。遇到疾雷大风，一定改变神色。

【注释】

①齐衰（zīcuī）：丧服。

②狎：亲近；亲热。

③必变：改变神色。"色"字蒙下文"必变色"而省。

④冕：帝王、诸侯、卿大夫所戴的礼帽。

⑤瞽（gǔ）者：盲人。

⑥亵（xiè）：亲近；常相见。

⑦凶服：丧服；孝服。

⑧式：通"轼"，古代车厢前部用作扶手的横木。这里指俯身扶轼以致敬。

⑨版：国家图籍。

⑩馔：饭食；食物。

⑪作：起；站起来。

⑫迅雷风烈：即迅雷烈风，这是错位的修辞方式。

【解读】

哀悼有丧者，同情残疾人，这是"仁"的体现。尊重卿大夫，尊卑有序，这是礼的规定。此章记述了孔子在日常生活中循礼而行的细节。

10.26　升车，必正立①，执绥②。车中，不内顾③，不疾言④，不亲指⑤。

【译文】

孔子上车时，一定站直，拉着扶手绳上车。在车上，不往后看，不大声说话，不乱指点。

【注释】

①正立：端正地站立，即身子站直。

②绥（suí）：上车时扶手用的绳索。

③内顾：回视车内，即往后看。顾：回头看。

④疾言：大声说话。

⑤不亲指：刘宝楠《论语正义》："'亲'字义不可解。《曲礼》云：'车上不妄指。'亲疑即妄字之误。"

【解读】

在车上，不往后看，不大声说话，不乱指点。这既是循礼之举，也是安全的保障。如今在车上不大声说话，不乱指点，仍然是一个人文明素质的体现。

10.27　色斯举矣①，翔而后集②。曰："山梁雌雉③，时哉时哉④！"子路共⑤之，三嗅⑥而作。

【译文】

山鸡受惊飞起，盘旋一阵后又停在树上。孔子说："山梁上的山鸡，得其时啊！得其时啊！"子路向山鸡拱手，山鸡看了几次就飞走了。

【注释】

①色斯举矣：鸟受惊飞起。色斯：吃惊的样子。举：起飞；振翼飞去。

②集：鸟停在树上。

③雉：野鸡；山鸡。

④时哉：得其时。

⑤共（gǒng）：拱手。这个意义后来写作"拱"。

⑥嗅（jú）：当作"狊"。《说文》："犬视貌。"意思是狗凝视的样子。这里指鸟惊视的样子。

【解读】

何晏《论语集解》云："言山梁雌雉得其时，而人不得其时。故叹之。"

先进第十一

（共二十六章）

11.1 子曰："先进①于礼乐，野人②也；后进于礼乐，君子③也。如用之，则吾从先进。"

【译文】

孔子说："先学习礼乐然后当官的，是庶民；先当官然后学习礼乐的，是贵族子弟。如果选用人才，我主张选用先学习礼乐的人。"

【注释】

①先进：先行；先学习。

②野人：郊野之人，即庶民；老百姓。

③君子：有位者。这里特指通过世袭制而居官的贵族子弟。

【解读】

古代做官有两条途径，一是世袭制，贵族子弟世袭爵禄；二是选士制，从庶民中选择有才艺之士当任官吏。春秋时期，诸侯之间为了争夺人才，开始对官爵世袭制度进行改革，按照选贤任能的原则来选拔官吏。因此，没有爵禄的庶民，只要具备一定的德行和才艺，就有可能被选拔为官吏。譬如孔子的弟子，大多为庶民，其中不少人学习优异而被任用为官。至于因世袭制而成为卿大夫的人，他当然用不着事先学习礼乐，也用不着具有什么才艺。只是在继承了父兄的爵禄之后，还得"补课"，学习一些礼乐。至于学习得好不好，那是另一回事，并不影响其成为卿大夫。由此可见，就所掌握的礼乐而言，先学习礼乐然后当官的庶民，是强于世袭的卿大夫的，因此孔子主张选用先学习礼乐的人。当今官场，买官卖官，已是公开的秘密；甚至"官二代"也已成为当下的流行词语。这些通过买官而做官的人，这些凭借父母权势而做官的人，其德几何？其能几何？事关国家大事，政府大事，百姓的切身利益，怎能再实施"后进于礼乐"的用人原则？岂能让这样的人去"边做官边学习"？这岂非儿戏？看来孔子所提倡的"如果选用人才，我主张选用先学习礼乐的人"的用人观，在今天仍然具有一定的现实意义。

11.2　子曰："从我于陈、蔡者，皆不及门①也。"

【译文】

孔子说："跟随我在陈国、蔡国的学生，都不在我身边了。"

【注释】

①及门：及于师门，意即在身边。

【解读】

据《史记·孔子世家》载："孔子迁于蔡三岁，吴伐陈。楚救陈，军于城父。闻孔子在陈蔡之间，楚使人聘孔子。孔子将往拜礼。陈蔡大夫谋曰：'孔子贤者，所刺讥皆中诸侯之疾。今者久留陈蔡之间，诸大夫所设行皆非仲尼之意。今楚，大国也，来聘孔子。孔子用于楚，则陈蔡用事大夫危矣。'于是乃相与发徒役围孔子于野。不得行，绝粮。从者病，莫能兴。孔子讲诵，弦歌不衰。"由此可见，那些曾经跟随孔子在陈国、蔡国的弟子，都是与孔子共患难的弟子。老师遭困厄而弟子不离不弃，这对于老师来说，该是多大的安慰啊！或许事隔多年之后，当年的那些弟子由于各种原因，都已不在自己身边了。孔子忆及此事，仍然激动不已，不由得情不自禁地感叹道："跟随我在陈国、蔡国的学生，都不在我身边了。"师生情深，跃然纸上。

11.3　德行：颜渊、闵子骞、冉伯牛、仲弓。言语：宰我、子贡。政事：冉有、季路。文学①：子游、子夏。

【译文】

孔子弟子中德行优异的有颜渊、闵子骞、冉伯牛、仲弓。擅长言辞的有宰我、子贡。擅长治理政事的有冉有、季路。擅长古代文献的有：子游、子夏。

【注释】

①文学：古代文献。

【解读】

孔子弟子三千，其出身、家境、性格、品行等皆存在着较大差异，孔子既善于根据学生的实际情况和个性差异来进行教学，又善于使学生扬长避短并获得最佳发展，造就出了七十二贤人。在七十二贤人中，德行优异的有颜渊、闵子骞、冉伯牛、仲弓。擅长言辞的有宰我、子贡。擅长治理政事的有冉有、季路。擅长古代文献的有子游、子夏。孔子因材施教的教学原则，由此可见。学生可以从孔子那里获得不同的专长，亦可反观孔子学问之渊博。俗话说"给人一瓢水，自己当有一桶水"，说的就是这个道理。由此我们又想到，当今提倡通识教育，何以困难重重？虽然其原因是多方面的，但是有一点是可以确定的，那就是我们尚缺乏具有通识之才的教师。

11.4 子曰:"回也,非助我者也,于吾言无所不说^①。"

【译文】

孔子说:"颜回不是对我有帮助的人,他对我说的话没有不喜欢的。"

【注释】

①说(yuè):高兴;喜悦。这个意义后来写作"悦"。

【解读】

孔子此言,并非真的责备颜回对自己没有帮助,而是因有颜回这样的学生而深感自豪,其喜悦之情溢于言表。那么喜从何来呢?第一,喜颜回对自己所说的话能够"无所不说(悦)",并且身体力行。譬如:颜渊问仁。子曰:"克己复礼为仁。一日克己复礼,天下归仁焉。为仁由己,而由人乎哉?"颜渊曰:"请问其目。"子曰:"非礼勿视,非礼勿听,非礼勿言,非礼勿动。"颜渊曰:"回虽不敏,请事斯语矣。"(《论语·颜渊》12.1)"回虽不敏,请事斯语矣",可以看成是对孔子所说的"于吾言无所不说"的注脚。孔子也曾这样称赞颜回说:"语之而不惰者,其回也与!"(《论语·子罕》9.20)这实际上也是称赞颜回"于吾言无所不说"。试问,从古至今,有哪位教师不喜欢学生听从自己的教诲呢?第二,喜自己教学效果之优秀。今之教师,在总结自己的教学成绩时,无不以"教学效果好,深受学生的喜爱"为自豪。至于颜回能否"助我",那其实是次要的,更何况"吾与回言终日,不违,如愚。退而省其私,亦足以发,回也不愚"(《论语·为政》2.9)。颜回对于老师的教诲能够做到"无所不悦""无违",并且发挥老师的观点,这对于老师来说,不亦悦乎?

11.5 子曰:"孝哉,闵子骞!人不间^①于其父母昆弟之言。"

【译文】

孔子说:"闵子骞真孝顺啊!人们对于他父母兄弟称赞他孝顺的话没有异议。"

【注释】

①间(jiàn):不同;异议。

【解读】

闵子骞以德行著称。试问其德行何在?据《艺文类聚·人部·孝》卷20载:"闵子骞兄弟二人,母死,其父更娶,复有二子。子骞为其父御车,失辔,父持其手,衣甚单。父则归,呼其后母儿,执其手,衣甚厚温。即谓其母曰:'吾所以娶汝,乃为吾子。今汝欺我,去,无留!'子骞前曰:'母在一子单,母去四子寒。'其父默然。故曰:'孝哉闵子骞!一言其母还,再言三子温!'"后母也深受感动而悔改,从此待四子如一。父母慈爱,儿女孝顺,此乃正常之情理。然而,当父母不慈,兄弟不悌时,若能依然孝顺父母,友爱兄弟,则更显难能可贵。面对后母的不慈,闵子骞能以真情感动后母,一则可见闵子骞之孝顺,二则也足以说明只要动之以亲情、真情,就没有化解不了的家庭矛盾。令人遗憾的是,如今父子、兄弟反目成仇的现象,屡见于媒体,这也就反证出"父慈子孝"的中华传统美德仍然值得继承并发扬光大。

11.6 南容三复①**白圭**②**,孔子以其兄之子妻之。**

【译文】

南容经常反复吟诵"白圭之玷"几句诗,孔子就把侄女嫁给他。

【注释】

①三复：多次重复；经常反复。

②白圭：出自《诗经·大雅·抑》。

【解读】

《诗经·大雅·抑》云："白圭之玷，尚可磨也；斯言之玷，不可为也。"意思是白圭上面有污点还可以磨掉，说话如果有缺点就无法去掉。一言既出，驷马难追，不可不慎！南容经常反复吟诵"白圭之玷"几句诗，这就表明他说话非常谨慎，符合孔子所倡导的慎言观。

11.7　季康子问："弟子孰为好学？"孔子对曰："有颜回者好学，不幸短命死矣，今也则亡①。"

【译文】

季康子问："你的学生中哪个好学？"孔子回答说："有个叫颜回的人好学，不幸短命死了，现在没有了。"

【注释】

①此章与《论语·雍也》6.3 章大致相同。

11.8　颜渊死，颜路①请子之车以为之椁②。子曰："才不才，亦各言其子也。鲤③也死，有棺而无椁。吾不徒行④以为之椁，以吾从大夫之后，不可徒行也。"

【译文】

颜渊死了，其父颜路请求孔子把车卖了给颜渊买外棺。孔子说："无论有才无才，都是各说各的儿子。我的儿子孔鲤死了，只有内棺而无外棺。我不能卖掉车子步行来给他买外棺，因为我也曾做过大夫，是不可以步行的。"

【注释】

①颜路：姓颜名无繇（yóu），字路。颜渊之父，孔子弟子，比孔子小6岁。

②椁（guǒ）：外棺；棺外的套棺。古代棺有两重，放置尸体的叫棺，棺外所套大棺叫椁。

③鲤：姓孔名鲤，字伯鱼，孔子之子，年五十而死。

④徒行：步行。

【解读】

颜回之父，痛丧爱子，希望能够将他厚葬，于是颜路请求孔子把车卖了给颜渊买外棺。孔子以"鲤也死，有棺而无椁。吾不徒行以为之椁，以吾从大夫之后，不可徒行也"加以婉拒。孔子不因痛丧爱子而将他厚葬，甚至连外棺都没有置办；颜回家贫，亦不应讲究外棺了。

11.9　颜渊死。子曰："噫！天丧予！天丧予！"

【译文】

颜渊死了。孔子说："唉！天要我的命啊！天要我的命啊！"

【解读】

请参见下章解读。

11.10　颜渊死，子哭之恸①。从者曰："子恸矣！"曰："有恸乎？非夫人之为恸②而谁为？"

【译文】

颜渊死了，孔子哭得很悲伤。跟随的人说："您太悲伤了！"孔子说："真的很悲伤吗？不为这样的人悲伤，还为谁悲伤呢？"

【注释】

①恸（tòng）：极度悲伤。

②非夫人之为恸：非为夫人恸。之：宾语前置的标志。夫（fú）：指示代词，那；这。

【解读】

　　颜回是孔子的得意门生，《论语》中多次记载孔子称赞他的话语。当颜回逝世时，"子哭之恸"。并且痛心疾首地哭喊道："噫！天丧予！天丧予！"这是孔子在颜回英年早逝时而发出的悲痛欲绝的哭喊，似乎在抱怨上天对贤者的不公。师生情深，跃然纸上。

　　11.11　颜渊死，门人欲厚葬之。子曰："不可。"门人厚葬之。子曰："回也视①**予犹父也，予不得视犹子也。非我也，夫二三子也。"**

【译文】

　　颜渊死了，孔子的学生们想要隆重地安葬他。孔子说："不可以。"学生们仍然隆重地安葬了他。孔子说："颜回啊，你对待我像父亲，可我不能对待你像儿子。不是我要厚葬的，是那些学生们做的啊。"

【注释】

①视：看待；对待。

【解读】

　　孔子的门人欲厚葬颜回，然而孔子认为"不可。"虽然儒家讲究"厚葬久丧"，但是孔子并未把它绝对化，而是提倡视具体情况而论。孔子认为，丧礼的周全与否，只是丧礼的形式而已，最重要的是参加丧礼者是否具有深切的悲哀之情。如果没有悲哀之情，就没有适切人的性情；即使把丧礼办得十分周全，那又有什么意义呢？所以，当颜回逝世时，"子哭之恸"，并且痛心疾首地哭喊道："噫！天丧予！天丧予！"门人对孔子关于礼的主张却未能透彻地理解，因此最终没有听从老师的劝告，还是厚葬了颜回。所谓厚葬，一方面是讲究用隆重的礼仪来安葬，另一方面还要耗费大量的钱财办理丧事。这对于安葬家境贫寒的颜回来说，是不合宜的，于是孔子感叹道："非我也，夫二三子也。"表明不是我要厚葬的，是那些学生们做的啊。朱熹《论语集注》指出：这是孔子"叹不得如葬鲤之得宜，以责门人也。"如今不少地方不少人，虽然继承了对死者"葬之以礼"的传统文化，但是往往过分强调"厚葬久丧"，无论家境如何，死了人就得大办丧事，并且已形成一种社会风气。于是乎有的人无可奈何地感叹道："活着不容易，死也死不起啊！"

11.12　季路问事鬼神。子曰："未能事人，焉能事鬼?"曰："敢①问死。"曰："未知生，焉知死?"

【译文】

子路询问如何事奉鬼神。孔子说："还不能事奉好活人，怎能去事奉鬼神?"子路说："敢问死是怎么回事?"孔子说："还不明白生的道理，怎么懂得死是什么呢?"

【注释】
①敢：谦辞，表示冒昧地请求别人。

【解读】

孔子对天命鬼神持质疑态度，非独孔子为然，春秋时期一些有识之士也不迷信鬼神，他们倡导治国要重视人事。这种思想在《左传》里多有记载。例如，《左传·庄公十年》载：齐国的军队攻打鲁国，鲁庄公准备迎战。曹刿入宫进见庄公，问他"凭什么来作战"。庄公先后回答了三个理由：一是"衣服和食物是用来安身的，我不敢独享，一定把它分给别人"。曹刿说："这是小恩小惠，并且不能遍及所有的人，老百姓不会服从您的。"二是"牛羊猪和宝玉丝绸之类的祭品，我不敢谎报，一定以实相告"。庄公认为，自己事神诚信，神会保佑他。然而曹刿说："这是小的诚信，不能取得神的信任，神不会保佑您的。"于是庄公说出了第三个理由："大大小小的案件，即使我不能明察，但一定处理得合情合理。"曹刿说："这是属于恪尽职守，可以凭借它打一仗。"在曹刿看来，为老百姓恪尽职守这一重人事的行为，远比事鬼神而祈求鬼神保佑的行为更为实在，因为民心所向，乃是取得战争胜利的关键因素。《左传·昭公十八年》记载了子产所说的话："天道远，人道迩，非所及也。"意思是"天道遥远，人道切近，两者并不相关"。这些都与孔子"务民之义，敬鬼神而远之""未能事人，焉能事鬼"的思想相通，它们都体现了一种重人事而轻鬼神的思想，也体现了一种治国理念。

11.13 闵子侍侧，誾誾如①也；子路，行行如②也；冉有、子贡，侃侃如③也。子乐。"若由也，不得其死然。"

【译文】

闵子骞在孔子身旁陪侍，和颜悦色而正直的样子；子路刚强勇武的样子；冉有、子贡，从容不迫的样子。孔子很高兴，接着叹息说："像仲由吧，恐怕不能善终啊。"

【注释】

①誾誾（yín）如：和颜悦色而正直地争辩的样子。

②行行（hàng hàng）如：刚强勇武的样子。

③侃侃如：说话理直气壮，从容不迫的样子。

【解读】

闵子骞以德行著称，子贡以言语著称，冉有、子路以政事著称。孔子看着这些学生皆陪侍在自己身旁，一种快乐之感油然而生。所乐者何？朱熹《论语集注》云："子乐者，得天下英材而教育之。"此诚教师之幸事也！孔子所乐，亦乐其弟子各有所长，且性格各异，可以相互取长补短而成大事也。孔子教育学生，并非一把尺子量到底，用同一个模式去培养学生，而是因材施教，允许学生有不同的兴趣爱好，不同的性格；也允许他们在自己面前流露出其性格的"原生态"，而不是要求学生们统统毕恭毕敬。我们由此又可以看到他们之间那种和谐的师生关系。

11.14 鲁人为长府①。闵子骞曰："仍旧贯②，如之何？何必改作？"子曰："夫③人不言，言必有中④。"

【译文】

鲁国改建叫长府的府库。闵子骞说："按照老样子修补，怎么样？为什么一定要改建呢？"孔子说："这个人不说话则已，一说话就一定中肯。"

【注释】

①为长府：改建府库。为：即下文之"改作"；改建。长府：鲁国收藏财货的府库名。

②仍旧贯：沿用旧的事例做。这里指按照府库的老样子修补，与下文"改作"相对。仍：因袭；沿用。贯：事；事例。

③夫（fú）：指示代词，那；这。

④中（zhòng）：中肯；说到点子上。

【解读】

由孔子对闵子骞的赞赏，我们可以获得两点感悟：第一，勤俭节约的精神仍然值得提倡。能够使用的东西就继续使用，需要修补的就修补，不要动不动就喜新厌旧，推倒重来。第二，一个人聪明不聪明，不在于话说得多不多，而在于看问题准不准，话是否说到点子上。

11.15 子曰："由之瑟奚为于丘之门？"门人不敬子路。子曰："由也升堂矣，未入于室①也。"

【译文】

孔子说："仲由为什么在我门前弹瑟呢？"学生们因此不尊敬子路。孔子说："仲由啊，学问已有一定的成就，只是还没有达到最高境界。"

【注释】

①升堂入室：堂是正厅，室是内室。先入门，次升堂，最后入室。这里是比喻做学问的几个阶段。

【解读】

子路性格刚强，亦争强好胜。这既是他的优点，也是他的缺点。你看，子路弹瑟居然弹到孔子家门口来了。孔子何许人也？音乐大师也。孔子擅长各种乐器。例如："子击磬于卫"（《论语·宪问》14.39），这表明孔子善击磬。"孺悲欲见孔子，孔子辞以疾。将命者出户，取瑟而歌，使之闻之"（《论语·阳货》17.20），这表明孔子善弹瑟。《史记·孔子世家》云："孔子学鼓琴师襄子。"这表明孔子善弹琴。看来子路还真有点班门弄斧啊！针对子路的刚强性格，孔子时常有意挫其锐气，希望他有所收敛而能够近乎中庸。这不，当子路在孔子家门口弹瑟时，孔子说："仲由为什么在我门前弹瑟呢？"弟子们或许以为孔子是在责备子路狂妄，因此不尊敬子路。孔子知道弟子们误解他的意思了，其实孔子对子路也是非常欣赏的，于是孔子解释说："仲由啊，学问已有一定的成就，只是还没有达到最高境界。"朱熹《论语集注》云："升堂入室，喻入道之次第。言子路之学，已造乎正大光明之城，特未深入精微之奥耳。"后来"升堂入室"成为成语，比喻学问或技能由浅入深，循序渐进，达到更高的水平。

11.16　子贡问："师与商也孰贤?"子曰："师也过，商也不及。"曰："然则^①师愈^②与?"子曰："过犹不及^③。"

【译文】

子贡问："颛孙师和卜商谁强一些?"孔子说："颛孙师有些过头，卜商有些不够。"子贡说："既然如此，那么还是颛孙师强一些吧?"孔子说："过头如同不够。"

【注释】

①然则：顺承连词。（既然）如此，那么……

②愈：胜;胜过。

③过犹不及：过头如同不够。过：过分;过头。犹：如同;等同。不及：赶不上;不够。

【解读】

子贡的第一次询问"师与商也孰贤"，其中包含这样两层意思：第一，颛孙师（子张）和卜商（子夏）都是贤者;第二，颛孙师和卜商谁强一些。这是在道德修养的层面所提出的问题。孔子告诉子贡说："师也过，商也不及。"这也是从道德修养的层面来评价子张和子夏。子贡的第二次询问"然则师愈与"，其中包含着这样的逻辑思路：子贡认为"过"优于"不及"，既然老师说"师也过，商也不及"，那么就是说子张优于子夏了。孔子的第二次回答包含了两层意思：第一，"不及"是不好的，这与子贡的观点相同;第二，"过"如同"不及"，也不好。这就否定了子贡关于"过优于不及"的观点。孔子为何说"过犹不及"呢? 何晏《论语集解》引孔安国曰："言俱不得中。"朱熹《论语集注》引尹氏曰："中庸之为德也，其至矣乎！夫过与不及，均也。差之毫厘，谬以千里。故圣人之教，抑其过，引其不及，归于中道而已。"由此可见，"过"与"不及"皆失中，即行为不符合中庸之德，都是道德修养方面的缺陷。"过"实际上就是道德极端主义，就是不切实际地要求人们具备更高的道德修养。

11.17 季氏富于周公^①，而求也为之聚敛^②而附益^③之。子曰："非吾徒^④也，小子^⑤鸣鼓而攻之，可也。"

【译文】

季氏比周天子的宰相周公还富有，冉求却替他用重税搜刮民财来增添财富。孔子说："冉求不再是我的学生，学生们可以大张旗鼓地声讨他。"

【注释】

①周公：春秋时周天子之宰，卿士。

②聚敛：用重税等搜刮民财。

③附益：增加。

④徒：门人；弟子。

⑤小子：门人；弟子。

【解读】

冉求以政事著称，孔子曾称赞他说："求也，千室之邑，百乘之家，可使为之宰也。"（《论语·公冶长》5.8）冉求还真的当上了卿大夫的总管，他曾为鲁国执政季康子的宰臣。冉求还英勇善战，鲁哀公十一年（公元前484年）他担任左师统帅，以步兵执长矛的突击战术打败了齐军，孔子为此而称赞冉求"义"。然而孔子对季氏富于周公早已十分反感，如今冉求又"为之聚敛而附益之"，孔子更是怒不可遏，因此孔子说一声"非吾徒也"，大有把冉求逐出师门、断绝师生关系之意，并且号召弟子"鸣鼓而攻之"。可见孔子对待弟子的善恶是赏罚分明的：该称赞时就称赞，该责备时就责备；也由此可见孔子对弟子所进行的职业道德教育：才干要用在正道上，不要做助纣为虐、为虎作伥之类的事情。

11.18 柴①也愚，参也鲁②，师也辟③，由也喭④。

【译文】

高柴愚笨，曾参迟钝，颛孙师偏激，仲由鲁莽。

【注释】

①柴：姓高名柴，字子羔，齐国人，孔子弟子，比孔子小30岁。

②鲁：迟钝。

③辟：偏激。

④喭（yàn）：鲁莽；粗鲁。

【解读】

孔子恰如其分地点评四位弟子的缺点，表明孔子对弟子有着深刻的了解。作为一名教师，只有关心学生，才能了解学生；只有了解学生，才能因材施教。

11.19 子曰："回也其庶①乎，屡空②。赐不受命③，而货殖④焉，亿⑤则屡中。"

【译文】

孔子说："颜回的道德学问差不多了吧，但常常处于贫困。端木赐私自去做生意，猜测行情常常准确。"

【注释】

①庶：将近；差不多。多用于好的、积极的方面。

②屡空：经常贫困。

③不受命：未受命于官府；私自。俞樾《群经平议》："古者商贾皆官主之……下至春秋之世，……盖犹皆受命于官也。若夫不受命于官，而自以其财市贱鬻贵，逐什一之利，是谓不受命而货殖。"

④货殖：经商。货：财货。殖：增多；增长。

⑤亿：揣度；猜测。

【解读】

    孔子把颜回和子贡这两位高足对比，一人好学而道德学问近于道，却"屡空"；一人货殖而亿则屡中，家累千金。贫富对比十分鲜明。在孔子看来，颜回能够安贫乐道，因此孔子称赞道："其庶乎！"何晏《论语集解》认为这是"言回庶几圣道"。子贡私自去做生意，虽然"亿则屡中"，但是终非正道。尽管如此，然而孔子对子贡的经商并没有提出异议，并且对子贡"亿则屡中"的本领似乎还有点夸奖的意味，好像在说：这小子还行，猜测行情常常准确。由此我们可以获得这样的感悟：我们不应把"乐道""近于道"与"屡空"画等号，即不能认为乐道者、近于道者必然"屡空"；亦不应把"乐道""近于道"与"货殖"对立起来，即不能认为二者不可兼得。所以，对当代读书人来说，应该一方面能够刻苦学习，增进品德修养，一方面增强求职的技能和创造财富的本领。此可谓道德学问与创造财富并驾齐驱。

11.20　子张问善人之道。子曰："不践迹①，亦不入于室。"

【译文】

    子张询问善人的治国之道。孔子说："善人不会依循前人，也难以进入圣人的境界。"

【注释】

①践迹：踩着前人的脚印走，比喻依循别人，这里指遵循周朝礼乐。践：踩。这里

指依循。

"善人"是品格完美的人，指有志于仁而未进入圣人之室的诸侯。善人治国，有志于仁，长此以往，则能制止残暴，免除杀戮。所以孔子说："'善人为邦百年，亦可以胜残去杀矣。'诚哉是言也!"(《论语·子路》) 13.11)但是善人"不践迹"，即未能遵循周文王、周武王和周公所制作的礼乐来治理国家，因此他们"亦不入于室"，即不能实现圣人的仁政而达到天下太平。

11.21 子曰："论笃是与①，君子者乎? 色庄②者乎?"

【译文】

孔子说："称赞言论笃实的人，还要看这种人是君子呢? 还是假装外貌庄重的人呢?"

【注释】

①论笃是与：即"与论笃"。论笃：言论笃实。与：赞许；称赞。是：结构助词，作宾语前置的标志。

②色庄：外貌庄重。

【解读】

言论笃实之人，或许是真君子，或许是巧言令色者装出的假象，因此不能以言貌取人，即不能"听其言而信其行"，而应该"听其言而观其行"，这样才能认识一个人的真实面目，才不至于上当受骗。

11.22 子路问："闻斯行诸①?"子曰："有父兄在，如之何②其闻斯行之?"冉有问："闻斯行诸?"子曰："闻斯行之。"公西华曰："由也问'闻斯行诸?'子曰:'有父兄在';求也问'闻斯行诸?'子曰:'闻斯行之'。赤也惑,敢问。"子曰:"求也退^③,故进^④之;由也兼人^⑤,故退^⑥之。"

【译文】

子路问:"听到了就去实行它吗?"孔子说:"有父兄在世,怎么能听到了就去实行它呢?"冉有问:"听到了就去实行它吗?"孔子说:"听到了就去实行它。"公西华说:"仲由问'听到了就去实行它吗?'您说:'有父兄在';冉求问'听到了就去实行它吗?'您说:'听到了就去实行它'。我疑惑不解,斗胆请问。"孔子说:"冉求性格谦退,所以鼓励他;仲由性格争强好胜,所以抑制他。"

【注释】

①诸:"之乎"的合音。

②如之何:怎么(能),表示询问或反问。

③退:谦退;畏缩。

④进:使……前进;鼓励。

⑤兼人:一人抵得两人;争强好胜。

⑥退:使……退;抑制。

【解读】

同样是问"闻斯行诸?"孔子根据谈话人不同的性格而做出截然相反的回答,公西华对此疑惑不解,于是请问这是为何?冉有的性格特征是畏缩,因此孔子想鼓起他行动的勇气,就回答说:"闻斯行之。"子路(仲由)性格特征是鲁莽,争强好胜,因此孔子想挫挫他的锐气,就回答说:"有父兄在,如之何其闻斯行之?"对同一个问题孔子做出了因人而异的回答,这就充分体现了孔子因材施教的教学原则。

11.23 子畏于匡^①,颜渊后。子曰:"吾以女为死矣。"曰:

"子在，回何敢死？"

【译文】

　　孔子在匡地遭围困，颜渊最后才到。孔子说："我以为你死了。"颜渊说："您在，我怎么敢死呢？"

【注释】
①子畏于匡：孔子在匡地遭围困。畏：围困；拘禁。匡：地名，在今河南省长垣县。

【解读】

　　据《史记·孔子世家》载："阳虎尝暴匡人，匡人于是遂止孔子。孔子状类阳虎，拘焉五日。"颜渊与孔子等人一起行走，可能是因为体质虚弱而掉队了。孔子不见颜渊，心急如焚，担心他被匡人杀死；当颜渊终于赶到时，孔子一直悬着的心这才安定下来，他情不自禁地脱口而出道："吾以女为死矣。"大有悲喜交加之感。由此可见，孔子之关爱弟子，犹如父母之关爱子女，生怕弟子遭遇不测。颜渊则以"子在，回何敢死"作答。颜渊的回答，一是似乎想以这种轻描淡写的口吻来消除孔子对他的担忧，二是表达自己侍奉孔子如同侍奉父母的深厚感情。父母在，儿女不敢先死，以尽孝道；夫子在，弟子当然也不敢先死，以尽孝道。

11.24　季子然问："仲由、冉求可谓大臣与？"子曰："吾以子为异之问，曾由与求之问。所谓大臣者，以道①事君，不可则止②。今由与求也，可谓具臣③矣。"曰："然则从之者与？"子曰："弑父与君，亦不从也。"

【译文】

　　季子然问："仲由、冉求可以说是大臣吗？"孔子说："我以为你问的是别人，竟然问的是仲由与冉求。所谓大臣，是根据道义来事奉君主，如果这样行不通，就辞职。如今仲由与冉求，可以说是充数之臣。"季子然说："既然这样，那么他们会顺从季氏吗?"孔子说："如果季氏杀害父亲和君主，他们是不会跟着干的。"

【注释】

①道：道理；道义，正确的事理或准则。

②止：停止。这里指辞职。

③具臣：徒占其位以充数的臣子。具：备；具备。

【解读】

季康子为鲁国执政上卿，把持鲁国朝政大权，与公室存在很深的矛盾，并且横征暴敛。仲由和冉求仕于季康子，担任其家臣。然而他们并未能阻止季氏与鲁君继续抗衡，也未能制止季氏的横征暴敛，甚至"季氏富于周公，而求也为之聚敛而附益之。"(《论语·先进》11.17) 这完全违背了孔子"以道事君，不可则止"的出仕原则，因此孔子认为仲由和冉求只不过是备臣数而已，不可以说是大臣。尽管孔子对仲由和冉求担任季氏家臣有诸多不满，甚至还发出过"非吾徒也，小子鸣鼓而攻之，可也"的激愤之辞，但是作为老师，孔子对自己弟子的德行还是了解的，知道他们做人为臣的底线，因此孔子似乎拍着胸脯担保说："如果季氏杀害父亲和君主，他们是不会跟着干的。"作为学生，尽管受到过老师的严厉批评，但是在至关重要的原则问题上又能够得到老师的信任和肯定，这实在是令人欣慰的事情。

11.25 子路使子羔为费宰。子曰："贼①夫人之子。"子路曰："有民人焉②，有社稷③焉，何必读书，然后为学④?"子曰："是故恶夫佞者。"

【译文】

　　子路叫子羔担任费邑的长官。孔子说："这是害了别人的孩子。"子路说："那里有老百姓，有土地神和谷神，为什么只有读书才算是学习呢？"孔子说："所以我讨厌那种巧言强辩的人。"

【注释】

①贼：害；残害。

②焉："于此"的合音。

③社稷：社是土地神，稷是谷神。

④为学：称得上学习；算是学习。

【解读】

　　子路叫子羔担任费邑的长官。孔子说："这是害了别人的孩子。"孔子为什么这样说呢？朱熹《论语集注》云："言子羔质美而未学，遽使治民，适以害之。"子路却不以为然，认为可以让子羔通过从政来边干边学。孔子批评子路说："所以我讨厌那种巧言强辩的人。"朱熹《论语集注》云："治民事神，固学者事，然必学之已成，然后可仕以行其学。若初未尝学，而使之即仕以为学，其不至于侵神而虐民者几希矣。"范氏曰："古者学而后入政，未闻以政学者也。盖道之本在于修身，而后及于治人，其说具于方册，读而知之，然后能行，何可以不读书也？子路乃欲使子羔以政为学，失先后本末之序矣。"此章也再次证明了孔子的用人观，即"如用之，则吾从先进"（《论语·先进》11.1）。

11.26 子路、曾晳、冉有、公西华侍坐。

　　子曰："以吾一日长乎尔，毋吾以①也。居②则曰：'不吾知也！'如或知尔③，则何以哉？"

　　子路率尔④而对曰："千乘之国，摄⑤乎大国之间，加⑥之以师旅，因之以饥馑⑦。由也为之，比及⑧三年，可使有勇，且知方⑨也。"

夫子哂⑩之。

"求！尔何如？"对曰："方六七十，如⑪五六十，求也为之，比及三年，可使足民。如其礼乐，以俟君子。"

"赤！尔何如？"对曰："非曰能之，愿学焉。宗庙之事，如会同⑫，端章甫⑬，愿为小相⑭焉。"

"点！尔何如？"鼓瑟希⑮，铿尔，舍瑟而作，对曰："异乎三子者之撰⑯。"子曰："何伤⑰乎？亦各言其志也。"曰："莫春⑱者，春服既成，冠者⑲五六人，童子六七人，浴乎沂⑳，风乎舞雩㉑，咏而归。"

夫子喟然叹曰："吾与㉒点也！"

三子者出，曾皙后。曾皙曰："夫三子者之言何如？"子曰："亦各言其志也已矣。"曰："夫子何哂由也？"曰："为国以礼，其言不让，是故哂之。""唯求则非邦也与？""安见方六七十如五六十而非邦也者？""唯赤则非邦也与？""宗庙会同，非诸侯而何？赤也为之小，孰能为之大？"

【译文】

子路、曾皙、冉有、公西华陪侍孔子坐着。

孔子说："因为我年纪比你们大一些，没有人用我了。你们平时说：'没有人任用我啊！'如果有人任用你们，那你们怎么做呢？"

子路不假思索地答道："拥有千辆兵车的国家，介于大国之间，外国军队侵犯它，接着遭受灾荒。我去治理它，等到三年，可以使老百姓勇敢，并且明白道理。"

孔子微微一笑。

孔子问："冉求！你怎么做？"冉求答道："方圆六七十或者五

六十里的国家，我去治理它，等到三年，可以使老百姓富足。至于礼乐教化的事情，那只有等待君子来施行了。"

孔子问："公西赤！你怎么做？"公西赤答道："我不敢说能够做好，但愿意学习。宗庙祭祀，或者诸侯盟会，我穿着礼服戴着礼帽，愿意做个小司仪。"

孔子问："曾点！你怎么做？"曾点鼓瑟的声音慢下来，"铿"的一声结束了弹奏。他放下瑟站起来，答道："我的志向跟三位所说的不同。"孔子说："没关系，也就是各人说说自己的志向罢了。"曾点说："暮春三月，穿着春装，邀请五六位青年人，六七位少年，在沂水里洗澡，在舞雩台吹风，然后唱着歌回来。"

孔子长叹一声说："我赞许曾点的志向啊！"

子路、冉有、公西赤三人出去了，曾皙留在后面。曾皙说："他们三人所说的怎么样？"孔子说："也就是各人说说自己的志向罢了。"曾点说："老师为什么笑仲由呢？"孔子说："要用礼制来治理国家，他说话不谦让，所以笑他。"曾点说："难道冉求所说的就不是治国的事情吗？"孔子说："怎见得方圆六七十里或五六十里的土地就不是国家呢？"曾点说："难道公西赤所说的就不是治国的事情吗？"孔子说："有宗庙祭祀，诸侯盟会，不是国家又是什么？如果公西赤只做小司仪，那么谁能做大事呢？"

【注释】

①毋吾以：即"毋以吾"，古代汉语里否定句中代词宾语前置。下文"不吾知"句法同此。以：用；任用。

②居：平日；平时。

③如或知尔：如果有人任用你们。或：有人。知：赏识；知遇。这里指任用。

④率尔：不假思索地。

⑤摄：夹；介于。

⑥加：施加。

⑦饥馑：灾荒；荒年。

⑧比及：等到。

⑨方：道理；礼法。

⑩哂（shěn）：微笑，含有轻蔑的意味。

⑪如：或；或者。下文"如会同"之"如"同此。

⑫会同：诸侯盟会。

⑬端章甫：穿着礼服戴着礼帽。端：古代礼服名。章甫：古代礼帽名。

⑭小相：司仪；赞礼的人。

⑮希：稀疏。此指乐调逐渐地慢下来。

⑯撰：撰述。这里指三人所说的内容。

⑰何伤：没有什么妨碍；没关系。伤：妨碍。

⑱莫春：暮春；三月份。莫、暮古今字。

⑲冠者：成年人。冠：古代的加冠仪式，男子20岁举行加冠礼，表示已成年。

⑳沂：沂水，流经曲阜。

㉑舞雩（yú）：古代祭天求雨叫"雩祭"，因有乐舞，又叫"舞雩"。这里指祭天求雨的祭台。

㉒与：赞许；赞成。

【解读】

孔子首先运用启发式教育，让四位弟子谈谈"如或知尔，则何以哉"。字面上的意思是"如果有人赏识你们，那你们怎么做呢"，而言外之意则是如果有人任用你们当官，那你们怎么做呢？这与上文"毋吾以也"形成鲜明对照：我年纪大了，没有人用我了；你们都还年轻，还会有人用你们。孔子这样问话的目的，是想了解弟子们各自的志向。接着子路、冉求、公西赤、曾皙等弟子们围绕这一主题而各抒己志。孔子则边听边采取不同的处理方式：当听完子路之志时，孔子"哂之"，而不公开批评子路。曾皙以其敏锐的观察能力发现了夫子"哂由"的表情，但他大惑不解。等到讨论结束之后，于是他问道："老师为什么笑仲由呢？"孔子说："要用礼制来治理国家，他说话不谦让，所以笑他。" 如果孔子当时就公开批评子路，那么势必给下面三位弟子造成心理压力，师生问答的气氛也会因此而变得有点紧张。由此可见孔子组织教学讨论的方法是何等高妙。听完冉求、公西赤之志后，孔子不置可否；当听完曾点之志时，曾点的这种春风沂水咏而归的志向，颇得孔子赞赏，孔子长叹一声说："我赞许曾点的志向啊！" 虽然弟子四人具有不同的性格特征和人生志向，但是在子路、冉有、公西华身上共同体现了儒家治国安邦的伟大抱负和积极进取的精神，在曾皙身上则体现出了无意仕途而寄情山水的豁达胸怀。这两种处世态度对后世知识分子皆产生了巨大的影响。

颜渊第十二

（共二十四章）

12.1　颜渊问仁。子曰："克己复①礼为仁。一日②克己复礼，天下归③仁焉。为仁由己，而由人乎哉?"颜渊曰："请问其目④。"子曰："非礼勿视，非礼勿听，非礼勿言，非礼勿动。"颜渊曰："回虽不敏⑤，请事⑥斯语矣。"

【译文】

颜渊问什么是仁。孔子说："克制自己的私欲，践行礼的要求，就是仁。一旦人人都这样做，普天下就趋向于仁德了。实践仁德在于自己，还能依靠别人吗?"颜渊说："请问仁的条目。"孔子说："不符合礼的事不看，不符合礼的话不听，不符合礼的话不说，不符合礼的事不做。"颜渊说："我虽然不聪明，但是会按照您这些话去做。"

【注释】

①复：实践；履行。

②一日：一旦。

③归：趋向；集中到一处。

④目：纲目；条目。

⑤敏：聪明；灵敏。

⑥事：从事；实行。

【解读】

　　仁是礼的灵魂，是礼的内在依据；礼只是仁的外在体现，或者说仁的精神要通过礼来体现。礼的本质是肯定人伦秩序的合理性。只有建立与维护这种秩序，人类才能合群，才能正确处理人与人之间、人与社会之间的关系，人类才能生存、才能发展。人们种种违背礼的行为，皆是缘于"不仁"，所以孔子曰："人而不仁，如礼何？人而不仁，如乐何？"（《论语·八佾》3.3）一个人如果没有仁德，他是不会在意礼仪和音乐的，甚至会违背和破坏先王的礼乐制度。因此孔子倡导"克己复礼"。克己，就是克制自己的私欲，严格要求自己；复礼，就是践行礼的要求，使自己的言行皆符合礼。孔子欲推行仁政，而"为国以礼"就是其"仁政"主张的重要内容之一，因此他把"非礼勿视，非礼勿听，非礼勿言，非礼勿动"当作"仁"的条目。由此可见，孔子对西周所建立起来的礼仪秩序给予了充分的肯定，希望以此来改变春秋时期礼崩乐坏的现实，使动荡的社会恢复稳定的局面。当今构建社会主义和谐社会，应当借鉴孔子以礼治国的思想，使广大公民养成知礼和守礼的道德风尚，从而重塑我中华礼仪之邦的文明形象。

　　12.2　仲弓问仁。子曰："出门如见大宾①，使民如承大祭。己所不欲，勿施于人。在邦无怨，在家②无怨。"仲弓曰："雍虽不敏，请事斯语矣。"

【译文】

　　仲弓问什么是仁。孔子说："在外面做事像会见贵宾一样恭敬，役使老百姓像承担重大祭祀一样谨慎。自己不愿意的事，不要强加给别人。无论是在任何地方，都不招致怨恨。"仲弓说："我虽然不聪明，但是会按照您这些话去做。"

①大宾：贵宾。

②在邦在家：在朝廷或在家里，此泛指任何地方。

【解读】

一般认为"恕"包括两个方面的内容，一是"己所不欲，勿施于人"，二是"己欲立而立人，己欲达而达人"。例如：刘宝楠《论语正义》云："立人、达人，恕也。"然而遍查《论语》，只云"己所不欲，勿施于人"为恕，而未见云"己欲立而立人，己欲达而达人"为恕者。

其实，"恕"只是"仁"的一个重要内容，因此孔子既把"己所不欲，勿施于人"当成"恕"，例如："子贡问曰：'有一言而可以终身行之者乎？'子曰：'其恕乎！己所不欲，勿施于人。'"（《论语·卫灵公》15.24）也把"己所不欲，勿施于人"当成"仁"。例如此章孔子明确地用"己所不欲，勿施于人"来回答什么是"仁"的问题。

"己欲立而立人，己欲达而达人"也是"仁"的一个重要内容。"子曰：'夫仁者，己欲立而立人，己欲达而达人。能近取譬，可谓仁之方也已。'"（《论语·雍也》6.30）这里也是明确地用"己欲立而立人，己欲达而达人"来解释什么是"仁"的问题。

综上所述，与其说孔子的恕道包括"己所不欲，勿施于人"和"己欲立而立人，己欲达而达人"两个方面的内容，不如说"己所不欲，勿施于人"和"己欲立而立人，己欲达而达人"是"仁"的两个重要内容，前者是从消极方面讲仁者不应该怎么做，后者是从积极方面讲仁者应该怎么做，其基本思想都是一个：推己及人，将心比心。它们都是孔子所倡导的道德规范，是可以终身奉行的美德，是仁的重要内容，也是达到仁的有效途径和方法。在当今构建社会主义和谐社会当中，它有助于实现人与人之间的关系和谐、国与国之间的关系和谐。

12. 3　司马牛①问仁。子曰："仁者，其言也讱②。"曰："其言也讱，斯谓之仁已乎？"子曰："为之难，言之得无③讱乎？"

【译文】

司马牛问什么是仁。孔子说："仁德的人说话谨慎。"司马牛说："说话谨慎就叫做仁吗？"孔子说："做到仁很难，谈论仁能不谨慎吗？"

【注释】

①司马牛：姓司马名耕，字子牛。孔子弟子。

②讱（rèn）：难言。指说话谨慎，不轻易发表意见。

③得无：能不。

【解读】

据《史记·仲尼弟子列传》载："司马耕字子牛。牛多言而躁。"所以当司马牛问什么是仁时，孔子针对司马牛性格方面的缺点说道："仁德的人说话谨慎。"可见孔子把慎言当成仁的一项重要内容，当然也是品德修养的一项重要内容，慎言可以修身啊！

12. 4　司马牛问君子。子曰："君子不忧不惧。"曰："不忧不惧，斯谓之君子已乎？"子曰："内省不疚，夫何忧何惧？"

【译文】

司马牛问什么是君子。孔子说："君子不忧愁不畏惧。"司马牛说："不忧愁不畏惧就叫做君子吗？"孔子说："内心反省无愧，那有什么忧愁有什么畏惧的呢？"

【解读】

君子胸怀坦荡，光明磊落，循道而行，当他反躬自省时，并无愧疚之事，此《孟子·尽心上》所谓"仰不愧于天，俯不怍于人"，又何忧何惧哉？

12.5 司马牛忧曰："人皆有兄弟，我独亡^①。"子夏曰："商闻之矣：死生有命，富贵在天。君子敬^②而无失，与人恭而有礼。四海之内，皆兄弟也。君子何患乎无兄弟也？"

【译文】

司马牛忧愁地说："别人都有兄弟，唯独我没有。"子夏说："我听说过：死生有命，富贵在天。君子做事严肃认真而不出差错，与人交往恭敬而有礼貌。普天下的人都亲如兄弟。君子又何必担心没有兄弟呢？"

【注释】

①亡（wú）：通"无"，没有。

②敬：慎重；不怠慢。指办事严肃认真，恪尽职守。

【解读】

司马牛因没有亲兄弟而忧愁，子夏从两个方面来安慰他：第一，俗话说"生死有命，富贵在天"，有没有亲兄弟，那是命中注定的。既然如此，也就不值得忧愁了。第二，虽然天命不可改变，但是也不能消极地听从天命，我们可以"尽人事以听天命"，这"尽人事"就是尽自己的努力去做好一切事情，譬如"君子敬而无失，与人恭而有礼"。第三，如果真的能够做到"敬而无失，与人恭而有礼"，那么"四海之内，皆兄弟也"。如此，这样不就弥补了你没有亲兄弟的遗憾了吗？又何必担心没有兄弟呢？子夏以文学著称，也具有做人思想工作的极好口才啊！

12.6 子张问明①。子曰：“浸润之谮②，肤受之诉③，不行焉，可谓明也已矣。浸润之谮，肤受之诉，不行焉，可谓远也已矣。”

【译文】

子张问什么是明智。孔子说：“渐渐渗透的谗言，利害攸关的诽谤，在你这里都行不通，可以算是明智了。渐渐渗透的谗言，利害攸关的诽谤，在你这里都行不通，可以算是有远见卓识了。”

【注释】
①明：心明；明智。
②谮（zèn）：诽谤；进谗言。
③肤受之诉：与自身利害攸关的诽谤。诉：诽谤；进谗言。谮与诉为同义词。

【解读】

进谗言的人，如果一次性地在你面前说某人一大堆坏话，或许你并不会轻信，甚至还可能引起你的警惕与反感而对进谗言者说：你怎么可以这样肆意攻击别人呢？他得罪了你吧？要不你俩有仇？善于进谗言的人，往往是今天说某人一点坏话，明天又说一点，这样日积月累，让你渐渐地听得多了，耳根子渐渐发软了，也就渐渐地不由得不相信了；喜欢进谗言的人，往往在你面前说某人是如何对你不利，如何伤害你的切身利益等，总之是说一些与你自身利害攸关的诽谤之辞，好像挺关心你似的，让你不由得不信，不由得不引起重视；至少不可全信，也不可完全不信，今后对某人还真的要提防着点。这两种谗言对一般人来说，实在是难以明察，并且往往容易轻信而受其蒙蔽。如果有人能够不受这两种谗言蒙蔽而能明察，那就可以算是明智之人，算是有远见卓识之人了。这就告诫人们：当某人在你面前老是说别人的坏话时，当某人在你面前老是搬弄是非时，你一定要冷静思考，仔细观察，切莫被小人所蒙蔽。俗话说：“来说是非者，便是是非人。”此言有理。

12.7　子贡问政。子曰："足食，足兵①，民信之②矣。"子贡曰："必不得已而去，于斯三者何先?"曰："去兵。"子贡曰："必不得已而去，于斯二者何先?"曰："去食。自古皆有死，民无信不立。"

【译文】

　　子贡问怎样治理政事。孔子说："使粮食充足，使军备充足，使老百姓信任政府。"子贡说："如果迫不得已而要去掉一项，在这三项中先去掉哪一项呢?"孔子说："去掉使军备充足。"子贡说："如果迫不得已而要去掉一项，在这两项中先去掉哪一项呢?"孔子说："去掉使粮食充足。自古以来谁都有一死，如果老百姓不信任政府，那么国家是站不住脚的。"

【注释】

①足兵：使军备充足。兵：兵器；军备。下文"去兵"，即去孔子所说的"足兵"，意思是紧缩军备开支，而不是不要军备。

②民信之：使老百姓信任政府。程树德《论语集释》：高丽本"民信"上有"使"字，皇本"民信"上有"令"字。

【解读】

　　孔子认为治理政事之道在于"足食，足兵，民信之矣"。如果迫不得已在这三项中而要去掉一项，孔子认为可以"去掉使军备充足"。如果迫不得已在剩下的两项中而要去掉一项，孔子认为可以"去掉使粮食充足"。剩下的"民信之矣"一项则万万不可去掉，因为自古以来谁都有一死，如果老百姓不信任政府，那么国家是站不住脚的。可见"取信于民"是贤明君主和有识之士治理国家的一个重要凭借。昏君则往往失信于民，最终往往落得个身死国亡的下场。在当今构建社会主义和谐社会当中，诚信应该也必须成为政府部门的执政理念，因为诚信与否直接关系着政府的信用和形象。当今不少政府部门缺乏诚信的现象也时有发生，我们不难从媒体上看到这方面的报道。政府失信，伤害的不仅仅是百姓的切身利益，也必将导致百姓对政府部门的信任危机；政府失信是执政方面的一大毒瘤，是导致市场经济失信和民众失信的根源，它必将导致整个社会信用体系的崩溃。

12.8　棘子成①曰："君子质②而已矣，何以文为③?"子贡曰："惜乎，夫子之说君子也! 驷不及舌④。文犹质也，质犹文也。虎豹之鞟⑤犹犬羊之鞟。"

【译文】

棘子成说："君子质朴就够了，还要文采做什么呢?"子贡曰："先生这样谈论君子，可惜啊! 一言既出，驷马难追。文采如同质朴，质朴如同文采。如果把虎豹和犬羊皮上有文采的毛都拔去，那么虎豹的皮就如同犬羊的皮了。"

【注释】

①棘子成：卫国大夫。

②质：质朴；朴实。

③何以文为：以：用。文：文采。为：语气助词。

④驷不及舌：即一言既出，驷马难追。意思是说话要慎重。

⑤鞟（kuò）：去毛的皮。

【解读】

孔子认为，君子的理想人格应是文采与质朴配合得当，既质朴而不粗野，既文雅而不虚假，二者不可偏废。然而有人认为君子的"质"胜过"文"，甚至认为君子有"质"就够了，不必需要"文"。譬如，棘子成曰："君子质而已矣，何以文为?"子贡反驳说："文采如同质朴，质朴如同文采。如果把虎豹和犬羊皮上有文采的毛都拔去，那么虎豹的皮就如同犬羊的皮了。"子贡所言，可谓深得孔子"文质彬彬"之旨。

12.9 哀公问于有若曰："年饥①，用不足，如之何?"有若对曰："盍②彻③乎?"曰："二，吾犹不足，如之何其彻也?"对曰："百姓足，君孰与④不足? 百姓不足，君孰与足?"

【译文】

哀公向有若问道："年成歉收，国家财用不够，怎么办?"有若答道："何不实施十分抽一的税率呢?"哀公说："十分抽二分，我还不够用，怎么能十分抽一分呢?"有若答道："如果百姓富足了，您怎么会不富足? 如果百姓不富足，您怎么会富足呢?"

【注释】

①年饥：年成歉收；荒年。谷不熟叫做饥。

②盍："何不"的合音。

③彻：周朝田税制度，十分抽一的税率。

④孰与：怎么会。

【解读】

"百姓足，君孰与不足? 百姓不足，君孰与足?"有若的这个观点来源于孔子的富民主张。这种富民主张，不仅孔子有，春秋时期不少有识之士也具有。例如，《国语·楚语上》云："民实瘠矣，君安得肥?"战国时期的儒家继承和发扬了这一学说。例如，《孟子·梁惠王上》云："七十者衣帛食肉，黎民不饥不寒，然而不王者，未之有也。"孟子强调只有老百姓富足了，国家才能强大，国君才能统一天下而称王。这是把百姓足与国君统一天下而称王的大业联系在一起。《荀子·富国》云："下贫则上贫，下富则上富。"这是把百姓的贫富与国君的贫富联系在一起。过去我们曾经片面地理解"富民强国"，认为只有国家富裕了、强大了，老百姓才能过上好日子；也曾片面地强调"大河有水小河满，大河无水小河干"，其结果是老百姓处于贫困之中，而政府的财力也严重不足。经过 30 年的改革开放，国家富裕了，强大了，2010 年的经济总量超过日本而跃居世界第二！然而，仍然存在着重国富而轻民富的现象，我国的人均收入还很低，在世界上居于 90 多位。收入分配是经济社会发展的重大问题，关系人民群众切身利益，关系改革发展稳定的全局。解决好分配不公问题，让全体人民共享改革发展的成果，是维护社会公平正义、促进社会和谐稳定的重要任务，是发展中国特色社会主义的必然要求。由此看来，在政府收入不断攀升的大好形势之下，不少有识之士在大声疾呼："提高国民收入，藏富于民。"

12.10　子张问崇德辨惑。子曰："主忠信，徙①义，崇德也。爱之欲其生，恶之欲其死。既欲其生，又欲其死，是惑也。'诚不以富，亦祇以异②。'"

【译文】

子张问怎样崇尚道德和辨别迷惑。孔子说："以忠诚信实为主，追求道义，这就是崇尚道德。爱这个人时就希望他长寿，恨他时就希望他死掉。既希望他长寿，又希望他死掉，这就是迷惑。《诗经》说：'的确不是因为他富有，只是你的心变了。'"

【注释】
①徙：迁移。这里指靠拢；追求。
②诚不以富二句：出自《诗经·小雅·我行其野》。

人生难免遭遇困惑，难免被迷惑。惑的根源在于缺乏知识，因此要解惑，就得努力学习，使自己变得聪明起来；只有学识渊博，世事洞明而人情练达，才可谓"智者"。所以孔子说："知者不惑。"（《论语·子罕》9.29）并自信"四十而不惑"（《论语·为政》2.4）。所谓"不惑"，就是不被事物的假象所迷惑，亦不被功名利禄等外物所迷惑；还要不被自己的感情所迷惑，即不感情用事。

12.11 齐景公①问政于孔子。孔子对曰："君君②、臣臣、父父、子子。"公曰："善哉！信如③君不君、臣不臣、父不父、子不子，虽有粟，吾得而食诸？"

【译文】

齐景公问孔子怎样治理政事。孔子答道："君要合于君道、臣要合于臣道、父要合于父道、子要合于子道。"齐景公说："说的好啊！如果真的君不合于君道、臣不合于臣道、父不合于父道、子不合于子道，即使有粮食，我能吃得到吗？"

【注释】

①齐景公：齐国国君，姓姜名杵曰。在位58年，奢侈无度，穷兵黩武，严刑峻法。公元前490年死，公元前481年田氏取代齐国。

②君君：君要像君，意思是君的所作所为要合于君道。下面"臣臣""父父""子子"仿此。

③信如：如果真的。信：确实；果真。

【解读】

孔子所谓"君君、臣臣、父父、子子"，这是从正面阐述君臣、父子之礼对于维系朝纲和家庭的重要作用。据《国语·齐语》

载："桓公召管子而谋，管子对曰：'为君不君，为臣不臣，乱之本也。'"《管子·形势》云："君不君，则臣不臣，父不父，则子不子，上失其位，则下逾其节。上下不和，令乃不行。"这是从反面阐述君臣、父子之礼对于维系朝纲和家庭的重要作用。由此可见，各种礼乐制度的设立，皆以序尊卑、辨亲疏、明贵贱为准则，使人人各安其位，各尽其职。以此治国，则国泰民安。

12.12 子曰："片言①可以折狱②者，其由也与?"子路无宿诺③。

【译文】

孔子说："根据单方面的言辞就可以判决案件的，大概只有仲由吧?"子路承诺的事情从不过夜。

【注释】

①片言：诉讼双方中一方的言辞。

②折狱：判案。折：判断；裁决。狱：诉讼；案件。

③无宿诺：许下的诺言不过夜。宿：过一夜。

【解读】

《左传·庄公十年》云："小大之狱，虽不能察，必以情。"意思是"大大小小的诉讼，即使不能明察，也一定根据实情来断案。"鲁庄公断案"必以情"，所以能够赢得民心。两人打官司时，一般来说，原告与被告只说对自己有利而对对方不利的情况或者证据。这就要求法官根据原告和被告的陈述来判断是非，而不能偏听偏信。子路断案时则显示出其不同寻常之处：虽然只是根据单方面的言辞，他也可以断案。这是因为子路为人正直，能够取信于民，原告或者被告皆愿意以实情相告，所以孔子由衷地感叹道："片言可以折狱者，其由也与?"

12.13 子曰："听讼①，吾犹人也。必②也，使无讼乎！"

【译文】

孔子说："处理诉讼案件，我跟别人一样。如果说我和别人有什么不同，那就是使得没有诉讼才好！"

【注释】

①听讼：处理诉讼案件。听：决断；处理。

②必：如果；果真。

【解读】

在孔子看来，无论断案多么准确，也存在着令人遗憾之处，因为诉讼本身就是因争端而起，就是不和谐。虽然子路"片言可以折狱"，但毕竟是法治，毕竟未能使民无讼。这实际上就是"道之以政，齐之以刑，民免而无耻"（《论语·为政》2.3）。孔子倡导的是德治，是以德化民，所以孔子认为，处理诉讼案件，我跟别人一样，也要听原告和被告的陈述。如果说我和别人有什么不同，那就是使得没有诉讼才好！这实际上就是"道之以德，齐之以礼，有耻且格"（《论语·为政》2.3）。而要真正做到"无讼"，就必须推行教化，以德治国，以礼治国，德治能够治本，让人向善。

"无讼"，无论是在孔子时代还是在当今社会，都是无法实现的，它只是孔子的一种美好而善良的愿望；然而孔子的"无讼"观却具有一定的积极意义，它至少可以促成一些"无讼"，从而化解一些社会矛盾。譬如许多民事纠纷，一旦对簿公堂，即使判决公正，原告与被告之间在感情上也难以愈合伤口；如果对双方当事人进行民事调解，从而使得双方不再去打官司而使矛盾在法院大门之外就得以化解。这样既能够减少诉讼，也能够促进社会和谐。

12.14　子张问政。子曰："居①之无倦，行②之以忠。"

【译文】

子张问怎样治理政事。孔子说："在位不懈怠，执行政令要尽心竭力。"

【注释】

①居：当；任。这里指任职；在位。

②行：做；实行。这里指执行政令；处理政务。

【解读】

子张问怎样治理政事，孔子说："居之无倦。"这实际上是倡导为官者要勤政，上至天子诸侯，下至公卿大夫士，皆应如此。孔子的勤政观，或许来源于先王的治国之道。《尚书·无逸》所记载的就是周公告诫成王不要贪图逸乐，而要勤政的诰辞。"周公曰：'呜呼！君子所，其无逸。先知稼穑之艰难，乃逸，则知小人之依。'"意思是"君子在位，不要贪图安逸。先要知道耕种收获的艰难，然后才能处于安逸，才会知道百姓的痛苦"。周公例举了殷王中宗、殷王高宗、殷王祖甲和周文王等贤明天子的勤政事迹，并指出：正是因为这些贤明的天子无逸而勤政，所以"中宗之享国七十有五年""高宗之享国五十有九年""祖甲之享国三十有三年"，文王"享国五十年"。然而，从祖甲之后，在位的殷王生来就贪图安逸，"生则逸，不知稼穑之艰难，不闻小人之劳，惟耽乐之从。自时厥后，亦罔或克寿（没有能够长久在位的），或十年，或七八年，或五六年，或四三年"。这正反两个方面的经验教训，说明了这样一个道理："忧劳可以兴国，逸豫可以亡身"。

治理政事，还要"行之以忠"，即执行政令要尽心竭力。治理政事，当服从上级，令行禁止。此乃自然之理。如果对上级的指示采取阳奉阴违，有令不行，有禁不止，我行我素，那么不仅上级的政令不能畅通而贯彻执行，自己的所作所为也是与上级的指示背道而驰。这样的官员，又怎能治理好政事呢？又怎能处理好与上级的关系呢？又怎能为百姓办好事、办实事呢？君不见，当今中央的许多惠民政策是好的，然而一到了地方政府，到了某些官员手上，就往往被大打折扣；中央三令五申不允许干的事，然而一到了地方政府，到了某些官员手上，就置若罔闻，仍然我行我素。这些现象，皆非"行之以忠"。若以此从政，则必将导致祸乱，也必将导致自己的下台。

12.15 子曰："博学于文，约之以礼，亦可以弗畔①矣夫！"

【译文】

孔子说："广泛地学习古代文献，用礼仪来约束自己的言行，也就可以做到不违背道了。"

【注释】
①畔：通"叛"，违背；违反。

【解读】

"博学于文"，属于学习文献典籍的范畴，是要求弟子广泛地学习古代文献，以增广知识，培养才干；"约之以礼"，属于品德修养的范畴，是要求弟子用礼仪来约束自己的言行，这样也就可以做到不违背道了。博文而知礼，就是一个既有文化知识又有道德修养的人，是社会所需要的人才。"博学于文，约之以礼"可作为我们的座右铭。

12.16 子曰："君子成人之美，不成人之恶。小人反是。"

【译文】

孔子说："君子成全别人的好事，不促成别人的坏事。小人与此相反。"

【解读】

别人有好事但尚未成，君子给予帮助，以成全他的好事。成人之美，犹送人玫瑰，手有余香。然而"小人反是"：别人有好事但尚未成，小人进行阻拦，或者散布谣言、诽谤此人，以破坏他的好事。别人有不好的事情但尚未形成，君子进行劝阻，以阻止不好的事情发生。不成人之恶，犹治病救人，功德无量。然而"小人反是"：别人有不好的事情但尚未成，小人进行煽动，以让不好的事情发生。譬如有人因为种种原因而欲跳楼轻生，君子见之，或进行劝阻开导，或积极施救；小人见之，则幸灾乐祸而使劲起哄高喊："跳呀！跳呀！"君子不成人之恶，而小人成人之恶，由此可见一斑。

12.17 季康子问政于孔子。孔子对曰："政者，正也。子帅以正，孰敢不正？"

【译文】

季康子问孔子怎样治理政事。孔子答道："政的意思就是端正。您率先端正自己，谁还敢不端正呢？"

【解读】

孔子认为，以德治国首先就要求执政者本身要具备道德，并且以自身的道德表率作用来使得百姓心悦诚服。只要执政者"帅以正"，那么"孰敢不正"？百姓就自然会"不令而行"。

12.18 季康子患盗，问于孔子。孔子对曰："苟子之不欲，虽赏之不窃。"

【译文】

季康子忧虑盗贼太多，向孔子请教。孔子答道："如果您不贪欲，即使奖励偷窃，他们也不会去偷窃。"

【解读】

孔子认为，民风与政风息息相关。如果官吏贪欲，那么百姓也会想着发些不义之财。如果官吏凭借手中的权力来聚敛不义之财，那么百姓就会用偷窃的方式来获得不义之财。俗话说"上行下效""上梁不正下梁歪"，此言不假。如果官吏廉洁，百姓也会守法，即使奖励偷窃，他们也不会去偷窃。政风决定民风啊！要实现社会风气的根本好转，关键在政府官员的以身作则啊！过去我们常把社会风气不好简单归咎于受资产阶级腐朽思想的影响，其实社会风气的好坏是与执政者能否"正己"密切相关的。俗话说"一官之廉，十吏效之，百民随之。一官之腐，百吏必从之，千民必附之"。如果执政者不能正己，反而形成了"前腐后继"的局势，当然也就不能正人了，也就不能寄希望于社会风气的根本好转了。

12.19 季康子问政于孔子曰："如杀无道，以就有道，何如？"孔子对曰："子为政，焉用杀？子欲善而民善矣。君子之德风，小人之德草。草上之风，必偃。"

【译文】

季康子问孔子怎样治理政事说："如果杀掉无道之人来亲近有道之人，怎么样？"孔子答道："您治理政事，为什么要实行杀戮呢？您向善则老百姓也就向善了。在上位者的品德好比风，在下位者的品德好比草。草上有风吹过，草必定随风而倒伏。"

【解读】

此章反映了孔子的德治思想，孔子认为刑罚并不是治国良方，德治才是治本之道，能够让人向善。

12.20 子张问："士何如斯可谓之达①矣？"子曰："何哉，尔所谓达者？"子张对曰："在邦必闻②，在家必闻。"子曰："是闻也，非达也。夫达也者，质直而好义，察言而观色，虑③以下人④。在邦必达，在家必达。夫闻也者，色⑤取仁而行违，居之⑥不疑。在邦必闻，在家必闻。"

【译文】

子张问："士要怎样才可以称为通达呢？"孔子说："你所说的通达是什么意思呢？"子张答道："在朝廷做官一定有名声，在卿大夫采邑做官一定有名声。"孔子说："这叫名声，不是通达。所谓通达，是品质正直而崇尚道义，善于分析别人的言论并观察别人的脸色，一心想着对人谦让。在朝廷做官一定通达，在卿大夫采邑做官一定通达。所谓名声，表面上装作仁德而行动上违反，以仁人自居而不怀疑。这样的人在朝廷做官一定会骗取名声，在卿大夫采邑做官一定会骗取名声。"

【注释】

①达：通达；遇事行得通。

②闻：名望；名声。

③虑：思虑；想着。

④下人：对人谦下。

⑤色：容色；表面上。

⑥居之：以仁自居。

【解读】

　　"闻"与"达"有相似之处，即都具有一定的名声，所以子张把"达"理解成"在邦必闻，在家必闻"。孔子以定义的方式来给二者正名，其步骤是：第一步明确指出子张的"在邦必闻，在家必闻"只是"闻"而非"达"；第二步阐述"达"的内涵，达应该是"质直而好义，察言而观色，虑以下人"。朱熹《论语集注》云：这些都是"内主忠信，而所行合宜，审于接物而卑以自牧，皆自修于内，不求人知之事。"第三步阐述"达"与"闻"在结果方面的区别："达"的结果是"在邦必达，在家必达"。这正如朱熹所说："德修于己而人信之，则所行自无窒碍矣。""闻"的结果是"色取仁而行违，居之不疑。在邦必闻，在家必闻"。朱熹《论语集注》云：这是"善其颜色以取于仁，而行实背之，又自以为是而无所忌惮。此不务实而专务求名者，故虚誉虽隆而实德则病矣。"由此可见，"达"与"闻"虽一字之差，却相隔千里。只有准确区分不同概念的内涵，才能纠正那些混淆概念的错误认识。此章反映了孔子的"正名观"。

　　12. 21　樊迟从游于舞雩之下，曰："敢问崇德，修慝①，辨惑。"子曰："善哉问！先事后得，非崇德与？攻②其恶，勿攻人之恶，非修慝与？一朝之忿，忘其身，以及其亲③，非惑与?"

【译文】

　　樊迟跟随孔子在舞雩台下游览，说："请问怎样崇尚道德，消除自己内心的邪念和辨别迷惑。"孔子说："问得好啊！先做好事情，然后再谈收获，这不就是崇尚道德吗？责备自己的过失，不去指责别人的过失，这不就消除了自己内心的邪念吗？因为一时的愤怒就忘记了自己和父母（而不顾一切），这不就是糊涂吗?"

【注释】
①修慝（tè）：消除自己内心的邪念。修：治理。慝：恶；隐藏在内心的邪恶念头。
②攻：批评；责备。
③亲：父母。

【解读】

　　樊迟问怎样崇尚道德，孔子提出了"先事后得"的品德修养之法。只要尽心竭力地做好事情，就自然会有相应的收获。如果一个人动不动就谈收获，还没有做事就先讨价还价，这样做又怎能增进道德呢？这样的人只能是喻于利的小人。樊迟问怎样消除自己内心的邪念，孔子指出：要责备自己的过失，不去指责别人的过失。如果看自己一朵花，看别人豆腐渣，说明此人心理阴暗。樊迟问怎样辨别迷惑，孔子认为，因为一时的愤怒就忘记了自己和父母（而不顾一切），这不就是糊涂吗？孔子在这里实际上在强调忍。忍是一种智慧。俗话说"忍得一时之气，免得百年之忧"，这话与"人争一口气，佛争一炷香"相比，或许更具有生存智慧。

　　12.22　樊迟问仁。子曰："爱人①。"问知。子曰："知人②。"樊迟未达。子曰："举直错诸枉③，能使枉者直。"樊迟退，见子夏曰："乡④也吾见于夫子而问知，子曰：'举直错诸枉，能使枉者直。'何谓也?"子夏曰："富哉言乎！舜有天下，选于众，举皋陶⑤，不仁者远矣。汤有天下，选于众，举伊尹⑥，不仁者远矣。"

【译文】

　　樊迟问什么是仁。孔子说："爱人。"问什么是智。孔子说："知人善任。"樊迟不明白。孔子说："提拔正直的人，使他的地位在不正派的人之上，能使不正派的人正直。"樊迟退出来，见到子夏，说："刚才我去见老师问什么是智，老师说：'提拔正直的人，使他的地位在不正派的人之上，能使不正派的人正直。'这是什么意思？"子夏说："这句话的涵义多么丰富啊！舜拥有天下，在众人中选拔人才，提拔了皋陶，不仁的人就远离了。汤拥有天下，在众人中选拔人才，提拔了伊尹，不仁的人就远离了。"

【注释】
①爱人：爱众人；一切人。这是孔子仁学的基本内容。
②知人：《论语》里的"知人""知尔""莫己知"之"知"往往是赏识并任用的意思。
③错诸枉：置之于不正派的人之上。错：通"措"，放置；安放。诸：兼词，"之于"的合音。枉：不正直；不正派。这里指不正直的人；不正派的人。
④乡（xiàng）：通"向"，刚才。
⑤皋陶（gāo yáo）：传说中东夷族的首领，相传为舜的贤臣，掌管刑狱。
⑥伊尹：相传为商汤之妻有莘氏的陪嫁奴隶，后来辅佐商汤攻灭夏桀。

【解读】

《论语·为政》2.19 章也记载了孔子关于"举直错诸枉"的观点，只不过那是孔子针对鲁哀公的提问"何为则民服"而作的回答；此章则是孔子回答樊迟"问知"的提问，侧重于知人善任。贤人（直者）与小人（枉者），历朝历代皆有，至今犹然。不可能存在清一色的贤人而无小人的局面，关键在于何者置于上位。若贤人在上位，则贤者得尽其才，亦能使枉者直，至少能够震慑小人，而使其不敢轻举妄动。譬如舜拥有天下，在众人中选拔人才，提拔了皋陶，不仁的人就远离了。汤拥有天下，在众人中选拔人才，提拔了伊尹，不仁的人就远离了。若小人在上位，则必将千方百计排挤和压制贤人，随心所欲，胡作非为。从古至今，概莫能外。譬如据《资治通鉴·唐纪》载："李林甫为相，凡才望功业出己右及为上所厚、势位将逼己者，必百计去之；尤忌文学之士，或阳与之善，啖以甘言而阴陷之。世谓李林甫'口有蜜，腹有剑'。"更有甚者，李林甫于天宝六年（公元747）主考科举，结果竟无一人被录取，落榜者中就有杜甫这样的文豪。这本来是李林甫忌惮和排挤人才所采取的恶毒招数，但他却上书唐玄宗表示祝贺，声称这就是《尚书·大禹谟》中所说的"野无遗贤"。用经济学中的术语来说，如果"举枉错诸直"，则必将导致劣币驱逐良币。诸葛亮《出师表》在总结两汉兴衰之教训时说："亲贤臣，远小人，此先汉所以兴隆也；亲小人，远贤臣，此后汉所以倾颓也。"历史的经验值得注意啊！我们并不天真地奢望满朝文武皆贤人而无小人，如果当政者能够切记"举直错诸枉"之古训，则国家幸甚！百姓幸甚！

12.23 子贡问友①。子曰："忠告而善道②之，不可则止，毋自辱焉。"

【译文】

子贡问怎样交友。孔子说："真诚地劝告并好好地引导他，如果行不通就算了，不要自取其辱。"

【注释】
①友：交友。
②道（dǎo）：开导；引导。这个意义后来写作"导"。

【解读】

当朋友有过错时，该怎样帮助他呢？孔子认为要"忠告而善道之"。这是考虑到交际双方的友好关系来进行言语交际。俗话说："良药苦口利于病，忠言逆耳利于行。"但是并非人人都懂得这个道理，并非人人都乐于听取逆耳之言，因此当朋友不听忠告和引导时，如果仍然一味地"忠告而善道之"，或许他会认为你这是看他不顺眼，是在挑他的刺，于是他就可能对你产生反感，甚至敌意，或者反而劝你少管闲事；而你也会认为朋友把你的好心当成驴肝肺，因此觉得憋屈，觉得自讨没趣。若果真如此，则是言语不得体。所以孔子认为，面对这种情况就不必再去"忠告而善道之"，以免自取其辱。由此可见，此章既体现了孔子所倡导的交友之道，也体现了孔子言语交际的"语境"观，即根据对方的个性心理、对待批评的态度来决定什么时候该说，什么时候不该说。

12.24 曾子曰："君子以文会友，以友辅仁。"

【译文】

曾子说："君子用文章学问来聚会朋友，凭借朋友来帮助自己培养仁德。"

【解读】

以文会友，则志趣相投，朋友之间既容易找到共同语言，又能够相互取长补短，从而使自己的学问有所长进；以友辅仁，我可以根据朋友身上的美好品德来反省自己，为什么我没有这些品德呢？于是我就会"见贤思齐焉"（《论语·里仁》4.17），就会"择其善者而从之"（《论语·述而》7.22），这样就可以帮助自己培养仁德。这正如朱熹《论语集注》所云："讲学以会友，则道益明；取善以辅仁，则德日进。"

子路第十三

（共三十章）

13.1 子路问政。子曰："先之劳之。"请益。曰："无倦。"

【译文】

子路问怎样治理政事。孔子说："自己先带头做，然后让老百姓勤劳地工作。"子路请求多说一些。孔子说："不懈怠。"

【解读】

孔子倡导治理政事要"无倦"，这实际上是倡导为官者要勤政。孔子的勤政观，或许来源于先王的治国之道。例如周公就是"无倦"的典型。据《史记·鲁周公世家》载：周武王"封周公旦于少昊之虚曲阜，是为鲁公。周公不就封，留佐武王。""其后武王既崩，成王少，在襁褓之中。"于是周公相成王，而使其子伯禽代就封于鲁。周公戒伯禽曰："我文王之子，武王之弟，成王之叔父，我于天下亦不贱矣。然我一沐三捉发，一饭三吐哺，起以待士，犹恐失天下之贤人。子之鲁，慎无以国骄人。"后世"鞠躬尽瘁，死而后已"之人，亦是勤政的典范，皆受到人们的爱戴。

13.2 仲弓为季氏宰，问政。子曰："先有司①，赦小过，举贤才。"曰："焉知贤才而举之？"曰："举尔所知；尔所不知，人其舍诸？"

【译文】

仲弓担任季氏采邑的总管，问怎样治理政事。孔子说："先责成下属各司其职，不计较他们的小过错，提拔贤才。"仲弓说："怎么了解贤才并提拔他们呢？"孔子说："提拔你所了解的；你所不了解的，难道别人会埋没他们吗？"

【注释】
①有司：属吏；掌管某方面事务的小吏。

【解读】

无论是诸侯之宰还是卿大夫之宰，皆总管一切政务，若事必躬亲，则往往顾此失彼而不胜其劳。善为政者，宜将各种具体事务交付有关部门的官员，让他们各司其职。据《史记·陈丞相世家》载：孝文皇帝既益明习国家事，朝而问右丞相勃曰："天下一岁决狱几何？"勃谢曰："不知。"问："天下一岁钱谷出入几何？"勃又谢不知，汗出沾背，愧不能对。于是上亦问左丞相平。平曰："有主者。"上曰："主者谓谁？"平曰："陛下即问决狱，责廷尉；问钱谷，责治粟内史。"上曰："苟各有主者，而君所主者何事也？"平谢曰："主臣。陛下不知其驽下，使待罪宰相。宰相者，上佐天子理阴阳，顺四时，下育万物之宜，外镇抚四夷诸侯，内亲附百姓，使卿大夫各得任其职焉。"孝文帝乃称善。面对皇上关于"全国一年中判决的案件有多少""全国一年中钱粮的开支收入有多少"的提问，右丞相周勃因不知详情而急得汗流浃背，只好谢罪说"不知道"。而左丞相陈平也不知详情却处之泰然，只回答一句"有主管的人"。因为在他看来，"陛下若问判决案件的情况，可询问廷尉；问钱粮收支的情况，可询问治粟内史"。在皇上看来，陈平或许是在狡辩，于是问道："如果各自有主管的人，那么您所主管的是些什么事呢？"陈平回答："主管各位大臣。陛下不知我才智低劣，使我勉强担任宰相的职位。所谓宰相，就是对上辅佐天子调理阴阳，顺应四时，对下养育万物适时生长，对外镇抚四夷和诸侯，对内爱护团结百姓，使卿大夫各担负其职责。"孝文帝于是称赞他回答得好。这个故事，似乎可以成为孔子所谓"先有司"的注脚。

有司各司其职，由于各种原因所致，难免出现一些小过错，在上位者需要有一颗包容之心，允许下属犯点小过错，并且不予计较。如此，则惩罚不滥施而人乐于谋事。如果有过必罚，则将使得人人自危，一切皆将以避过远罚为处世原则，而不再积极谋事与做事。如此，则怎么能够治理好政事呢？

有司各司其职，关键是要选拔好人才，让德才兼备的人才充当有司。如何选拔人才呢？关键是知人善任。只有先知人，然后才能善任之。把自己了解的贤才提拔上来，其他在上位者也把自己了解的贤才提拔上来，如此，则人才济济矣。人才济济，各司其职，何愁不能治理好政事呢？

13.3 子路曰："卫君待子而为政，子将奚先？"子曰："必①也，正名②乎！"子路曰："有是哉，子之迂也！奚其正？"子曰："野哉，由也！君子于其所不知，盖阙如③也。名不正，则言不顺；言不顺，则事不成；事不成，则礼乐不兴④；礼乐不兴，则刑罚不中⑤；刑罚不中，则民无所错手足。故君子名之必可言也，言之必可行也。君子于其言，无所苟⑥而已矣。"

【译文】

子路说："如果卫君等待您去治理政事，您将先做什么事？"孔子说："如果要我治理政事的话，那就先订正名分吧！"子路说："您竟然迂腐到了这种地步啊！怎么订正？"孔子说："仲由你真粗野啊！君子对于他所不懂的，采取存疑的态度。名分不正确，言语就不会顺当合理；言语不顺当合理，事情就办不成；事情办不成，礼乐之教就不会通行；礼乐之教不通行，刑罚就不会得当；刑罚不得当，老百姓就会手足无措。所以君子给某个事物命名，一定可以说出理由，说出的理由一定行得通。君子对于自己所说的话，是不马虎的。"

【注释】

①必：如果；果真。

②正名：订正名分、名称，使名实相符。

③阙如：缺而不言；存疑。

④兴：举办；通行。

⑤中：得当；中肯。

⑥苟：苟且；马虎。

【解读】

孔子倡导"以礼治国"，各种礼仪制度的设立，皆以序尊卑、明贵贱、别亲疏为准则，正如《汉书·艺文志》所说："古者名位不同，礼亦异数。""数"即差等。礼仪制度能够使人各安其位，各尽其职。春秋时期，礼崩乐坏，名与实已不相符，孔子认为，若要以礼治国，就得给各种礼乐制度"正名"。譬如君当行君之道，臣当尽臣之职，如果君而失其君之道，则为不君；臣而失其臣之职，则为虚位。这也是名不副实，或者说是名存实亡。春秋时期，子弑父，臣弑君，权臣僭越，国君无道，诸侯争战，天下大乱。孔子认为，这一切皆源于礼崩乐坏，因此要重整礼乐次序，其中重要的一点就是要"正名"。正名不仅可以使事物名实相副，还关系到国家的前途命运，因为"名不正，则言不顺；言不顺，则事不成；事不成，则礼乐不兴；礼乐不兴，则刑罚不中；刑罚不中，则民无所错手足"。如果名与实错乱，则势必导致国家的动乱；如果正名，就可以使君臣父子各安其位，各守其道。由此可见，孔子"正名观"的一个主要内容就是循其名而责其实，以纠正那种名不副实的现象。

13.4 樊迟请学稼。子曰："吾不如老农。"请学为圃①。曰："吾不如老圃。"樊迟出。子曰："小人哉，樊须也！上好礼，则民莫敢不敬；上好义，则民莫敢不服；上好信，则民莫敢不用情②。夫如是，则四方之民襁③负其子而至矣，焉用稼？"

【译文】

樊迟请求学种庄稼。孔子说："我不如老农。"樊迟请求学种蔬菜。孔子说："我不如老菜农。"樊迟退出去了。孔子说："樊迟真是个小人啊！统治者好礼仪，老百姓就没有谁敢不恭敬；统治者好道义，老百姓就没有谁敢不服从；统治者好诚信，老百姓就没有谁敢不说真话。如果做到这些，四方之民就会背负着幼儿来归附了，哪里用得着自己种庄稼呢？"

【注释】
①为圃：种菜。圃：菜园子。
②用情：说真话；说出实情。
③襁：背小孩用的宽带子。

【解读】

此章长期为人所诟病，甚至被看成孔子鄙视劳动和劳动人民的"铁证"。余以为不能这么简单地去理解孔子的意旨。孔子并不鄙视劳动，他自称"吾少也贱，故多能鄙事"（《论语·子罕》9.6）、"吾不试，故艺"（《论语·子罕》9.7）。虽然这些"鄙事"和"艺"为乘田、委吏以及其他一些小技艺等，并不是种庄稼、种菜之类的劳动，但已经不是"君子"所为了，因此孔子说："君子多乎哉？不多也。"（《论语·子罕》9.6）那么孔子为什么因樊迟请学稼、请学为圃而说樊迟是小人呢？我们认为，孔子是以一个教育家的身份来看待樊迟的请教的。

《论语》里曾记载樊迟问孔子什么是仁，孔子答曰："爱人。"又问什么是知（智），孔子答曰："知人。"樊迟不理解什么是"知人"，孔子又告诉他"举直错诸枉，能使枉者直"（《论语·颜渊》12.22）。樊迟所问"仁"与"知"，实乃为政之学问，能够治国安邦，造福于民，是大学问，故孔子耐心为之解答，可谓诲人不倦。然而樊迟在受过孔子的"高等教育"之后，居然要去学习种庄稼和种菜，孔子怎能不生气？这在孔子看来，其不妥有四：第一，此非我所传授的内容，因此你得去问"老农"和"老圃"。正如本人是教古汉语的，若有学生问我如何擦皮鞋，此非我所传授的内容，我会以"你去问擦鞋匠吧"答之。第二，孔子认为："君子谋道不谋食。耕也，馁在其中矣；学也，禄在其中矣。君子忧道不忧贫。"（《论语·卫灵公》15.32）由此可见，耕种不如学习。耕种只能解决一时的温饱，甚至还难免挨饿；学习则能掌握治国安邦的才能，才能出仕，而做官就会有俸禄，有俸禄则可衣食无忧。耕种与学习，孰轻孰重？不言自明。第三，作为教育家，孔子希望学生能够胸怀大志，造福更多的人。事有大小，有使统治者"好礼""好义""好信"之事，也有"稼穑""为圃"之事，孔子把前者看做君子之事，把后者看做小人之事，虽然有失偏颇，然而二者之间实在价值悬殊：前者能够治国安邦，能够使老百姓归附。这与儒家所倡导的以天下、国家、王道、历史为己任的价值取向和积极用世的进取精神是相符的。后者只能养家糊口，最大的贡献也只不过多缴点租税而已。樊迟为何要舍大就小呢？第四，樊迟向孔子"问仁""问知"之后，最终放弃此为政之学，而欲去从事简单劳动，岂不叫人感到悲哀？试想一想：如果现在一个本科生，在大学读了四年，所学专业是导弹技术，毕业之后他居然向老师请教怎么种庄稼，怎么种菜，或者怎么卖茶叶蛋，你不觉得有点让人哭笑不得吗？你不觉得是教育的失败吗？或许有人会端出大道理：大学生种庄稼怎么啦？种菜怎么啦？卖茶叶蛋又怎么啦？革命工作无高低贵贱之分，三百六十行，行行出状元！这也是转变就业观念，提高学校的就业率。然而，必定会有三种人为此而感到悲哀：大学老师为此感到悲哀，既然你要去种庄稼、种菜或卖茶叶蛋，为何还到我这里学习四年导弹技术啊？父母感到悲哀：我们含辛茹苦供你四年，指望你学有所成，成就一番大事业，没想到还是跟我们一样种庄稼、种菜和卖茶叶蛋！邻里乡亲感到悲哀：看看他吧，读了四年大学学习导弹技术，还是回家种庄稼、种菜和卖茶叶蛋！这大学还真没必要读啊！孔子当时的心境，或许跟此三种人类似。如果孔子在天有灵，他面对后人对他的责难，或许会这样感叹道：知我者，谓我心忧；不知我者，谓我鄙视劳动！

13.5　子曰："诵《诗》三百，授之以政，不达[①]**；使于四方，不能专对**[②]**。虽多，亦奚以为？"**

【译文】

孔子说："熟读《诗经》三百篇，把政事交给他，却办不好；出使外国，却不能独自应对。虽然读得多，又有什么用处呢？"

【注释】

①达：通达。这里指把政事办好。

②专对：随机应变而独自应对。

【解读】

《诗经》具有典雅性，因此贵族们往往通过"赋诗"和"引诗"来使得自己的语言表达具有一种高雅的风格;《诗经》具有委婉性,因此贵族们往往通过"赋诗"和"引诗"来含蓄地表达自己的某种愿望或者委婉地拒绝他人的某种要求。由此可见,《诗经》在当时的流行和普及,以及在社会政治生活中的巨大作用。正因为《诗经》具有如此巨大的社会功效,所以孔子倡导学习《诗经》要做到学以致用。他说:"不学诗,无以言。"(《论语·季氏》16.13)这是阐释《诗经》对于提高语言表达能力和交际效果的作用。既然如此,学习《诗经》,就要善于运用《诗经》来提高自己的语言表达能力和交际效果。否则,虽然读得多,又有什么用处呢?当今不少大学生,专业知识不可谓不扎实,然而实际运用能力却相当薄弱。我们应该从孔子的"诗教"中获得启迪,注重大学生能力的培养,否则其结果就是:读书四年,授之以事,不会干;走向社会,不会交际;虽然书本知识多,又有何用呢?

13.6 子曰:"其身正,不令而行;其身不正,虽令不从。"

【译文】

孔子说:"在上位者行为端正,即使不下命令,老百姓也会照着做;他自身行为不端正,即使下命令,老百姓也不会听从。"

【解读】

执政者修身正己,率先垂范,老百姓也会照着做。此所谓"桃李不言,下自成蹊"。如果自身腐化堕落,却要求百姓应该如何如何,老百姓就不会买账,须知老百姓也懂得"听其言而观其行"的道理。此所谓身教重于言教。

13.7 子曰:"鲁卫之政,兄弟也。"

【译文】

孔子说:"鲁国和卫国的政治情况犹如兄弟。"

【解读】

鲁国是周公之后,卫国是周公之弟康叔之后,春秋时两国皆比较衰弱混乱。当时卫国父子争夺君位,鲁国则由季孙氏、叔孙氏和孟孙氏三家卿大夫控制朝政。所以孔子说"鲁国和卫国的政治情况犹如兄弟",意思是大致相同,差不多。

13.8 子谓卫公子荆^①,"善居室^②。始有^③,曰:'苟合^④矣。'少^⑤有,曰:'苟完矣。'富有,曰:'苟美矣。'"

【译文】

孔子谈论卫国的公子荆时说:"善于治家。刚有一点家产,就说:'差不多够了。'稍微增加一点家产,就说:'差不多齐全了。'有许多家产,就说:'差不多十全十美了。'"

【注释】

①公子荆:卫国的公子,名荆字子楚。

②善居室:善于治家。

③有:这里指有财物;家产。

④苟合:差不多够了。苟:苟且;差不多。合:足够。

⑤少:稍微。

【解读】

公子荆的治家之道在于家产够用则可,不求奢侈,始终保持一颗恬淡与平常之心。大凡善于勤俭治家的士大夫,在执政时也往往具有廉洁奉公的美德。据《左传·昭公三年》载:当初,齐景公要为晏子更换住宅,说:"您的住房靠近市场,低湿狭小,喧闹多尘,不能居住。请允许我给您换个明亮而干燥的住所。"晏子辞谢说："您的先臣（意思是我的先人）住在这里，以我的才德是不能够继承祖业的，我住在里面已经过分了。"据《史记·萧相国世家》载："何置田宅必居穷处，为家不治垣屋，曰：'后世贤，师吾俭；不贤，毋为势家所夺。'"晏子、萧何等皆贵为相国，居处却如此简陋。由此可见，他们廉洁奉公的美德与其不求奢侈的治家之道密切相关；他们所秉持的俭以养德、俭以传家的理念，乃古代有识之士的治家良方。

13.9 子适卫，冉有仆①。子曰："庶②矣哉!"冉有曰："既庶矣，又何加焉?"曰："富之。"曰："既富矣，又何加焉?"曰："教之。"

【译文】

孔子到卫国去，冉有驾车。孔子说："人口真稠密啊!"冉有说："已经人口众多了，又该做些什么呢?"孔子说："使他们富裕起来。"冉有说："已经富裕起来了，又该做些什么呢?"孔子说："教育他们。"

【注释】
①仆：驾车。
②庶：众多。

【解读】

此章体现了孔子"先富后教"的治国主张。《管子·治国》也有类似的主张，他说："凡治国之道，必先富民。"《孟子·梁惠王上》对孔子的理论作了进一步的阐发，说道："五亩之宅，树之以桑，五十者可以衣帛矣。鸡豚狗彘之畜，无失其时，七十者可以食肉矣。百亩之田，勿夺其时，八口之家可以无饥矣。谨庠序之教，申之以孝悌之义，颁白者不负戴于道路矣。老者衣帛食肉，黎民不饥不寒，然而不王者，未之有也。"《汉书·食货志》云："民三年耕则余一年之畜，衣食足而知荣辱，廉让生而争讼息，故三载考绩。"

13.10 子曰："苟有用我者，期月①而已可也，三年有成。"

【译文】

孔子说："如果有人任用我治理政事，一年就可以初见成效，三年大见成效。"

【注释】

①期（jī）月：这里指一周年。期：周期。

【解读】

公元前501年（鲁定公九年），孔子50岁时，当了鲁国中都宰，一年之后，升为司空（管营造），接着升为司寇（管司法），成为了卿大夫。定公十四年（公元前496年），孔子55岁，由大司寇行摄相事（代理宰相）。孔子做了几年的官，政绩显赫。例如：在国内，他出任中都宰只一年，四方的官吏都效法他；孔子做了大司寇之后，鲁国"涂不拾遗"。此可谓誉满鲁国。以孔子的政绩观之，孔子此言不虚。可惜孔子生不逢时，最终不为当世所用。

13.11 子曰："'善人①为邦百年，亦可以胜残去杀②矣。'诚哉是言也！"

【译文】

孔子说："'善人治国一百年，也就可以制止残暴免除杀戮了。'这话说得真对啊！"

①善人：品格完美的人；贤人。

②胜残去杀：何晏《论语集解》引王肃曰："胜残，胜残暴之人，使不为恶也。去杀，不用刑戮也。"

【解读】

请参见下章解读。

13.12 子曰："如有王者①，必世②而后仁。"

【译文】

孔子说："如果有圣人兴起，也一定要三十年之后才能实现仁政。"

【注释】

①王者：即圣人，品格最高尚、智慧最高超的人。

②世：古代 30 年为一世。

【解读】

在孔子看来，出现天下安定、胜残去杀、人民安居乐业的治世，必须有两个必要条件：一是圣人或善人在位，只有这样的君主才能爱人，才能实施仁政；二是达到天下大治需要假以时日，不可能一蹴而就。《论语》里的"善人"是与"圣人"相对的概念，圣人是品格最高尚、智慧最高超的人，指尧、舜、禹、商汤、周文王、周武王那样的贤明天子；"善人"是品格完美的人，指有志于仁而未进入圣人之室的诸侯。圣人治国，以德化民，若假以时日，则能实现仁政而使天下太平。善人治国，有志于仁，长此以往，则能制止残暴，免除杀戮。

13.13 子曰："苟正其身矣，于从政乎何有？不能正其身，

如正人何？"

【译文】

孔子说："如果在上位者端正自己的行为，治理政事还有什么困难呢？如果不能端正自己的行为，怎么能端正别人呢？"

【解读】

执政者身正则能令行禁止，万民仿效，如此治理政事则得心应手，游刃有余。执政者不能端正自己的行为，却要求别人端正，别人会服从吗？如此治理政事难乎哉！

13.14 冉子退朝①。子曰："何晏也？"对曰："有政。"子曰："其事②也。如有政，虽不吾以③，吾其与闻④之。"

【译文】

冉有退朝。孔子说："为什么回得这么晚呢？"冉有答道："有政事。"孔子说："那只是季氏的私事罢了。如果有政事，虽然不用我了，我还是会参与并知情的。"

【注释】

①退朝：这里指从季氏的私朝回来。

②事：私事；家事。

③以：用；任用。

④与（yù）闻：参与并知情。与：参与。闻：听说；知悉。

【解读】

冉有为季康子的宰臣，从季氏的私朝回来。孔子问他说："为什么回得这么晚呢？"在冉有看来，季氏为鲁国执政上卿，国君之事与季氏之事皆为政事，所以他回答说："有政事。"意思是政事太忙，所以回得这么晚。然而在孔子看来，国君之事与季氏之事有着本质的区别。国君之事才可以叫做政事，至于季氏之事，那只能叫做私事、家事。你所说的"有政"，只不过季氏的私事、家事罢了。孔子此言，意在正名。

孔子严格区分朝廷之政事与大夫之家事，虽然意在正名，但是这对于我们正确区分公务与"私务"仍然具有一定的指导意义。君不见，当今某些人只要成为官员，就把自家的事也当成公务来对待，譬如家人外出，派公车；招待亲友，吃公款；出国旅游，报公款。君不见，当今一些下属和秘书，只要是上级领导的事，在他们眼里都是公事，于是对领导的公事家事事事上心，主动为领导以公谋私。呜呼！当今官场，公私不分也久矣，欲人知其何事为公何事为私也难矣！但愿有朝一日能够把孔子的"有政"与"其事也"之辨引入"公仆"的执政理念之中。

13.15 定公①问："一言而可以兴邦，有诸？"孔子对曰："言不可以若是其几②也。人之言曰：'为君难，为臣不易。'如知为君之难也，不几乎③一言而兴邦乎？"曰："一言而丧邦，有诸？"孔子对曰："言不可以若是其几也。人之言曰：'予无乐乎为君，唯其言而莫予违④也。'如其善而莫之违也，不亦善乎？如不善而莫之违也，不几乎一言而丧邦乎？"

【译文】

定公问："一句话就可以兴国，有这种事吗？"孔子答道："不可以期望一句话有这样大的效果。有人说：'为君难，为臣不易。'如果知道当君主的艰难，不就接近一句话就可以兴国吗？"定公问："一句话就可以亡国，有这种事吗？"孔子答道："不可以期望一句话有这样大的效果。有人说：'我并不以当国君为快乐，只是我所说的话没有谁违抗。'如果他所说的话正确而没有谁违抗，不是很好吗？如果他所说的话不正确而没有谁违抗，不就接近于一句话就可以亡国吗?"

【注释】

①定公: 鲁定公, 名宋, 定是谥号。

②若是其几: 几: 通"冀", 希望; 期望。若是其×: 谓语前置句式, 转换成一般
  句式则为"其×若是"。

③几乎: 近乎; 差不多。

④莫予违: 没有谁违抗我。

【解读】

"一言而可以兴邦"或者"一言而丧邦", 都未免有点夸张, 所以孔子说:"不可以期望一句话有这样大的效果。"但是从某个角度来看, 如果国君知道"为君难, 为臣不易", 就会行事谨慎, 战战兢兢, 如临深渊, 如履薄冰。从这个意义上来看, 知道"为君难"这句话的涵义并身体力行, 不就接近一句话就可以兴国吗? 如果国君以"唯其言而莫予违也"为快乐, 那么他就会肆无忌惮, 刚愎自用, 最终导致众叛亲离、朝政黑暗而亡国。从这个意义上来看, 以"唯其言而莫予违也"这句话为快乐, 从而导致出一系列的错误, 不就接近一句话就可以亡国吗?

"一言而可以兴邦"或者"一言而丧邦", 国君治国是如此, 个人修身也是如此。无论是"为君难, 为臣不易", 还是"予无乐乎为君, 唯其言而莫予违也", 皆具有行为准则的作用。由此看来, 如果一个人选定某句话作为自己行为的准则或者座右铭, 那么这句话就必将对他的所作所为产生深远的影响, 甚至将影响他的一生。从这个意义上来看, 我们也可以说:"一言而可以修身, 一言而可以亡身。"

13.16 叶公问政。子曰:"近者说, 远者来。"

【译文】

叶公问怎样治理政事。孔子说："让国内的民众高兴，使外国的民众归附。"

【解读】

怎样才能让"近者说，远者来"？当然是施行仁政，以德治国、以礼治国，"老者安之，朋友信之，少者怀之"（《论语·公冶长》5.26）。果如此，国内的民众能不高兴吗？国外的民众能不来归附吗？

13.17 子夏为莒父①宰，问政。子曰："无欲速，无见小利。欲速，则不达；见小利，则大事不成。"

【译文】

子夏担任莒父的长官，问怎样治理政事。孔子说："不要想速成，不要贪小利。想速成，反而达不到目的；贪小利，就做不成大事。"

【注释】
①莒（jǔ）父：鲁国邑名。

【解读】

做事急于求成，急功近利，必将不顾客观规律、不顾事情的轻重缓急之序而以主观意志行事，结果必定事与愿违，达不到目的。大到国家发展战略，小到个人发展目标，"欲速则不达"皆为至理名言。譬如：大跃进运动违背客观规律，严重破坏社会生产力，打乱正常生产秩序，造成国民经济各部门之间、积累和消费之间比例严重失调。经济工作中急躁冒进的"左"倾错误，使国民经济遭受严重挫折，人民生活受到很大的影响。大跃进以其惨痛的教训，从反面证明了"欲速则不达"的正确，它在今天的国家发展战略中仍然具有指导意义。

好贪小利之人，往往鼠目寸光而胸无大志，常常因蝇头小利而放弃对大事业的追求，最终必将一事无成。《三国演义》第二十一回曹操煮酒论英雄时，与刘备这样讨论袁绍：玄德曰："河北袁绍，四世三公，门多故吏；今虎踞冀州之地，部下能事者极多，可为英雄？"操笑曰："袁绍色厉胆薄，好谋无断；干大事而惜身，见小利而忘命：非英雄也。"曹操论袁绍"干大事而惜身，见小利而忘命"，可谓一语中的。

13.18　叶公语孔子曰："吾党有直躬①者，其父攘②羊，而子证③之。"孔子曰："吾党之直者异于是。父为子隐④，子为父隐。直在其中矣。"

【译文】

叶公告诉孔子说："我家乡有个正直的人名叫躬，他父亲偷了羊，他却告发。"孔子说："我家乡正直的人与此人不同。父亲做了违法之事，儿子不说；儿子做了违法之事，父亲不说。正直就在其中了。"

【注释】

①直躬：直：正直。躬，或作弓，人名。

②攘：偷。

③证：告发；检举。

④父为子隐：父亲做了违法之事，儿子不说。为：动词，做；干。这里指所做的违法之事。隐：沉默；不说。

【解读】

长期以来，"父为子隐，子为父隐"中的"隐"被解释为"隐瞒"。按，"隐"是《论语》中的一个特殊词语，具有特定的意义。"孔子曰：'侍于君子有三愆：言未及之而言谓之躁，言及之而不言谓之隐，未见颜色而言谓之瞽。'"（《论语·季氏》）这里明确地界定"不言"叫做"隐"，不言就是沉默。《礼记·檀弓上》云："事亲有隐而无犯。"郑玄注："隐，谓不称扬其过失也。"这"不称扬"就是"不说；沉默"。至于"为"，它并非介词，而是动词，是"做；干"的意思，这里指所做的违法之事。为什么这样说呢？叶公说的是："其父攘羊，而子证之。""攘羊"是干违法之事，所以其子去官府告发。叶公把儿子告发父亲所做的违法之事称之为"直"，所以叶公说"吾党有直躬者，其父攘羊，而子证之"。叶公所说的内容有三：第一，父"攘羊"，做了违法之事；第二，"子证之"，儿子去官府告发父亲；第三，评论：儿子是正直的人。

孔子是怎样看待这事的呢？根据同一律，孔子应该根据叶公所说的内容来针锋相对地阐述自己的观点，否则就是转移论题。孔子认为：第一，父"为"，"为"什么？或许也是"攘羊"，或许是做了别的违法之事。可见"为"是动词，指与"攘羊"类似的事，但不限于"攘羊"，泛指所做的违法之事。第二，面对"父为"，儿子该如何做？叶公认为该"证之"，即告发父亲；孔子认为该"隐"，不是去告发父亲，而是保持沉默。由此类推，如果"子为"，则"父隐"，即儿子做了违法之事，那么父亲也应该保持沉默。第三，评论：如果父子都这么做，那么正直就在其中了。因此"父为子隐"的意思是"父亲做了违法之事，儿子不说"。由此可见，"隐"是"沉默；不言"。

任何人面对亲人所做的违法之事，可以有三种处理方式：一是告发型，即叶公所说的"证之"，主动告发亲人所做的违法之事；二是隐瞒型，亲人之间互相隐瞒所做违法之事；三是沉默型，既不主动告发，也不隐瞒，而是保持沉默。

孔子为何提倡"沉默"型？这是因为：第一，主动告发亲人所做的违法之事，有悖于父慈子孝的亲情，或者说合于法而悖于情。试看古往今来的司法实践，父子相互告发，而亲情犹存者有吗？或者还能做到"其为父子如初"吗？第二，父子相互隐瞒所做违法之事，这在司法当中是要受法律追究的。古代是如此，当代亦如此。例如全国人大1996年颁布的《中华人民共和国刑事诉讼法》第一编总则第五章"证据"之第四十五条：人民法院、人民检察院和公安机关有权向有关单位和个人收集、调取证据。有关单位和个人应当如实提供证据。凡是伪造证据、隐匿证据或者毁灭证据的，无论属于何方，必须受法律追究。第四十七条：法庭查明证人有意作伪证或者隐匿罪证的时候，应当依法处理。第三，"沉默"介于"告发"与"隐瞒"之间，既然告发有损于亲情，而隐瞒有可能触犯法律，那么沉默就不失为一种中庸的选择：父亲做了违法之事，儿子可以选择沉默，反之亦然。这种情况在生活中或许是最常见的，为大多数人所选择。

"父为子隐，子为父隐，直在其中矣"，长期以来既遭到误读，也因此而遭到错误地批判，认为孔子主张亲人之间要相互包庇；在我国的司法实践中也一直认为亲情必须无条件地服从法律，因此《刑事诉讼法》规定：人民法院、人民检察院和公安机关有权向任何人"收集、调取证据"。有关个人应当如实提供证据，"凡是伪造证据、隐匿证据或者毁灭证据的，无论属于何方，必须受法律追究。"这当然也包括被告的亲人。

实践证明，强制被告的亲人出庭作证的做法，很可能破坏被告与证人之间的亲情，甚至使得亲情荡然无存。或许有鉴于此，2011年8月24日在人民大会堂召开的十一届全国人大常委会第二十二次会议，刑事诉讼法修正案草案提请本次常委会审议。刑事诉讼法修正案草案对证据制度主要作了四方面的修改，其中一个方面就是：草案规定法院可以强制证人出庭作证，但是被告人的配偶、父母、子女除外。证人拒不作证情节严重的，可以拘留。这意味着被告的配偶、父母、子女虽然有作证的义务，但是他们不会再被法院强制出庭作证，更不会因拒不作证而被拘留，也就是说，他们终于有了选择"沉默"的权力。这样既合于法律，也顾及了亲情。从这个意义上来看，孔子"父为子隐，子为父隐"的人性化主张终于在我们的《刑事诉讼法》里得到了体现。

13.19 樊迟问仁。子曰："居处①恭②，执事敬，与人忠。虽之③夷狄④，不可弃也。"

【译文】

樊迟问什么是仁。孔子说："平日仪容举止端庄谦恭，做事严肃认真，与人交往忠心诚意。即使到了夷狄，这些品德也不可抛弃。"

【注释】

①居处：平日的仪容举止。

②恭：端庄；谦恭。

③之：到。

④夷狄：古代有东夷、北狄、南蛮、西戎之称，这是当时华夏诸国对中原以外各诸侯国和部族的蔑称。

【解读】

孔子非常注重仪表，提倡"居处恭"及"色思温，貌思恭"（《论语·季氏》16.10 章）。孔子自己也是身体力行，"子温而厉，威而不猛，恭而安"（《论语·述而》7.38）。"敬事"是孔子治国之道的重要内容，是指谨慎处理政事，办事严肃认真，恪尽职守。

孔子把"忠"作为教育学生的主要内容之一："子以四教：文、行、忠、信。"（《论语·述而》7.25）曾子以"忠"作为"吾日三省吾身"的一项内容："为人谋而不忠乎？"恭、敬、忠都是孔子所倡导的美德，也是仁的具体体现。

13.20 子贡问曰："何如斯可谓之士矣？"子曰："行己有耻，使于四方，不辱君命，可谓士矣。"曰："敢问其次。"曰："宗族称孝焉，乡党称弟①焉。"曰："敢问其次。"曰："言必信，行必果②，硁硁③然小人哉！抑亦可以为次矣。"曰："今之从政者何如？"子曰："噫！斗筲之人④，何足算⑤也。"

【译文】

　　子贡问道："怎样才可以叫做士呢？"孔子说："对自己的行为要有羞耻之心，出使各国，不辱没国君的使命，可以叫做士了。"子贡说："敢问次一等的士是怎样的。"孔子说："宗族称赞他孝顺父母，乡亲称赞他尊敬兄长。"子贡说："敢问再次一等的士是怎样的。"孔子说："说话一定守信，行动一定果决，这是固执的小人啊！但也可以叫做次一等的士了。"子贡说："如今当官的怎么样呢？"孔子说："唉！这班心胸狭窄的人又算得了什么呢。"

【注释】

①弟（tì）：尊敬兄长。这个意义后来写作"悌"。

②果：果敢；果决。

③硁硁（kēng）：固执。

④斗筲（shāo）之人：心胸狭窄的人。斗：量器，容十升。筲：竹器，容斗二升。

⑤算：作数；算在数内。

孔子耻辱观的内容之一是"行己有耻",即有所不为,对不符合礼义的事坚决不做。其根本特征是要求人们具有礼义廉耻,一旦丧失礼义廉耻,那就应该感到羞耻。即使一个人不去努力追求美德,他至少也要守住"行己有耻"这一道德底线,否则就会放辟邪侈、胡作非为。

13. 21 子曰:"不得中行①而与②之,必③也,狂狷④乎!狂者进取,狷者有所不为也。"

【译文】

孔子说:"如果不能够与行为符合中庸之道的人交往,就不交往。如果一定要交往,那就与激进的人和保守的人交往吧!激进的人进取善道,保守的人有所不为。"

【注释】
①中行:行为符合中庸之道。
②与:结交;交往。
③必:如果;果真。
④狂狷(juàn):激进者和保守者。

【解读】

"狂者"与"狷者"的区分在于:何晏《论语集解》引包咸曰:"狂者进取善道,狷者守节无为。"宦懋庸《论语稽》云:"狂似太过,狷似不及,皆美才也。中行无过不及,得天独优,较易裁成,然不可得。"何谓"有所不为"?陈天祥《四书辨疑》云:"有所不为者,能为而不为也。智未及者,不能为而不为也。夫狷者之为人,踽踽独行,凉凉无亲,世俗指为孤僻古执者是也。于可交之人,亦有所不交;可取之物,亦有所不取。易于退而难于进，贪于止而吝于行，此乃有所不为之谓也。若论其极，伯夷、叔齐即其人也。"

13.22 子曰："南人有言曰：'人而无恒，不可以作巫医^①。'善夫！""不恒其德，或承之羞^②。"子曰："不占而已矣。"

【译文】

孔子说："南方人有句话说：'如果人没有恒心，就不可以作巫医。'说得好啊！""不长久地保持美德，有时会蒙受羞辱。"孔子说："这是告诫没有恒心的人不必去占卜而已。"

【注释】

①巫医：古代用祝祷、占卜或药物等方式为人治病的人。

②不恒二句：出自《周易·恒卦》。或：有时。

【解读】

《周易》是一部政治哲学著作，该书提出了一些治国理论和方法，也具有深刻的哲学内涵。然而长期以来，《周易》被仅仅当成一部占筮的书，人们用它来预测吉凶祸福，遂使《周易》研究走入偏门。由此章可知，孔子并非把《周易》当成一部占筮之书，而是当做一部哲学书。

13.23 子曰："君子和^①而不同^②，小人同而不和。"

【译文】

孔子说："君子讲求和谐而不苟同，小人讲求苟同而不和谐。"

【注释】

①和：和谐；恰当。

②同：苟同；附和。

【解读】

什么是"和"？什么是"同"？《左传·昭公二十年》记载了齐景公与晏子关于"和"与"同"的对话。"公曰：'惟据与我和夫！'晏子对曰：'据亦同也，焉得为和？'公曰：'和与同异乎？'对曰：'异。和如羹焉，水火醯醢盐梅以烹鱼肉，燀之以薪。宰夫和之，齐之以味，济其不及，以泄其过。君子食之，以平其心。君臣亦然。君所谓可，而有否焉；臣献其否，以成其可。君所谓否，而有可焉；臣献其可，以去其否。是以政平而不干，民无争心。……今据不然。君所谓可，据亦曰可；君所谓否，据亦曰否。若以水济水，谁能食之？若琴瑟之专一，谁能听之？同之不可也如是。'"在齐景公看来，只有大臣梁丘据跟他很和谐。晏子回答说："梁丘据只不过跟你的意见相同而已，哪里说得上和谐呢！"齐景公于是问道："和谐与相同不一样吗？"晏子答道："不一样。和谐好像做羹汤一样，用水、火、醋、酱、盐、梅来烹调鱼和肉，再用柴烧煮，厨子加以调和，使味道适中，味道太淡就加调料，味道太浓就加水冲淡。君子食用这样的羹汤，能够使内心平静。君臣之间也是这样。国君所认为是正确的，其中却存在不妥之处；臣下指出不妥之处，以促成其真正正确。国君认为是错误的，其中却存在正确之处；臣下指出正确之处，以去掉真正错误的部分。因此政事平和而不相互抵触，百姓没有争夺之心。……现在梁丘据不是这样。您认为对的，他也认为对；您认为不对的，他也认为不对。这就像用水去调剂水，谁能吃它呢？如同琴瑟老弹一个声音，谁能听它呢？不应该同的道理就像这样。"

又据《国语·郑语》载，史伯曰："夫和实生物，同则不继。以他平他谓之和。故能丰长而物归之；若以同裨同，尽乃弃矣。故先王以土与金、木、水、火杂，以成百物。"意思是和谐才能生长万物，同一就不能发展。把不同的东西加以协调平衡叫做和谐，因此能使万物丰盛发展而有所归属；如果把相同的东西简单相加，用尽之后就只能被抛弃。所以先王把土和金、木、水、火相配，而产生无数种物质。

综上所述，"和"与"同"是两个不同的概念。"和"是众多元素经过化合的统一物，是和谐，"和"能生万物，具有创造性；"同"是同一，是相同元素的简单相加。"同"是单一而无发展，最终被抛弃。"和"的目的在于"万物并育而不相害，道并行而不相悖"（《礼记·中庸》）。即承认"万物并育"和"道并行"这些"不同"的存在，并且努力实现"不相害""不相悖"这种"和"的局面。

几千年来，中华传统文化中"和而不同"的思想，为不同国家之间、不同民族之间、不同文化和政治制度之间、不同地域之间的多元文化和平共处和不同学派之间、不同观点之间的多元思想的和平共处提供了取之不尽、用之不竭的思想源泉。下面做简要阐释。

第一，不同国家之间、不同民族之间、不同文化和政治制度之间、不同地域之间的多元文化和平共处。中华民族自古以来就是多民族的统一体，不同的民族皆有其独特的文化；加上幅员辽阔，不同的地域也有其独特的文化。两者结合，就逐渐形成了中原文化、齐鲁文化、秦陇文化、荆楚文化、吴越文化、巴蜀文化等，这些不同的地域文化又共同形成了华夏文化。华夏文化以儒学为主流，兼收并蓄，百花齐放，是全方位的文化。

当今世界，不同的国家皆拥有各自的文化和政治制度。这是"万物并育"和"道并行"，为"不同"；但是任何国家不能因为别国的文化和政治制度与自己"不同"而去横加干涉，而应该努力实现"不相害""不相悖"，实现不同国家之间、不同民族之间、不同社会制度之间的多元文化和平共处这种"和而不同"的局面，从而推动不同文化之间的相互对话、交流、合作与发展。

第二，不同学派之间、不同观点之间的多元思想的和平共处。春秋战国时期，不同的学派之间激烈交锋，他们皆出于对社会的责任感和对人生的关怀，各自从不同的出发点来探讨自然、社会、政治、人生等问题，各抒己见，相互辩论，形成了我国历史上"百家争鸣"的局面。其中影响较大的儒家、道家、阴阳家、法家、名家、墨家、纵横家、杂家、农家和小说家（在上古，凡记载下来的街谈巷语，都叫做小说）。此所谓"九流十家"。

大约在西汉末、东汉初，佛教传入中国。据《后汉书·西域传》载，汉明帝夜间做了一个梦，梦见金人，身材高大，头顶上光明灿烂。次日问于群臣，那是什么神？有人回答说：西方有神，名字叫"佛"，身高一丈六尺，身体是金黄色。明帝于是派人出使天竺访求佛教法术，接着就在中国画了佛的形象流传。魏晋南北朝时期，佛教在中国广为传播，寺院林立，僧尼骤增，正如杜牧《江南春绝句》所云："南朝四百八十寺，多少楼台烟雨中。"隋唐时，佛教达到了鼎盛时期，唐太宗还设立译场，聚集僧人文人翻译佛经。由此可见，自东汉以来，中国文化领域形成了儒释道三家并立的局面，并且令人惊叹的是，世界上不少国家因宗教原因而发生流血冲突甚至大规模战争的情况，屡见不鲜；而中国在此后近两千年的封建社会里，本土宗教儒教、道教与外来宗教佛教之间从未因文化不同而发生过战争。这是为何？主要原因或许就在于中华文化所具有的巨大的包容性。这种包容性又源于独特的"和"文化。虽然儒释道三家并立，为"不同"，然而它们之间不仅可以做到"不相害""不相悖"，还做到了相互融合。譬如：虽然汉武帝采纳了儒生董仲舒"罢黜百家，独尊儒术"的建议，然而汉代的儒术，已经融合了阴阳五行和谶纬之学。魏晋南北朝时期，随着社会的动荡、制度的变革、文化的转型，使得这一时期的士人重新寻找精神寄托和处世哲学。于是，魏晋的名士选择了清谈。他们将《老子》《庄子》和《周易》谓之"三玄"，并常常以"三玄"为谈资，往往借注释"三玄"来阐发自己的哲学观点。例如：（晋）王弼以老庄思想注释《周易》，并通过注释建立了他的"即体即用，体用无间"的玄学本体论，（魏）何晏的《论语集解》、（晋）王弼的《论语释疑》、郭象的《论语体略》、南朝（梁）皇侃的《论语义疏》等，无不以老庄思想来阐发经义，而这一切都强烈地打上了玄学的时代烙印，体现了玄学融合儒道的思想特征。

至于佛教，虽来自外国，但它已是中国化的佛教，譬如天台宗、华严宗、禅宗等佛教宗派，其思想体系中皆融合了中国本土宗教儒教和道教的思想。

古今中外，无论是思想界、文化界还是学术界、科学界，都存在着不同的学派、不同的观点，这是客观存在。无论任何学派、任何人，都不应该把自己学派的观点、自己的观点强加于人，都不应该搞党同伐异，都不应该搞唯我独尊，而应该与其他学派、其他人"不同"而"和"。甚至做到：虽然我反对你的观点，但是我誓死捍卫你说话的权利。

如今在构建社会主义和谐社会当中，和谐文化再一次被摆到了突出的地位，构建社会主义和谐社会是建设中国特色社会主义的重大战略任务，是对共产党执政能力的重大考验。而建设和谐文化，既是构建社会主义和谐社会的重要任务，也是构建社会主义和谐社会的灵魂和本质精神，它为构建社会主义和谐社会提供着理论基石、价值导向和理想信念，它有利于化解社会矛盾、凝聚人心，从而引导着和谐社会的健康发展。当今建设和谐文化，既要坚持社会主义核心价值体系这一根本，也要弘扬"和而不同"这一民族优秀文化传统。

13.24　子贡问曰:"乡人皆好之,何如?"子曰:"未可也。""乡人皆恶之,何如?"子曰:"未可也。不如乡人之善者好之,其不善者恶之。"

【译文】

子贡问道:"全乡的人都喜欢他,这个人怎么样?"孔子说:"不可以认为这个人就是好。"子贡问道:"全乡的人都厌恶他,这个人怎么样?"孔子说:"不可以认为这个人就是不好。还不如全乡的好人都喜欢他,全乡的坏人都厌恶他。"

【解读】

孔子认为:"唯仁者能好人,能恶人。"(《论语·里仁》4.3)这是因为仁者无私心,能够抛弃个人成见来客观地、公正地评判某个人。这样,仁者所好与所恶就自然能够当其理与得其中。如果由众人来评价某个人,那么最好的评价标准是"乡人之善者好之,其不善者恶之"。因为物以类聚,人以群分。全乡的好人都喜欢他,证明此人是好人;全乡的坏人都厌恶他,说明此人不与坏人为伍,从而反证此人是好人。

13.25　子曰:"君子易事①而难说②也。说之不以道,不说也;及其使人也,器之③。小人难事而易说也。说之虽不以道,说也;及其使人也,求备焉。"

【译文】

孔子说:"君子容易事奉而难以取悦他。不以正当的方式去取悦他,他是不会喜欢的;等到他使用人的时候,却能够量才而用。小人难于事奉而容易取悦他。即使不以正当的方式去取悦他,他也会喜欢的;等到他使用人的时候,却求全责备。"

【注释】

①易事：容易事奉。

②说：喜欢；高兴。这个意义后来写作"悦"。

③器之：量才而用人。

【解读】

  为什么说"君子容易事奉"？这是因为君子对人不求全责备。《说苑·雅言》云："曾子曰：'夫子见人之一善而忘其百非，是夫子之易事也。'"为什么说"君子难以取悦"？这是因为不以正当的方式去取悦他，他是不会喜欢的。因此在君子手下做事，不要一门心思想着如何去取悦他，因为使用阿谀奉承、贿赂财物等一切不正当的方式，都不会引起君子喜欢；正确的方式是平时勤奋工作，展现才华。这样等到他要任用人时，他就能够根据你的才德而任用你。

  为什么说"小人难于事奉而容易取悦"？这是因为小人喜欢阿谀奉承，即使不以正当的方式去取悦他，他也会喜欢的。然而在小人手下做事，即使你挖空心思去讨他喜欢，而等到他要任用人时，他不但不会根据你的才德来任用你，反而还会对你求全责备，处处挑人毛病，叫你受窝囊气！正确的方式是远离此等小人；即使躲不过，也要保持节操而绝不阿谀奉承。请相信：这小人终究有一天是会倒台的，如果自己是块金子，则终究有一天是会闪光的。

13. 26　子曰："君子泰而不骄，小人骄而不泰。"

【译文】

  孔子说："君子安详舒泰而不骄慢，小人骄慢而不安详舒泰。"

【解读】

  君子胸怀坦荡，心态平和，因此能够安详舒泰，不骄不躁。

小人狂妄自大，目空一切，又唯恐失尊，因此虽骄慢而心不能安详舒泰，难免长戚戚。

13. 27 子曰：“刚^①、毅^②、木^③、讷^④，近仁。”

【译文】

孔子说：“刚强、果决、质朴、慎言，这四种品德接近仁德。”

【注释】

①刚：刚强。

②毅：果决。

③木：质朴。

④讷（nè）：言语迟钝。这里指说话谨慎。

【解读】

皇侃《论语义疏》云：“刚者无欲，仁者静，故刚者近仁；毅者果敢，仁者必有勇，故毅者近仁；木者质朴，仁者不尚华饰，故木者近仁；讷者言语迟钝，仁者慎言，故讷者近仁也。”

13. 28 子路问曰：“何如斯可谓之士矣？”子曰：“切切偲偲^①，怡怡^②如也，可谓士矣。朋友切切偲偲，兄弟怡怡。”

【译文】

子路问道：“怎样才可以叫做士呢？”孔子说：“互相切磋勉励，和睦相处，可以叫做士了。朋友之间要互相切磋勉励，兄弟之间要和睦相处。”

【注释】

①切切偲偲（sī）：切磋勉励。

②怡怡：和睦。

【解读】

孔子认为朋友之间要互相切磋勉励，这样对于道德修养和知识技艺，皆有所裨益。曾子或许就是根据孔子的这一教诲而推演出这样一种交友之道："君子以文会友，以友辅仁。"（《论语·颜渊》12.24）

13.29 子曰："善人教民七年，亦可以即戎①矣。"

【译文】

孔子说："善人教育民众七年，就可以让他们上战场了。"

【注释】

①即戎：上战场。即：接近；靠近。戎：兵戎；战争。

【解读】

要把普通民众变成能够作战的士兵，首先必须让他们接受教育。这种教育主要包括两个方面的内容：一是思想教育，让他们懂得为什么要战，为谁而战的道理；二是军事训练，让他们具有作战的技能，以杀死敌人保全自己。这种教育，不是一蹴而就的，必须经过较长时间才能见成效。例如据《国语·越语上》载：公元前494年，越王勾践与吴王夫差作战，败于夫椒，向吴臣服，勾践"卑事夫差，宦士三百人于吴，其身亲为夫差前马"。为了报仇，勾践采取"十年生聚，十年教训"的策略，经过20年的韬光养晦，终于重新崛起，于公元前473年灭掉吴国。其中的"十年教训"，就是训练民众。让我们来看勾践是怎样训练民众的。一方面他自我检讨，修正错误，顺应民意。战败之后，"勾践说于国人曰：'寡人不知其力之不足也，而又与大国执仇，以暴露百姓之骨于中原，此则寡人之罪也。寡人请更。'于是葬死者，问伤者，养生者；吊有忧，贺有喜；送往者，迎来者；去民之所恶，补民之不足。""令孤子、寡妇、疾疹、贫病者，纳宦其子。其达士，洁其居，美其服，饱其食，而摩厉之于义。四方之士来者，必庙礼之。勾践载稻与脂于舟以行。国之孺子之游者，无不哺也，无不歠也：必问其名。非其身之所种则不食，非其夫人之所织则不衣。十年不收于国，民俱有三年之食。"勾践通过采取上述爱民政策，从而赢得了民心，于是民众主动请战以雪当年战败之耻。"国之父兄请曰：'昔者夫差耻吾君于诸侯之国，今越国亦节矣，请报之。'勾践辞曰：'昔者之战也，非二三子之罪也，寡人之罪也。如寡人者，安与知耻？请姑无庸战。'父兄又请曰：'越四封之内，亲吾君也，犹父母也。子而思报父母之仇，臣而思报君之仇，其有敢不尽力者乎？请复战！'勾践既许之。"当军队出发时，"国人皆劝。父勉其子，兄勉其弟，妇勉其夫，曰：'孰是君也，而可无死乎？'"儿子想着为父母报仇，臣子想着为国君报仇，民众都心甘情愿为国君而战。另一方面，勾践经过十年教训，军队强大起来了，并且纪律严明，勾践要求军队："吾不欲匹夫之勇也，欲其旅进旅退。进则思赏，退则思刑；如此，则有常赏。进不用命，退则无耻；如此，则有常刑。"因此勾践"败吴于囿，又败之于没，又郊败之，遂灭吴"。

13.30 子曰："以不教民战，是谓弃之。"

【译文】

孔子说："用没有经过教育的民众去作战，这是抛弃他们。"

【解读】

上章孔子认为不仅要教育民众，并且还要经过长达七年的教育，才能让他们上战场；此章从反面立说，如果不花费较长的时间来教育民众，仓促之间就驱使民众奔赴战场，则必遭败亡之祸，这无异于让民众去送死。此乃善人所不为者也。

宪问第十四

（共四十四章）

14.1　宪问耻。子曰："邦有道，谷①；邦无道，谷，耻也。""克、伐、怨、欲不行②焉，可以为仁矣？"子曰："可以为难③矣，仁则吾不知也。"

【译文】

　　原宪问什么是耻辱。孔子说："国家政治清明时，出仕享受俸禄；国家政治黑暗时，出仕享受俸禄就是耻辱。"原宪问："好胜、自夸、怨恨和贪欲这些毛病都没有，可以称得上仁了吧？"孔子说："可以说是难能可贵了，是不是仁我就不知道了。"

【注释】

①谷：俸禄。这里指出仕享受俸禄。古代"穀"与"谷"是互不相干的两个字，"俸禄"义写作"穀"，现在简化为"谷"。

②不行：没有出现。

③难：难得。

【解读】

　　好胜、自夸、怨恨和贪欲皆是人之通病，皆违反礼的要求；而克制自己的私欲，就是在修身，就是使自己的言行符合礼。孔子认为仅仅克制这些毛病，还是不够的，还不能称之为仁，因为还要具有忠孝、恭敬、宽厚、信义、智勇、刚毅、勤勉、慈惠等美德，具有廉耻之心；更要"复礼"，践行礼的要求，使自己的言行皆符合礼。

14.2 子曰："士而①怀居②，不足以为士矣。"

【译文】

孔子说："士如果留恋安逸的生活，就不能够称作士了。"

【注释】

①而：如果。

②怀居：怀：留恋。居：安居。

【解读】

士志于道而志在四方，以图建功立业。如果留恋安逸的生活，就难以有所作为，也就不能够称作士了。据《左传·僖公二十三年》载：晋公子重耳流亡在外，先是逃亡到了狄人那里，在狄生活了 12 年，并且娶妻生子。后来到齐国去，途经卫国时，卫文公不以礼相待，经过五鹿时，向乡下人要饭，乡下人给他一筐泥土。重耳流亡到了齐国，齐桓公将本族的女子姜氏嫁给他，并赠与他 20 辆马车，重耳一时贪于享乐，而忘记了复国大志。姜氏劝他说："怀与安，实败名。"意思是"留恋安逸的生活，安于享受，是会败坏功名的"。公子不肯走，后来姜氏就和重耳的随从子犯商量，先将重耳用酒灌醉，然后送重耳出了齐国都城。他们一路经过曹国、宋国、楚国和秦国，最后在秦穆公的帮助下，重耳终于回到了晋国，成为了晋国国君，这就是晋文公。他励精图治，发奋图强，最终成为了春秋五霸之一。

1999 年 9 月 18 日，在中华人民共和国成立 50 周年之际，党中央、国务院、中央军委隆重表彰为我国"两弹一星"事业作出突出贡献的 23 位科技专家，并授予他们"两弹一星功勋奖章"。这些"两弹一星功勋奖章"获得者，几乎都放弃了安逸舒适的生活，为了抵抗帝国主义的武力威胁和核讹诈，为了保卫国家安全、维护世界和平，他们以身许国，怀着对新中国的满腔热爱，响应党和国家的召唤，义无反顾地投身到独立自主地研制"两弹一星"这一神圣而伟大的事业中。他们和参与"两弹一星"研制工作的广大干部、工人、解放军指战员一起，在茫茫无际的戈壁荒原，在人烟稀少的深山峡谷，风餐露宿，不辞辛劳，克服了各种难以想象的艰难险阻，经受住了生命极限的考验。在当时国家经济、技术基础薄弱和工作条件十分艰苦的情况下，他们自力更生，发奋图强，完全依靠自己的力量，用较少的投入和较短的时间，突破了原子弹、导弹和人造地球卫星等尖端技术，取得了举世瞩目的辉煌成就。

14.3　子曰："邦有道，危^①言危行；邦无道，危行言孙^②。"

【译文】

孔子说："国家政治清明时，应该言行正直；国家政治黑暗时，应该行为正直而言语谦逊。"

【注释】

①危：端正；正直。

②孙（xùn）：通"逊"。

【解读】

行为正直，是一个人的操守和气节的重要体现，所以孔子认为人无论是身处国家政治清明时还是政治黑暗时，都应该行为正直。至于言谈，则应考虑当前社会的政治因素。当国家政治清明时，君主贤明，能够广开言路，勇于纳谏，臣民则可以直言国家所存在的某些弊端，以便君主兴利除弊，至少直言进谏者无性命之忧。当国家政治黑暗时，君主昏庸或者残暴，刚愎自用，听不进不同意见，此时臣民如果直言国家所存在的某些弊端，"妄议朝政"，则不但难以被君主采纳，直言进谏者反而将遭受罢官甚至杀头的危险。所以孔子说国家政治清明时，应该言行正直；国家政治黑暗时，应该行为正直而言语谦逊。宦懋庸《论语稽》云："邦无道，则当留有用之身匡济时变，故举动虽不可苟，而要不宜高谈以招祸也。汉之党锢、宋之元祐党、明之东林党，皆邦无道而言不逊者也。"刘宝楠《论语正义》亦云："汉明之末，学者知崇气节，而持之过激，酿为党祸，毋亦昧于远害之旨哉！"

14.4 子曰："有德者必有言，有言者不必有德。仁者必有勇，勇者不必有仁。"

【译文】

孔子说："有道德的人一定有名言，有名言的人不一定有道德。仁人一定勇敢，勇敢的人不一定有仁德。"

【解读】

有道德的人，心地善良，做得好，或许有人会问他为什么做得这么好，此人必说出自己的感想，而人们往往把他所说的话当成名言。譬如某人长期扶危济困、热衷于慈善事业，有人问他为什么要这样做，他回答道："仁者爱人。"某人长期恪守承诺、一诺千金，有人问他为什么要这样做，他回答道："人而无信，不知其可也。"于是人们便把他所说的"仁者爱人"和"人而无信，不知其可也"当成名言。因为此人有德，所以人们才会把他所说的话当作名言。这就是孔子所说"有德者必有言"的道理吧。有的人巧舌如簧，能言善辩，甚至说出话来头头是道，俨然至理名言，然而观其德行，则未见可称道之处，此乃巧言令色之徒。孔子认为"巧言令色，鲜矣仁！"（《论语·学而》1.3）这就是孔子所说

"有言者不必有德"的道理吧。由此可知，德与言，德是第一位的，言是第二位的；德使言生辉，言因德而显。《左传·襄公二十四年》记载了鲁国大夫叔孙豹这么一段话："太上有立德，其次有立功，其次有立言。"用当今的话来说，"立德"就是讲做人，注重品德修养；"立功"就是讲做事，建功立业；"立言"就是讲做学问，著书立说。三者之中，立德居首位。当今知识分子，乃立言之人，但切不可忘记当以"立德"为本，若有言而无德，其言只不过是言过其实之言、花言巧语之言、言不由衷之言而已，套用孔子"言之无文，行而不远"（《左传·襄公二十五年》）的话，也可以说"言之无德，行而不远"。

14.5 南宫适问于孔子曰："羿①善射，奡②荡舟③，俱不得其死然。禹稷④躬稼而有天下。"夫子不答。南宫适出，子曰："君子哉若人！尚德哉若人！"

【译文】

南宫适向孔子问道："羿善于射箭，奡善于水战，都不得好死。夏禹、后稷亲自种植庄稼却拥有天下。这是为什么？"孔子没有回答。南宫适退出之后，孔子说："这个人是位君子啊！这个人崇尚德啊！"

【注释】

①羿（yì）：夏代有穷国的国君。

②奡（ào）：《左传》作"浇"，寒浞之子。

③荡舟：以舟师冲锋陷阵。荡：冲杀。舟：舟师。

④稷：周朝始祖后稷，姓姬名弃，舜时为农官，教民耕稼。

【解读】

"羿"是夏代有穷国的国君，其臂长，以善射闻名天下。羿篡夏帝相之位，恃其善射，贪于田猎，弃其良臣，被其相寒浞所杀。"奡"是寒浞之子，勇力过人，后被夏帝少康所杀。"禹"是夏后氏部落长，史称禹、大禹、夏禹。传说其父鲧用堵塞的方法治水而失败，禹改用疏导的方法治水，栉风沐雨 13 年，曾三过家门而不入，终于战胜洪水，深得民心，受舜禅让而即帝位，为夏代第一个君主。"稷"是周朝始祖后稷，姓姬名弃，舜时为农官，教民耕稼。禹以治水著称，稷以耕稼著称。南宫适所问"羿善射，奡荡舟，俱不得其死然。禹、稷躬稼而有天下"意在阐明尚力者亡，尚德者得天下的道理。孔子对于南宫适这一崇尚道德的言论非常赞许，因此南宫适退出之后，孔子称赞南宫适说："君子哉若人！尚德哉若人！"

14.6　子曰："君子而不仁者有矣夫①，未有小人而仁者也。"

【译文】

孔子说："君子也有不仁的时候，小人不会有仁德。"

【注释】

①君子而不仁者有矣夫：何晏《论语集解》引孔安国曰："虽曰君子，犹未能备。"朱熹《论语集注》引谢氏曰："君子志于仁矣，然毫忽之间，心不在焉，则未免为不仁也。"

【解读】

孔子要求君子志于仁。"子曰：'君子去仁，恶乎成名？君子无终食之间违仁，造次必于是，颠沛必于是。'"（《论语·里仁》4.5）然而君子毕竟尚未至于仁的境界，"子曰：'回也，其心三月不违仁，其余则日月至焉而已矣'"（《论语·雍也》6.7），孔子称赞颜回说，他的心长时间内不背离仁德；至于其他学生，则是短时间内达到仁德而已。这其他学生，理当属于君子之列，却也只是短时间内达到仁德，因此其言行有时难免与仁德相违，所以孔子说"君子而不仁者有矣夫"。至于小人，缺乏道德，其所行事，往往与君子背道而驰。譬如："子曰：君子周而不比，小人比而不周。"（《论语·为政》2.14）"子曰：'君子喻于义，小人喻于利。'"（《论语·里仁》4.16）"子曰：'君子成人之美，不成人之恶。小人反是。'"（《论语·颜渊》12.16）如此小人，岂有半分仁德可言？所以孔子说"未有小人而仁者也"。

14.7 子曰："爱之，能勿劳乎？忠焉，能勿诲乎？"

【译文】

孔子说："爱护他，能不使他劳苦吗？忠于他，能不教诲他吗？"

【解读】

统治者当爱民，除关心人们疾苦之外，亦当劝民从事生产劳作。百姓只有劳作，才能有收获，此不失为爱民之举。父母之爱子也是这样。能使子女劳苦，以知稼穑之艰难，以磨砺其意志，以砥砺其学问，这才是真爱。若一味让其衣来伸手，饭来张口，这是溺爱，实则害之。更何况，若欲其成大器，则非使其劳苦不可。所谓"忠"，就是尽心竭力地做好事情。为君谋事而尽心竭力，可谓忠于君；为父母谋事而尽心竭力，可谓忠于父母；为朋友谋事而尽心竭力，可谓忠于朋友。除了尽心竭力之外，当君主、父母、朋友等有过错之时，还得指出其错误，尽教诲之责，此亦为忠。知其错误而不进谏，反而迎合其意，是为愚忠；知其错误而不进谏，认为事不关己，高高挂起，是为不忠；知其错误而不进谏，反而推波助澜，是为奸邪。这或许就是孔子所说的"忠焉，能勿诲乎"？

14.8 子曰："为命^①，裨谌^②草创之，世叔^③讨论^④之，行人^⑤子羽^⑥修饰之，东里子产^⑦润色之。"

【译文】

孔子说："撰写外交文书，由裨谌起草，世叔提出修改意见，外交官子羽修改，东里子产润色。"

【注释】

①为命：撰写外交文书。为：撰写。命：辞令。此指外交辞令；外交文书。

②裨谌：郑国大夫。

③世叔：《左传》作"子大叔"，名游吉，郑国大夫。

④讨论：仔细研究后提出修改意见。

⑤行人：外交官。

⑥子羽：公孙挥，字子羽，郑国大夫。

⑦东里子产：公孙侨，字子产，郑国相国，住在东里，因称东里子产。

【解读】

郑国撰写一份外交文书，先后经过四位大臣之手：由裨谌起草，世叔提出修改意见，外交官子羽修改，最后由子产润色。由此可见，集思广益，用人之所长乃子产执政的风格，这也是子产执政时很少失败的原因。当今某些为政一方的官员，自以为很聪明，刚愎自用，有时仅仅凭一时的头脑发热，就产生出某个古怪的决策，并且也不广泛征求意见，即使召开班子会议进行"讨论"，那也只是走过场，让大家知情并且坚决拥护而已。此类决策，人们称之为"拍脑袋工程"，结果成为"半拉子工程""豆腐渣工程""腐败工程"，劳民伤财。如果官员能像子产学学，也做到集思广益，用人之所长，那么其为政或许失误将更少，效益将更大。

14.9 或问子产。子曰："惠①人也。"问子西。曰："彼哉！彼哉②！"问管仲。曰："人③也。夺伯氏骈邑三百，饭疏食，没齿④无怨言。"

【译文】

有人问子产是怎样的人。孔子说："是慈惠的人。"问子西是怎样的人。孔子说："他啊！他啊！"问管仲是怎样的人。孔子说："是人才。他剥夺了伯氏骈邑三百户的采地，然而伯氏到了只能吃粗粮的地步，一直到死也没有怨言。"

【注释】

①惠：慈惠。

②彼哉彼哉：古成语，含轻蔑意味。

③人：人才。

④没（mò）齿：终身；一辈子。齿：年龄。

【解读】

子产的慈惠，主要体现在"其养民也惠"（《论语·公冶长》5.16）。子产能惠民，而民无疑将感其恩。据《史记·郑世家》载："子产卒，郑人皆哭泣，悲如亡亲戚。"一个卿大夫能够得到百姓如此爱戴，的确是罕见的。

14.10 子曰："贫而无怨难，富而无骄易。"

【译文】

孔子说："贫穷而无怨恨是很难做到的，富贵而不骄傲则容易做到。"

【解读】

富贵，这是人们所希望的；贫贱，这是人们所厌恶的。此乃人之常情。人处于贫困之中，生活艰难，难免发出怨恨之声，感叹上天的不公。此孔子所谓"贫而无怨难"。而当孔子发现颜回"一箪食，一瓢饮，在陋巷，人不堪其忧，回也不改其乐"时，就反复称赞颜回道："贤哉，回也！"（《论语·雍也》6.11）富而骄者不乏其人，然而不少有识之士能够认识到"富而无骄"的道理。《老子》9 章深刻地指出："金玉满堂，莫之能守。富贵而骄，自遗其咎。"《左传·定公十三年》也指出："骄而不亡者，未之有也。"此孔子所谓"富而无骄易"。

14.11 子曰："孟公绰①为赵、魏老②则优③，不可以为滕、薛大夫。"

【译文】

孔子说："孟公绰如果担任晋国赵氏、魏氏的家臣则绰绰有余，但不可以担任滕国、薛国的大夫。"

【注释】
①孟公绰：鲁国大夫。
②老：也称室老，大夫的家臣。
③优：优裕；有余力。

【解读】

孟公绰是鲁国大夫，为人清心寡欲而短于才能。孔子认为，虽然赵氏和魏氏皆为晋国执政上卿，但是其家臣只负责管理其采邑之事，而不能参与国事，因此如果孟公绰担任晋国赵氏、魏氏的家臣，则绰绰有余；虽然滕国和薛国皆为小国，但毕竟也是诸侯国，其大夫责任重大，因此如果孟公绰哪怕只是担任小国的大夫，也将力不从心。由孔子对孟公绰的评价，我们可以发现孔子的知人善任观。如果把人才放在合适的位置，则能发挥其聪明才智；如果扬短避长或者以所谓"压担子"的方式来提拔人才，则势必使其难堪重任。

14.12 子路问成人①。子曰："若臧武仲②之知，公绰之不欲，卞庄子③之勇，冉求之艺，文④之以礼乐，亦可以为成人矣。"曰："今之成人者何必然？见利思义，见危授命⑤，久要⑥不忘平生之言，亦可以为成人矣。"

【译文】

子路问怎样才是完人。孔子说："如果兼有臧武仲的智慧，孟公绰的清心寡欲，卞庄子的勇敢，冉求的多才多艺，然后再用礼乐来熏陶，就可以说是完人了。"孔子又说："现在的完人哪里要这样呢？见到利时能想到是否合乎道义，遇到危险时勇于献身，与人交往而不忘平日的诺言，就可以说是完人了。"

【注释】

①成人：完人；德才兼备的人。

②臧武仲：姓臧孙名纥，谥武仲，鲁国大夫，为人多智。

③卞庄子：鲁国卞邑大夫，著名勇士。

④文：文饰；熏陶。

⑤授命：献身。

⑥要：相约；交往。

【解读】

子路问怎样才是完人。孔子认为只有智、廉、勇、艺兼备，并且还要用礼乐来熏陶，使其言行合礼，有修养，这样的人可以说是完人。俗话说"金无足赤，人无完人"，可见完人之难得，并且这种完人的标准是相当严格的，非常人所能及，因此孔子审时度势而制定了次一等的标准，即"见利思义，见危授命，久要不忘平生之言"。"见利思义"虽不及"不欲"，然而能够坚持"义"的标准，即合乎仁与礼。在唯利是图、见利忘义的世风之下，能够做到见利思义，这种人是多么的高尚啊！"见危授命"虽不及卞庄子杀虎与杀敌之勇，然而遇到危险时勇于献身，仍不愧是见义勇为。在苟且偷生、贪生怕死的世风之下，能够做到见危授命，这种人是多么的高尚啊！"久要不忘平生之言"，是为诚信之人，在孔子看来，讲究诚信，这既是治国为政之道，也是个人的修身之道。在言而无信、背信弃义的世风之下，能够做到久要不忘平生之言，这种人是多么的高尚啊！集见利思义、见危授命和久要不忘平生之言三种美德于一身，虽然很难，但毕竟可以做到。由此也可以看到，孔子在教育人增进品德修养方面善于循序渐进，如果达不到完人的严格标准，也可以鼓励人退而求其次，不至于让人丧失信心。

14.13 子问公叔文子①于公明贾②曰："信③乎，夫子不言，不笑，不取乎？"公明贾对曰："以④告者过⑤也。夫子时⑥然后言，人不厌其言；乐然后笑，人不厌其笑；义然后取，人不厌其取。"子曰："其然？岂其然乎？"

【译文】

孔子向公明贾问公叔文子，说："先生不爱说话，不爱笑，不求取钱财，是真的吗？"公明贾回答："这是告诉您的那人说错了。先生该说的时候才说，所以别人不讨厌他的话；快乐的时候才笑，所以别人不讨厌他的笑；符合道义的时候才求取钱财，所以别人不讨厌他的取。"孔子说："是这样吗？难道真的是这样吗？"

【注释】
①公叔文子：名拔，谥文，卫国大夫。
②公明贾：卫国人。

③信：真的；确实。

④以：此。

⑤过：错；过错。

⑥时：适时。

【解读】

公叔文子的言行与孔子所倡导的道德观念在不少地方不谋而合。譬如：孔子提倡"慎言""夫人不言，言必有中。"（《论语·先进》11.14）反对夸夸其谈，"群居终日，言不及义"（《论语·卫灵公》15.17）。而公叔文子能够做到"时然后言"。这与孔子所倡导的慎言观相符。孔子反对"巧言令色"。"子曰：'巧言令色，鲜矣仁！'"（《论语·学而》1.3）虽然孔子反对巧言令色，但并非就不苟言笑，一脸的作古正经，请看"子之武城，闻弦歌之声。夫子莞尔而笑"（《论语·阳货》17.4），这是发自内心的笑。而公叔文子也能够做到"乐然后笑"。孔子罕言利，但并非完全不求取钱财，只是要求"见利思义"（《论语·宪问》14.12）。而公叔文子也能够做到"义然后取"，这与孔子所倡导的利义观相符。孔子对公叔文子的上述言行有所耳闻，但不知是否确有其事，于是向公明贾询问道："公叔文子不爱说话，不爱笑，不求取钱财，是真的吗？"公明贾回答说："夫子时然后言，人不厌其言；乐然后笑，人不厌其笑；义然后取，人不厌其取。"这是公明贾对公叔文子的评价。或许公叔文子真的是这样，这的确难能可贵；或许公叔文子尚未达到此种境界，所以孔子听到公明贾对公叔文子的这番评价之后说道："其然？岂其然乎？"虽有疑问，然而君子当与人为善。

14.14 子曰："臧武仲以防①求为后②于鲁，虽曰不要③君，吾不信也。"

孔子说："臧武仲凭借其封地防邑请求立他的后代为鲁国大夫，虽然有人说这不是要挟国君，我不相信。"

【注释】

①防：臧武仲的封地。

②为后：立后嗣；立继承人。

③要：要挟。

【解读】

臧武仲为春秋时鲁国大夫，其祖父是臧文仲、其父臧宣叔，皆为鲁国大夫，臧武仲袭父爵位而为大夫，孔子曾称赞他智（《论语·宪问》14.12）。据《左传·襄公二十三年》载：季武子听信孟孙氏的谗言而下令进攻臧武仲，臧武仲砍断鹿门的门栓逃亡到邾国。他从邾国派人告诉其同父异母的哥哥臧贾，同时送去大龟说："我没有才能，不能祭祀宗庙，谨向您报告不善。我的罪过不至于断绝后代，您把大龟进献而请求立为我家的继承人，看是否可行。"臧贾让其弟臧为去代他进献大龟并请求，臧为却请求立自己为继承人。臧武仲回到防地，派人向国君报告说："我并不能伤害别人，而是由于智谋不足的缘故。我并不敢为个人请求。如果保存先人的祭祀，不废掉两位先人的勋劳，岂敢不离开防地？"于是鲁君就立了臧为。臧武仲献出了防地而逃亡到齐国。这或许本无要挟国君之意，然而难以让人置信，因为如果没有防邑做资本，臧武仲能够请求立他的家人为大夫吗？如果鲁君不答应他的要求，他会践行诺言而献出防地吗？这或许是孔子所谓"虽曰不要君，吾不信也"的原因吧。

14.15 子曰："晋文公①谲②而不正，齐桓公③正而不谲。"

【译文】

　　孔子说："晋文公欺诈而不正派，齐桓公正派而不欺诈。"

【注释】

①晋文公：名重耳，春秋五霸之一。

②谲（jué）：欺诈；狡猾。

③齐桓公：名小白，春秋五霸之一。

【解读】

　　齐桓公和晋文公都是春秋五霸之一。若论功业，齐桓公只是迫使南方强大的楚国讲和，从此不敢北进，并且其霸业随着他的去世而消逝；晋文公则打败了楚国，并且在他去世后百来年，晋国常能维持其霸业，直到公元前546年，在宋都商丘召开的有14个诸侯国参加的弭兵之会，会议决定晋国和楚国共为盟主，从此晋与楚平分霸权。那么孔子为什么说晋文公欺诈而不正派，齐桓公正派而不欺诈呢？这或许与他们召集诸侯会盟的手段各异有关。

　　公元前681年，齐桓公奉周天子的命令而向各诸侯发通知，约定三月初一在齐国北杏会盟，宋、陈、邾、蔡四国诸侯到会。五国诸侯会见完毕之后共推齐桓公为盟主。由此可见，齐桓公是奉周天子之命而召集诸侯会盟的，此举乃堂堂正正，名正言顺。孔子所谓"齐桓公正而不谲"，或许说的就是这件事吧。

　　公元前633年，晋文公亲自率领晋、宋、齐、秦四国诸侯联军与楚、陈、蔡三国联军在卫地城濮（今山东鄄城西南）大战，击败楚军，晋国从此声威大震。于是这年冬季，晋文公想召集诸侯会盟而称霸。据《左传·僖公二十八年》载：鲁僖公、晋文公、齐昭公、宋成公、蔡庄公、郑文公、陈子、莒子、邾子、秦国人在温地会盟，商量出兵攻打不顺服的国家。这次会盟，晋文公召请周襄王前来，并且带领诸侯朝见他，又让周襄王打猎。孔子说：

"以臣下而召请君主，是不能作为榜样的。"所以《春秋》记载说"天子狩于河阳"。天下本来都是周王朝的地方，而这里却不是周襄王的地方了，且是为了表明晋国的功德而避讳的说法。《史记·晋世家》也有类似的记载："冬，晋侯会诸侯于温，欲率之朝周。力未能，恐其有畔者，乃使人言周襄王狩于河阳。壬申，遂率诸侯朝王于践土。孔子读史记至文公，曰'诸侯无召王'、'王狩河阳'者，春秋讳之也。"由此可见，晋文公召集诸侯会盟，不仅没有奉周天子之命，并且还耍了手段：他一方面召请周天子来温地（这本身就不合礼制，因为诸侯不能召请天子），一方面告诉各诸侯说天子在温地，请来朝见天子。这样就达到了自己召集诸侯会盟的目的。孔子所谓"晋文公谲而不正"，或许说的就是这件事吧。

14.16 子路曰："桓公杀公子纠①，召忽②死之，管仲不死。"曰："未仁乎?"子曰："桓公九③合诸侯，不以兵车④，管仲之力也。如⑤其仁! 如其仁!"

【译文】

子路说："齐桓公杀公子纠，召忽为公子纠而自杀，管仲却不殉难。"接着说："这是不仁德吧?"孔子说："齐桓公多次主持诸侯的盟会，不凭借武力，这都是管仲的功劳。这就是他的仁德! 这就是他的仁德!"

【注释】

①公子纠：齐僖公之子、襄公之弟、小白之兄。

②召（shào）忽：公子纠的谋士。

③九：多次。

④兵车：这里指战争；武力。

⑤如：乃；就是。

【解读】

齐襄公无道，公子纠和小白都害怕遭受迫害而逃离齐国，召忽和管仲侍奉公子纠逃到鲁国，鲍叔牙侍奉小白逃到莒国。襄公被杀后，公子纠与小白争位，小白先入齐，立为君，即齐桓公。桓公兴兵伐鲁，逼迫鲁国杀了公子纠，召忽为公子纠殉难，管仲不殉难，他回到齐国后被任命为相。所以子路认为管仲"未仁乎"？下章子贡亦认为"管仲非仁者与"？孔子对此是怎么看的呢？孔子主张"君子贞而不谅"（《论语·卫灵公》15.37），意思是"君子坚守正道而不必拘泥于小信"。以此来观管仲，如果管仲为公子纠殉难，那只不过是小信而已；他日后辅佐桓公，称霸诸侯，使天下一切得到匡正，民众到如今还在享受他的好处。这才是坚守正道。如果没有管仲，或者说管仲拘泥于小信而为公子纠殉难，那么我们可能要披散头发衣襟向左边开了，也就是沦落为落后民族了，所以孔子认为要求管仲为公子纠殉难并不公正，他说："难道要他像平民百姓那样固守小信，在山沟里自杀而不为人知吗？"由此可见，孔子论人，能够一分为二，不以一眚掩大德；孔子论人，不以固守小信为依据，而是以是否对百姓有利，是否对大多数人有利，是否能够泽被后世等为标准。这对于我们评判一个人的功过是非仍然具有借鉴作用。

14.17 子贡曰："管仲非仁者与？桓公杀公子纠，不能死，又相①之。"子曰："管仲相桓公，霸诸侯，一匡②天下，民到于今受其赐。微③管仲，吾其被④发左衽⑤矣。岂若匹夫匹妇⑥之为谅⑦也，自经⑧于沟渎而莫之知也？"

【译文】

子贡说："管仲不是仁人吧？齐桓公杀了公子纠，管仲不能为公子纠殉难，还去辅佐齐桓公。"孔子说："管仲辅佐桓公，称霸诸侯，使天下一切得到匡正，民众到如今还在享受他的好处。如果没有管仲，我们可能要披散头发衣襟向左边开了。难道要他像平民百姓那样固守小信，在山沟里自杀而不为人知吗?"

【注释】

①相：辅佐。

②一匡：使一切得到匡正。

③微：如果没有；如果不是。

④被：通"披"，披散。

⑤左衽：衣襟向左边开。中原华夏族右衽，某些少数民族左衽。

⑥匹夫匹妇：平民百姓。

⑦谅：固执；固守小信。

⑧自经：自缢；上吊自杀。

【解读】

周平王东迁之后，周王室衰微。当时北方的戎狄越过太行山向东侵扰，东北的山戎趁机侵扰燕国和齐国边境，南方江汉流域的楚国也北上侵扰。这一切皆对中原各诸侯国构成了威胁。齐桓公做霸主后，树起了"尊王攘夷，扶弱济困"的旗帜，他救邢救卫救燕，阻止了戎狄的侵扰。据《左传·僖公四年》载：齐桓公亲自率领鲁僖公、宋桓公、陈宣公、卫文公、郑文公、许穆公和曹昭公等八国诸侯联军征伐楚国，楚国派遣大夫屈完来到联军驻地召陵（今河南郾城县）讲和，齐桓公许其讲和并订立了盟约。这是华夏诸侯第一次联合抗楚，虽然双方没有直接发生军事冲突，但是此举阻止了楚国的北进。这一切也都是管仲辅佐之功，因此孔子称赞道："如果没有管仲，我们可能要披散头发衣襟向左边开了。"也就是沦落为落后民族了。

14.18 公叔文子之臣大夫僎①与文子同升诸②公③。子闻之曰：

"可以为'文'矣。"

【译文】

　　公叔文子的家臣大夫僎经文子推荐，与文子同为国家大臣。孔子听到这事之后说："可以谥为'文'了。"

【注释】

①臣大夫僎（zhuàn）：臣：这里指大夫的家臣。僎：人名。大夫：这里是僎被公叔
　文子荐于朝廷成为大夫之后的称谓。

②诸：于。

③公：朝廷。

【解读】

　　上级举荐下属，古今屡见不鲜，然而这下属虽被举荐，而其位一般仍在举荐者之下，只不过从平民而升为官员，或由下一级官员而升为上一级官员而已；公叔文子能够把自己的家臣推荐给朝廷，使他与自己同朝并列为大夫，则实在难能可贵。这除了知人善任之外，还得有一份一切为了国家的公心，有一份不计个人得失的忘我之心，有一份宽厚大度的雅量，也有不拘一格降人才的开明。

　　公叔文子这样的人，当今亦有。据说华罗庚先生当初只是初中生，叶企孙先生（李政道、钱学森、钱三强的老师）让他在清华大学算学系任职，后来又把他送到英国深造，此可谓独具慧眼而不拘一格降人才；从1926年到1937年，叶企孙先生先后为物理系和理学院聘请了熊庆来、吴有训、萨本栋、张子高、黄子卿、周培源、赵忠尧、任之恭等一批学者。吴有训还只不过是刚到校的普通教师，资历、年纪都不如他，但他把吴有训的工资定得比自己的还高。1934年，他引荐吴有训接替自己担任物理系主任一职。4年后，他力主吴有训接替自己的理学院院长一职，那时他正

当盛年。叶企孙先生的所作所为堪与公叔文子比美，可谓得古君子之遗风。

14.19 子言卫灵公之无道也，康子^①曰："夫如是，奚而不丧?"孔子曰："仲叔圉^②治宾客^③，祝鮀治宗庙，王孙贾治军旅。夫如是，奚其丧?"

【译文】

孔子谈到卫灵公的无道，康子说："既然如此，为什么没有亡国呢?"孔子说："他有仲叔圉治理外交，祝鮀治理宗庙祭祀，王孙贾治理军队。像这样，怎么会亡国?"

【注释】

①康子：即季康子。

②仲叔圉：即孔文子。

③治宾客：治理宾客往来事务，即治理外交。

【解读】

像卫灵公这样的荒淫无道之君为什么不失位亡国呢? 季康子感到疑惑不解。孔子认为，虽然卫灵公无道，但是他手下有一帮得力的大臣在治理着国家的事务。由此可见，人才在国家战略中处于何等重要的地位! 即使国君无道，只要他还能任用贤才，只要他不把贤才赶尽杀绝，那么这些贤才就可以帮助他支撑起朝廷的大厦。反过来看，如果是一位贤明的君主，又能够任用贤才，国家怎么会不兴旺呢! 例如齐桓公任用管仲而霸诸侯，一匡天下。得人才者得天下，得人才者兴天下，此颠扑不破之理，当今从政者不可不察。

14.20 子曰："其言之不怍^①，则为之也难。"

【译文】

孔子说:"一个人说话大言不惭,他实行起来就会艰难。"

【注释】

①怍(zuò):惭愧。

【解读】

请参见《论语·里仁》4.22 章解读。

14.21 陈成子①弑简公。孔子沐浴而朝,告于哀公曰:"陈恒弑其君,请讨之。"公曰:"告夫三子②。"孔子曰:"以吾从大夫之后③,不敢不告也。君曰'告夫三子'者!"之三子告,不可。孔子曰:"以吾从大夫之后,不敢不告也。"

【译文】

陈恒杀了齐简公。孔子沐浴后上朝,向鲁哀公禀告道:"陈恒杀了他的国君,请出兵讨伐他。"哀公说:"去告诉孟孙、叔孙、季孙三家大夫吧。"孔子说:"因为我曾经做过大夫,所以不敢不来禀告。您却说'去告诉那三人吧'!"孔子去三家大夫那里禀告,他们不同意出兵讨伐。孔子说:"因为我曾经做过大夫,所以不敢不来禀告。"

【注释】

①陈成子:史书又写作陈恒、田成子、田常,谥成,齐国大夫。
②三子:指孟孙、叔孙、季孙三家大夫。
③从大夫之后:曾经做过大夫。

【解读】

陈成子杀了齐简公,立简公弟骜为君,是为齐平公。陈成子为相,专齐之政。孔子得知陈成子杀了齐简公,认为这是犯上作乱、大逆不道之事，他主张由鲁国来替天行道、匡扶正义，于是孔子沐浴后上朝，向鲁哀公禀告道："陈恒杀了他的国君，请出兵讨伐他。"鲁国之政，早已被孟孙、叔孙、季孙三家大夫把持，况且哀公也是无所作为之君，于是哀公说："去告诉孟孙、叔孙、季孙三家大夫吧。"孔子似乎有点生气，他说："因为我曾经做过大夫，所以不敢不来禀告。您却说'去告诉那三人吧'！"孔子最终还是去三家大夫那里禀告，他们也不同意出兵讨伐。或许孔子早已知道自己"请讨之"的建议不可能得到鲁哀公和三家大夫的采纳，但是他仍然郑重其事地去向他们禀告，这或许基于两种原因：一是他认为陈成子弑君的行为必须受到惩罚，否则其他大夫纷纷效尤，天下必将大乱。二是他觉得自己曾经做过大夫，因此有责任禀告。即使不被采纳，也要去禀告，以此来表明自己对于此种弑君行为的态度。此可谓听不听由人，说不说在己；说了或许白说，白说也要说！此责任感使然。

14.22　子路问事君。子曰："勿欺也，而犯①之。"

【译文】

子路问怎样事奉君主。孔子说："不要欺骗他，却可以冒犯他。"

【注释】
①犯：冒犯；犯颜直谏。

【解读】

"欺君犯上"往往是专横跋扈之类的权臣和奸臣的共同特征，然而"欺君"与"犯上"是有区别的："欺君"者心怀不轨，有所图谋，此种行为从古至今皆为一大罪状。"犯上"者主要有两类：一是掌握朝政大权的专横跋扈之类的权臣和奸臣，他们或拥兵自重，或权倾朝野，自以为一人之下而万人之上，遂不把君主放在眼里，甚至产生篡逆之心，此种行为从古至今亦为一大罪状；二是关心国事、忠于君主之臣，他们对君主所犯的错误敢于犯颜直谏，这表面上也是在"犯上"，然而其忠君爱国之心天地可鉴，此种行为从古至今皆为正直之人所称许。不过此种"犯上"也得讲究点艺术，不能一味地追求所谓的"武死战，文死谏"，即使是开明的君主，也并非处处能够容忍大臣的直言进谏。例如：魏徵曾在朝堂之上直言唐太宗之过，太宗拂袖而去，回家之后对长孙皇后愤愤地说："总有一天朕要杀掉这个乡巴佬！"从古至今，此类正反两方面的经验教训甚多，当引以为戒。

14.23　子曰："君子上达[1]，小人下达。"

【译文】

孔子说："君子通晓仁义，小人通晓财利。"

【注释】

①达：通晓；明白。

【解读】

皇侃《论语义疏》云："上达者，进于仁义也；下达者，谓达于财利，所以与君子反也。"

14.24　子曰："古之学者为己[1]，今之学者为人[2]。"

【译文】

孔子说："古代的学者学习是为了提高自己的学问道德，如今的学者学习是为了向别人展示自己的才智。"

【注释】

①为己：这里指学习是为了提高自己的学问和道德。

②为人：这里指学习是为了装饰自己，以便向别人展示自己的才智。

【解读】

《荀子·劝学》云："古之学者为己，今之学者为人。君子之学也，以美其身；小人之学也，以为禽犊。"杨倞注："禽犊，馈献之物也。"意思是君子的学习是为了使自己具有内在美，小人的学习是为了向别人展示自己的才智。皇侃《论语义疏》云："古人所学，己未善，故学先王之道，欲以自己行之，成己而已也。今之世学，非复为补己之行阙，正是图能胜人，欲为人言己之美，非为己行不足也。"朱熹《论语集注》引程子曰："为己，欲得之于己也。为人，欲见知于人也。"范晔《后汉书·桓荣传》记载了桓荣及其子孙数代治学授业的故事，评论道："自荣至典，世宗其道，父子兄弟代作帝师，受其业者皆至卿相，显乎当世。孔子曰：'古之学者为己，今之学者为人。'为人者，凭誉以显物；为己者，因心以会道。桓荣之累世见宗，岂其为己乎！"意思是从桓荣到桓典，世代推崇他们的学问，父子兄弟相继做帝王的老师，受他们教诲的弟子都官至卿相，显耀于当世。孔子说："古之学者为己，今之学者为人。"为人者，借助美誉来显扬自己；为己者，力求心与道相合。桓荣家几代受到尊崇，难道不是因为他们努力提高自己的学问道德？范晔把桓荣当成"古之学者为己"的典型代表而加以赞美。

如今世道已大变，学者也宜与时俱进。余以为今之学者求学，当经历"为己——为人且为己——为己"三种境界。求学首先是"为己"，是为了提高自己的学问和道德，而心无旁骛。学有所成则应"为人"——不是"欲为人言己之美"或者"欲见知于人也"，而是服务于社会、服务于他人；在服务于社会和他人之时，自己也将获得立足之地，而得以安身立命。此乃"为人且为己"。到晚年之时，一切功名利禄、荣华富贵都归于沉寂，此时仍然求学，则复归于"为己"，然而并非简单地回归，而是一种升华。

14.25 蘧伯玉①使人于孔子。孔子与之坐而问焉，曰："夫子何为？"对曰："夫子欲寡其过而未能也。"使者出，子曰："使乎！使乎②！"

【译文】

蘧伯玉派使者问候孔子。孔子与他一起坐下然后问道："蘧伯玉先生在做些什么呢？"使者回答道："先生想减少自己的过错然而还没有做到。"使者退出之后，孔子说："好一位使者啊！好一位使者啊！"

【注释】

①蘧（qú）伯玉：姓蘧名瑗，字伯玉，卫国大夫，为人勤于改过。

②使乎！使乎：这是赞美使者善于辞令，能够权衡事实作出合适的应答。

【解读】

《论语·子路》13.5章记载了孔子对那些熟读《诗经》三百篇，出使外国，却不能独自应对的人表示不满意，认为虽然读得多，又有什么用处呢？此章对蘧伯玉派来的使者发出感叹道"使乎！使乎！"这是孔子对使者善于辞令，能够权衡事实作出合适的应答的赞美。

14.26 子曰："不在其位，不谋其政①。"曾子曰："君子思不出其位。"

【译文】

孔子说："不在那个职位，就不去考虑它的政事。"曾子说：

"君子所思不超出自己的职责范围。"

【注释】

① 不在其位，不谋其政：此句与《论语·泰伯》8.14 章相同。

14.27 子曰："君子耻其言而过其行。"

【译文】

孔子说："君子以说得多做得少为耻。"

【解读】

请参见《论语·里仁》4.22 章解读。

14.28 子曰："君子道者三，我无能焉：仁者不忧，知者不惑，勇者不惧①。"子贡曰："夫子自道②也。"

【译文】

孔子说："君子的道德体现在三个方面，我没有做到：仁德的人无忧虑，聪明人不会被迷惑，勇敢的人不畏惧。"子贡说："先生是在自述啊。"

【注释】

① 仁者三句：与《论语·子罕》9.29 章"知者不惑，仁者不忧，勇者不惧"相同，唯语序略异。

② 自道：自述。

【解读】

《礼记·中庸》云："天下之达道五，所以行之者三。曰：君臣也，父子也，夫妇也，昆弟也，朋友之交也。五者，天下之达道也。知、仁、勇三者，天下之达德也。"意思是"天下通行的伦常有五条，用来实践这些伦常的品德有三种。君臣关系、父子关系、夫妻关系、兄弟关系、朋友交情，这五条是天下通行的伦常。智、仁、勇三者，是天下通行的品德。"《礼记·中庸》又云："子曰：'好学近乎知，力行近乎仁，知耻近乎勇。知斯三者，则知所以修身；知所以修身，则知所以治人；知所以治人，则知所以治天下国家矣。'"孔子不仅倡导仁、智、勇"三达德"，并且能够身体力行，所以子贡说："先生是在自述啊。"

14.29　子贡方①人。子曰："赐也贤乎哉？夫我则不暇。"

【译文】

子贡公开批评议论别人的过失。孔子说："你就贤德吗？我却没有闲工夫去评议别人。"

【注释】
①方：通"谤"，公开批评议论别人的过失。

【解读】

好评议人物，说张三长道李四短，此为孔子所不取，所以孔子不赞成子贡"方人"。究其原因，大致有四：第一，把时间与精力耗费在这方面不值得，所以孔子自道"我则不暇"，即没有闲工夫去评议别人。第二，评议者本身必须具备贤德，这才能去评议别人是否贤德，否则难以服人，并且容易导致反唇相讥，所以孔子说："赐也贤乎哉？"意思是端木赐你老是评议别人这也不是，那也不是，难道你就贤德吗？第三，必须根据一定的标准和方法来进行评议，不能信口雌黄，否则有失公允，并且容易招惹是非。第四，既然评议别人的短长，那么评议者就应该"见贤思齐焉，见不贤而内自省也"（《论语·里仁》4.17）。孔子说："赐也贤乎哉？"其中也包含提醒作用，端木赐你能够评议别人的不是，你能够发现自己的不足吗，反省一下自己是否就"贤"呢？

14.30 子曰："不患人之不己知①，患其不能也。"

【译文】

孔子说："不担忧别人不赏识自己，只担忧自己没有才能。"

【注释】

②知：赏识；知遇。这里指任用。

【解读】

请参见《论语·学而》1.16 章解读。

14.31 子曰："不逆①诈，不亿②不信，抑亦先觉③者，是贤乎！"

【译文】

孔子说："不预料别人欺诈，不猜测别人不诚信，然而能够事先察觉到，这是贤人啊！"

【注释】

①逆：预料。

②亿：揣度；猜测。

③先觉：预先察觉；及早发现。

【解读】

人际交往讲究相互信任，所以孔子强调"不逆诈，不亿不信"，大家坦诚相见，正所谓"我无尔诈，尔无我虞"（《左传·宣公十五年》）。如果连起码的信任都没有了，那就没有必要再交往了，否则在交往中就容易疑神疑鬼，老是怀疑别人在欺骗自己，于是自己总是处于高度戒备和高度紧张的状态，而"有朋自远方来"的乐趣也荡然无存，朋友也会因你这"以小人之心度君子之腹"的行为而离你而去。当然，朋友之间的欺诈行为也是时有发生的，作为贤人，他所要做的不是怀疑这怀疑那，而是要在别人的欺诈行为实施之前就能够察觉，以免上当受骗。

14.32 微生亩①谓孔子曰："丘何为是栖栖②者与？无乃为佞乎？"孔子曰："非敢为佞也，疾固也。"

【译文】

微生亩对孔子说："你为何这样忙碌不安呢？恐怕是为了施展口才吧？"孔子说："我不敢施展口才，只是痛恨那些固执的人罢了。"

【注释】
①微生亩：姓微生名亩。
②栖栖：忙碌不安的样子。

【解读】

孔子为宣传自己的政治主张而周游列国，辛苦奔波，不断地游说诸侯和当政者，微生亩不知其远大抱负，竟然怀疑孔子是为了施展口才而取悦于人。孔子如实相告：我不敢施展口才，只是痛恨那些固执的人罢了。意思是说那些诸侯和当政者非常固执，执迷不悟，我必须以仁者爱人、为政以德、治国以礼等学说去开导他们，所以才不得不这样忙碌不安地奔走于诸侯国之间。嗟乎！知我者谓我心忧，不知我者谓我何求！

14.33 子曰："骥①不称其力，称其德也。"

【译文】

孔子说："对千里马不是称赞它的气力，而是称赞它的品德。"

【注释】

①骥：千里马。

【解读】

千里马之所以受到称赞，不仅是因为它具有一日千里的气力，更是因为它还具有美好的品德。以此类推，我们称赞劳模，称赞英雄等，不仅是因为他们具有非凡的才干，做出了非凡的业绩，更是因为他们还具有美好的品德。正是因为具有这种品德，才能激励他们去为国家、为人民施展自己的才干，做出非凡的业绩。或许某个劳模和某个英雄的业绩我们永远也难以企及，譬如我们这些平常人无法做出像荣获"两弹一星功勋"奖章的科技工作者那样的成就，甚至连"两弹一星"的基本构造也学不会，但是我们仍然要向他们学习，学习他们"热爱祖国、无私奉献，自力更生、艰苦奋斗，大力协同、勇于登攀"的精神。因此，我们不妨仿照孔子的这句名言说："英雄不称其功，称其德也。"

14.34 或曰："以德报怨，何如？"子曰："何以报德？以直报怨，以德报德。"

【译文】

有人说："用恩德来回报怨恨，怎么样？"孔子说："用什么来回报恩德呢？应该用正直来回报怨恨，用恩德来回报恩德。"

【解读】

有人问孔子道："以德报怨，何如？"孔子不以为然，究其原因，大致有三：第一，"子曰：'以德报怨，则宽身之仁也'"（《礼记·表记》），意思是"用恩德来回报怨恨，那是苟且偷安的人"。第二，如果以德报怨，那么别人对自己有恩德又该怎样回报呢？回报怨恨和恩德又有什么区别呢？所以孔子说：如果以德报怨，那么"何以报德？"第三，孔子认为正确的态度应该是"以直报怨，以德报德"。用正直来回报怨恨，则既非有意以德报怨，也非有意公报私仇，所报皆出于公心。据《左传·襄公三年》载："祁奚请老。晋侯问嗣焉。称解狐——其雠也。"意思是晋国中军的军尉（平时掌军政，战时兼任主将的御者）祁奚请求退休。晋侯向祁奚询问谁可接替他。祁奚举荐了解狐。然而解狐正是他的仇人。祁奚举荐他的仇人来继任其职位，并非以德报怨，也非有意借此来讨好解狐，而是出于公心，他认为以解狐的才能而言完全可以胜任，至于他跟自己是否有仇，则与此事无关。《左传》称之为"夫唯善，故能举其类"，意思是正因为自己有美德，所以能举荐跟自己类似的人。此种公正无私、唯才是举的美德千百年来一直被人称道。至于用恩德来回报恩德，一方面人们就会有所鼓励而相互友好相待，此孔子所谓"以德报德，则民有所劝"（《礼记·表记》）；另一方面，则是告诫人们应当心存感恩之心，"投我以木瓜，报之以琼瑶"（《诗经·卫风·木瓜》），"受人滴水之恩，当涌泉相报""知恩图报"等，皆是此理。如果恩将仇报，则是小人行径。此孔子所谓"以怨报德，则刑戮之民也"（《礼记·表记》），意思是"用怨恨来回报别人给自己的恩德，那一定是应该绳之以法的人"。

14.35 子曰："莫我知也夫！"子贡曰："何为其莫知子也？"子曰："不怨天，不尤①人，下学而上达②。知我者其天乎！"

【译文】

孔子说："没有人了解我啊！"子贡说："为什么没有人了解您呢？"孔子说："不怨恨天，不责备人，学习人事知识却能通晓天命。了解我的大概只有天吧！"

【注释】

①尤：责备；指责。

②下学而上达：皇侃《论语义疏》："下学，学人事。上达，达天命。我既学人事，人事有否有泰，故不尤人。上达天命，天命有穷有通，故我不怨天也。"

【解读】

自古以来，人生顺境十之二三，逆境十之七八，不顺心、不如意的烦心事更是时有发生。有的人在遭遇困难、挫折与烦心事时，往往埋怨上天，总以为是老天爷对自己不公，是自己生不逢时。有不少人就是在这种怨叹声中一事无成，并且身心疲惫。有的人在遭遇困难、挫折与烦心事时，往往责怪别人，总以为是别人跟自己过不去。譬如：职务升不上去，就责怪世无伯乐，或者责怪同事拆台；受到批评，就责怪别人是在有意找茬；受到委屈，就牢骚满腹。如果一个人老是怀抱着这种怨天尤人的心态，那么他自己也就必将经常处于沮丧和痛苦之中，这样也就必将一再失去改变困境的机遇。而只有那些不怨天尤人，敢于面对命运挑战的人，才能创造出美好的未来，才能使自己生活在快乐之中。有感于孔子关于"不怨天，不尤人"的教诲，我曾作诗一首《面对命运的挑战》：

> 如果生不逢伯乐，也不必忧伤
> 只要是块金子，终究有一天会闪闪发光
> 如果遭受诽谤，也不必气断肝肠
> 只要是冰清玉洁，时间终会将污垢涤荡
> 如果觉得压抑，也不必颓唐
> 只要壮心不已，定能创造生命的辉煌
> 如果遭到挫折，也不必伤感
> 只要坚忍不拔，失败总是通向成功的驿站

14.36 公伯寮①诉②子路于季孙。子服景伯③以告，曰："夫子④固⑤有惑志于公伯寮，吾力犹能肆诸市朝⑥。"子曰："道之将行也与，命⑦也；道之将废也与，命也。公伯寮其如命何！"

【译文】

公伯寮向季孙氏毁谤子路。子服景伯告诉了孔子，说："季孙氏向来被公伯寮迷惑，以我的能力还能把他陈尸市集示众。"孔子说："我的学说将得到施行吗，取决于天命；我的学说将遭到废弃吗，也取决于天命。公伯寮能将天命怎么样呢！"

【注释】

①公伯寮：姓公伯名寮，字子周，鲁国人，孔子弟子。

②诉：毁谤。

③子服景伯：姓子服名何，字伯，景是谥号，鲁国大夫。

④夫子：指季孙氏。

⑤固：时间副词，素来；向来。

⑥肆诸市朝：陈尸市集示众。肆：处死罪人后陈尸示众。诸："之于"的合音。市朝：市集与朝廷。古代处死罪人后陈尸市集或朝廷示众。据礼，杀大夫陈尸于朝，杀士陈尸于市。公伯寮为士，因此"市朝"当偏指"市"。

⑦命：天命，指人力所不能支配的自然发展规律。

【解读】

从《论语》来看，孔子对天命的理解，跟夏商以来天命观已经有所不同："天命"本指天神的意旨，古人认为天是有意志的神，是万物的主宰；也指上天主宰之下的人们的命运。孔子不承认上天具有支配一切的神威，因此《论语》中的"命"和"天命"是指人力所不能支配的自然发展规律。孔子自信"五十而知天命"（《论语·为政》2.4），意思是"五十岁能顺应自然发展的规律"。孔子认为，自己学说是将得到施行还是将遭到废弃，皆取决于天命。公伯寮能将天命怎么样呢！这与后世所谓"谋事在人，成事在天"之意相当。

14.37 子曰："贤者辟世^①，其次辟地^②，其次辟色^③，其次辟言^④。"子曰："作^⑤者七人矣。"

【译文】

孔子说："贤人避开乱世而隐居，次一等的避开动乱的国家，再次一等的避开难看的脸色，再次一等的避开难听的言语。"孔子说："起身而隐居的已经有七人了。"

【注释】
①辟世：不出仕；隐居。辟：同"避"。
②辟地：避开动乱的国家。
③色：脸色，这里指难看的脸色。
④言：这里指难听的言语。
⑤作：起身。

【解读】

儒家主张入世和积极进取，然而如果遇到乱世危邦，道之不行，贤人也不妨避开乱世而隐居，或离开乱邦而往治邦。《论语·微子》中的楚狂接舆，耕田的长沮、桀溺，荷蓧丈人等，皆为避开乱世而隐居之人。除此之外，还得避开别人当然主要是上司那盛气凌人的脸色和恶言秽语，此古人所谓"士可杀，不可辱"。用今天的话来说，就是人要有尊严地活着，不能老是看别人的脸色和被别人恶语相加。如果遇到这样的人或者上司，咱虽然大度而不与他硬顶，但是为了尊严咱还是"惹不起，躲得起"，果断地离开这样的人。陶渊明不为五斗米折腰事奉乡里小人，遂挂县令之印而去（《晋书·陶潜传》）；李白高唱"安能摧眉折腰事权贵，使我不得开心颜"（《梦游天姥吟留别》）而离开京城。此皆保持尊严之举。

14.38 子路宿于石门①。晨门②曰："奚自？"子路曰："自孔氏。"曰："是知其不可而为之者与？"

【译文】

子路在石门住宿。负责早晨开门的人问："你从哪里来？"子路说："从孔子那里来。"守门人说："就是那位明知不可能做到却偏要去做的人吗？"

【注释】
①石门：鲁国都城曲阜的外城门。
②晨门：守门人。负责晚上关门早晨开门，故称晨门。

【解读】

"知其不可而为之"，是孔子具有崇高信仰的写照。面对一个礼崩乐坏、诸侯兼并、弱肉强食的社会，孔子试图以其仁者爱人、为政以德、治国以礼等学说去改变它，拯民于水火，虽然屡遭碰壁，然而痴情不改，"仁以为己任"。这是一种崇高的信仰在支撑着他；也只有胸怀伟大信念的人才能做到如此执著，才能具有不惜个人恓恓惶惶的仁者情怀！这是孔子生命中巨大的精神支柱。我们也由此可以感受儒家的以天下、国家、王道、历史为己任的价值取向，以天下苍生为念的人文情怀和积极用世的进取精神。有人称当今是缺乏理想和信仰的时代。如果我们也能像孔子那样具有崇高而执著的信仰，并且用毕生的精力去追求它，我们就可以获得事业的成功，就可以找回我们曾经失落了的精神家园。

"知其不可而为之"，也是孔子具有坚强毅力的写照。它与

《周易·乾卦》所言"天行健，君子以自强不息"一脉相承。世上之事，本无所谓可为与不可为。可为而不为，终究难以成功；不可为而为之，开拓进取，持之以恒，终究会有成功之日，即使一代人不行，经过几代人的努力也终将得以成功。

"知其不可而为之"，蕴涵着解放思想的积极因素。许多事在常人看来是不可能做到的，即使做那也只能是白忙活，但是有的人却创造了奇迹而终于做成功了，此类事例举不胜举。余以为，把常人认为能够做的事做成功固然是能人，而把常人认为不能做的事做成功则是更强的能人。

14.39 子击磬①于卫，有荷蒉②而过孔氏之门者，曰："有心③哉，击磬乎！"既而曰："鄙哉，硁硁④乎，莫己知也，斯已而已⑤矣。深则厉，浅则揭⑥。"子曰："果哉！末之难矣⑦。"

【译文】

孔子在卫国时有一天敲击着磬，有位挑着草筐的人正好从孔子门前经过，说："击磬的声音里有心思啊！"过一会儿又说："鄙陋啊，磬声硁硁，好像在说没有谁了解我啊，只有相信自己而已。水深就连着衣裳走过去，水浅就撩起衣裳走过去。"孔子说："这话真果决啊！如果像他这样果决忘世，就没有什么为难的事了。"

【注释】

①磬（qìng）：石制或玉制的打击乐器，形状像曲尺。

②蒉（kuì）：草筐。

③心：心思。

④硁硁（kēng）：石声，含固执的意味。

⑤斯己而已：何晏《论语集解》："此硁硁徒信己而已。"

⑥深则厉，浅则揭：出自《诗经·邶风·匏有苦叶》。

⑦果哉！末之难矣：朱熹《论语集注》："果哉，难其果于忘世也。末，无也。圣人

心同天地，视天下犹一家，中国犹一人，不能一日忘也，故闻荷蒉之言而叹其果于忘世，且言人之出处若但如此，则亦无所难矣。"

【解读】

荷蒉者从孔子击磬的硁硁声音中听出了孔子似乎在感叹没有谁了解我啊，也听出了孔子对理想的执着；他又引用《诗经》中"深则厉，浅则揭"的诗句，以水的深浅来比喻政治黑暗的程度，政治太黑暗，则听之任之；政治黑暗不深，则保持清白而不受其浸染。这实际上也是讽劝孔子避世。然而孔子认为："这话真果决啊！如果像他这样果决忘世，就没有什么为难的事了。"孔子为什么不能像荷蒉者那样果决忘世呢？这是因为孔子以天下国家为己任，任重而道远，他的仁爱理想永远萦绕于心而不能释怀。这无疑反映了儒家以天下为己任的进取精神，以天下苍生为念的人文情怀。

14.40 子张曰："《书》云，'高宗①谅阴②，三年不言。'何谓也？"子曰："何必高宗，古之人皆然。君薨，百官总己③以听于冢宰④三年。"

【译文】

子张说："《尚书》说，'高宗居丧，三年不谈政事。'是什么意思？"孔子说："不仅是高宗，古人都是这样。国君死了，百官各尽其职，三年内听命于宰相。"

【注释】

①高宗：殷高宗武丁。

②谅阴：居丧时住的房子。这里指居丧。

③总己：各人做好自己的工作。

④冢宰：宰相。

【解读】

请参见《论语·阳货》17.21 章解读。

14.41 子曰："上好礼，则民易使也。"

【译文】

孔子说："统治者好礼仪，老百姓就容易使唤了。"

【解读】

孔子曾说："上好礼，则民莫敢不敬；上好义，则民莫敢不服；上好信，则民莫敢不用情。夫如是，则四方之民襁负其子而至矣。"（《论语·子路》13.4）此章言"上好礼，则民易使也"。两章旨意大致相同。礼仪是维系社会的纲纪，是人人皆须共同遵守的行为准则，尤其是统治者，应该起模范带头作用，自觉地循礼行事，这样老百姓也就自然会循礼行事。如此则尊卑有序、长幼有别，君君臣臣、父父子子，各尽其道，岂会有犯上作乱之事发生？如此，社会也就安定和谐了。如果统治者不循礼行事，那么又怎能叫老百姓循礼而行呢？如果君不君、臣不臣，那么又怎能叫老百姓服从国君和大臣的使唤呢？由此看来，社会风气的好坏与否，从根本上来说是取决于执政者。

14.42 子路问君子。子曰："修己①以敬②。"曰："如斯而已乎?"曰："修己以安人③。"曰："如斯而已乎?"曰："修己以安百姓。修己以安百姓，尧舜其④犹⑤病⑥诸⑦!"

【译文】

子路问怎样才是君子。孔子说："提高自己的品德修养来严肃认真地做事。"子路说："像这样就够了吗?"孔子说："提高自己的品德修养来使贵族安乐。"子路说："像这样就够了吗?"孔子说："提高自己的品德修养来使老百姓安乐。提高自己的品德修养来使老百姓安乐，尧舜或许还难以做到啊！"

【注释】

①修己：提高自己的品德修养。

②敬：慎重；不怠慢。指办事严肃认真，恪尽职守。

③人：特指贵族；士大夫以上的人，与下文"百姓"相对。

④其：或许；大概。

⑤犹：尚且；还。

⑥病：忧虑；以为难。

⑦诸："之乎"的合音。

【解读】

孔子和老子都讲"无为而治"，但是儒道两家所指的内容有所不同。孔子所说的"无为而治"主要包括两个方面的内容：一是君王不亲自操劳而任用贤才（请参见《论语·卫灵公》15.5 章解读）。二是君王以德化民，用自己的道德修养来教化人民，来治理国家。朱熹《论语集注》云："无为而治者，圣人德盛而民化，不待其有所作为也。"所以孔子倡导修身，"修己以敬""修己以安人""修己以安百姓"。

所谓"敬"，即"敬事"，是指办事严肃认真，恪尽职守。孔子反复强调"敬事"。例如："子曰：'道千乘之国，敬事而信。'"（《论语·学而》1.5）"子曰：'居处恭，执事敬，与人忠。虽之夷狄，不可弃也。'"（《论语·子路》13.19）"孔子曰：'君子有九思：视思明，听思聪，色思温，貌思恭，言思忠，事思敬，疑思问，忿思难，见得思义。'"（《论语·季氏》16.10）孔子认为"敬事"是治国安民的必要条件。所谓"安人"，是说要善于团结士大夫，使他们感到安乐。用现在的话来说，就是要处理好与同事和上下级之间的关系，彼此和睦融洽。所谓"安百姓"，是说要让老百姓生活安定愉快。儒家以"修身、齐家、治国平天下"为己任，而"修身"为"齐家、治国平天下"之本。由此可见，当今一切具有远大志向，而欲振兴中华、为人民谋福祉的人，第一要务就是"修己"，不断地提高自己的品德修养。只有具备内在的"修己"之功，才会有外在的"敬事""安人"和"安百姓"之效。

14.43 原壤①夷②俟。子曰："幼而不孙弟③，长而无述④焉，老而不死，是为贼⑤。"以杖叩其胫。

【译文】

原壤两腿张开坐在地上等待孔子。孔子说："你小时候就不尊敬兄长，长大了也没有什么可称道的，久生于世而白吃饭，真是害人精。"说完就用拐杖敲他的小腿。

【注释】

①原壤：鲁国人，孔子的朋友。

②夷：箕踞；两腿张开坐着。

③孙弟（xùn tì）：尊敬兄长。孙：通"逊"。弟：尊敬兄长。这个意义后来写作"悌"。

④述：称述。

⑤贼：本义是"破坏，毁坏"，引申为"破坏者"，这里指"害人者"。

【解读】

《礼记·曲礼上》云："立无跛，坐无箕。"意思是站立时不要一脚抬起，坐时不要双腿伸开像个簸箕。孔子来拜访原壤，原壤本应以礼相待，却箕踞而待孔子，而箕踞是一种轻慢不礼貌的坐法。孔子似乎有点生气了，于是数落起原壤的不是：一是"幼而不孙弟"，你小时候就不尊敬兄长，此乃无礼也。二是孔子认为

"君子疾没世而名不称焉"（《论语·卫灵公》15.20），你却"长而无述焉"，长大了也没有什么可称道的，乏善可陈啊！三是"老而不死"，你久生于世而白吃饭，徒然败坏伦常。有此三者，由此可见你真是害人精啊。孔子说完之后，还用拐杖敲原壤的小腿，意思是叫他别把腿再这样像簸箕一样地张开，坐要有坐相，要合于礼。

14.44 阙党①童子②将命③。或问之曰："益④者与?"子曰："吾见其居于位⑤也，见其与先生⑥并行也。非求益者也，欲速成⑦者也。"

【译文】

　　阙党的一个少年来给孔子传话。有人问孔子说："他是要求上进的人吗?"孔子说："我看见他坐在大人的位子上，看见他与长辈并肩而行。他不是要求上进的人，而是急于求成的人。"

【注释】

①阙党：孔子在曲阜的住地。又名阙里。

②童子：儿童至少年。

③将命：传话；传达主人和宾客的话。将：传。

④益：即"求益"，求进益，要求上进。

⑤居于位：坐在大人的位子上。

⑥先生：成年人；长辈。

⑦速成：急于求成。

【解读】

　　《礼记·玉藻》云：童子"无事则立主人之北，南面（按，王引之《经义述闻》以为当作"主人之南，北面"）。见先生，从人而入。"意思是"童子没事时就站在主人之南，面向北。去拜见老师时，要跟着成人进去"。此童子却坐在大人的位子上，是无礼。他与长辈并行而不让，也是无礼。孔子认为此种无礼之少年，绝非要求上进之人，而是急于求成之人。黄榦《论语注义问答通释》云："礼之于人大矣，老者无礼，则足以为人害；少者无礼，则足以自害。"

卫灵公第十五

（共四十二章）

15.1 卫灵公问陈^①于孔子。孔子对曰："俎豆^②之事，则尝闻之矣；军旅之事，未之学也。"明日遂行。

【译文】

卫灵公向孔子询问阵法。孔子答道："陈列俎豆之类的礼仪，我曾听说过；军队的事情，从来没有学过。"第二天就离开了卫国。

【注释】

①陈（zhèn）：阵法。这个意义后来写作"阵"。

②俎（zǔ）豆：俎和豆都是古代祭祀或宴享时用的礼器，这里代指礼仪。

【解读】

孔子曾斥责卫灵公为好色之徒，他说"吾未见好德如好色者也"（《论语·子罕》9.18）；又称卫灵公为无道之君，"子言卫灵公之无道也"（《论语·宪问》14.19）。在孔子看来，卫灵公当改弦易辙，以德治国、以礼治国。然而恰恰相反，卫灵公竟然向孔子询问军队战阵之法，这就表明他有意要发动战争，不顾生灵涂炭，于是孔子以"陈列俎豆之类的礼仪，我曾听说过；军队的事情，从来没有学过"作答，这是委婉暗示他：如果你要询问礼仪方面的事情，我倒听说过，可以讲给你听。然而卫灵公愚顽无知，执迷不悟，没有顺着孔子的诱导而询问礼仪之事，这也就表明他没有放弃发动战争的野心。孔子知道自己的学说在这里行不通，于是第二天就离开了卫国。

15.2 在陈绝粮，从者病^①，莫能兴^②。子路愠^③见曰："君子亦有穷乎^④？"子曰："君子固^⑤穷，小人穷斯滥^⑥矣。"

【译文】

孔子在陈国断粮了，跟随的人都疲惫不堪，饿得站不起来。子路面带愠色来见孔子，说："君子也有困厄的时候吗？"孔子说："君子在困厄时能坚守原则，小人在困厄时就会越轨。"

【注释】

①病：疲惫；困顿。

②兴：起；站起。

③愠：恼怒；不高兴。

④穷：困厄；不得志。

⑤固：固守；坚守。

⑥滥：越轨；放肆。

【解读】

据《史记·孔子世家》载：孔子迁居到蔡国的第三年，吴国攻打陈国。楚国援救陈国，驻扎在城父。听说孔子在陈国与蔡国之间，楚昭王派人聘请孔子。孔子准备前往拜见回礼，陈国和蔡国的大夫谋划说："孔子是个贤人，他所抨击的都切中诸侯的弊病。如今他长久滞留在陈国与蔡国之间，众大夫的所作所为都不合仲尼的心意。如今楚国，是大国，派人来聘请孔子。如果孔子被楚国任用，我们这些在陈国、蔡国主事的大夫就危险了。"于是就共同调发役徒将孔子围困在野外。孔子无法脱身，断绝了粮食。

随从的弟子都疲惫不堪，饿得站不起来。但孔子仍讲习诵读、演奏歌唱，毫不间断。子路面带愠色来见孔子，说："君子也有困厄的时候吗？"君子与小人都有困厄的时候，然而君子之所以为君子，小人之所以为小人，其中一个重要的区别就在于君子在困厄时能坚守原则；而小人在困厄时就会越轨。

君子在困厄时能坚守原则，是因为"君子喻于义"（《论语·里仁》4.16），什么可为，什么不可为，皆受道德准则的约束，并且绝不会因处境的变化而改变；"君子固穷"，也是一种良好的心态，《孟子·尽心上》云："故士穷不失义，达不离道。穷不失义，故士得己焉（自得其乐）；达不离道，故民不失望焉。古之人，得志，泽加于民；不得志，修身见于世。穷则独善其身，达则兼善天下。"这既是对孔子"君子固穷"的准确阐释，也是几千年来知识分子身处困厄之时而能洁身自好的心灵写照。"小人穷斯滥矣"，是因为"小人喻于利"（《论语·里仁》4.16），小人在遇到"利"之时，往往容易见利忘义，而不择手段，损人利己。如果遭遇困厄之时，则不愿受道德准则的束缚，而干出越轨甚至违法的勾当。

15.3　子曰："赐也，女以予为多学而识①之者与？"对曰："然，非与？"曰："非也，予一以贯之②。"

【译文】

孔子说："端木赐啊，你以为我是博学而强识的人吗？"端木赐答道："是的，难道不是吗？"孔子说："不是的，我是用一个基本思想来贯穿所学的知识。"

【注释】

①识（zhì）：记住。

②一以贯之：用一个基本思想来贯穿。

【解读】

孔子的学问博大精深，子贡认为这是源于孔子"多学而识之"。这似乎是有根据的。孔子曾经多次提到过自己的学习对象、学习方法和好学精神，例如："君子博学于文。"（《论语·雍也》6.27）这是说自己的学习对象，广博地学习文献。"默而识之，学而不厌。"（《论语·述而》7.2）其中"默而识之"，讲的是学习方法；"学而不厌"，讲的是好学精神。但是孔子认为这只是表面现象，所以他以"非也"否定了子贡的观点。他认为自己"多学而识之"的原因在于"一以贯之"，即用一个基本思想来贯穿所学的知识。学海无涯而人生有涯，知识庞杂而精力有限，如何广博地获取知识并且记住它呢？这就要求学者具有一种基本思想。如果把庞杂的知识当成散落的珍珠，那么这基本思想就是一根丝线。用这根丝线来贯穿一颗颗的珍珠，知识的珍珠就不再是杂乱无章的，要记住它们也就容易多了。那么孔子是用什么基本思想来贯穿所学的知识呢？孔子曾对弟子们说："参乎！吾道一以贯之。"孔子认为自己的学说是用一个基本思想贯穿的。曾子答道："是的。"其他弟子并不理解，于是等孔子出去之后，别的弟子问曾参道："这是什么意思啊？"曾子说："夫子之道，忠恕而已矣！"（《论语·里仁》4.15）由此可知，"忠"和"恕"是贯穿孔子学说的基本思想。

15.4　子曰："由，知德①者鲜矣。"

【译文】

孔子说："仲由啊，懂得中庸之德的人太少了。"

【注释】

①德：这里指中庸之德。

刘宝楠《论语正义》云:"中庸之德,民所鲜能,故知德者鲜。"

15.5　子曰:"无为而治①者其舜也与? 夫何为哉? 恭己②正南面③而已矣。"

【译文】

孔子说:"自己不用亲政而能使政治清明、天下安定的大概只有舜吧? 他做了什么呢? 只是庄严端正地坐在天子之位而已。"

【注释】

①无为而治:天子、诸侯不用亲政而能使政治清明、天下安定。无为:无所作为,不亲政,不操劳。

②恭己:容貌庄严端庄。

③南面:古代以坐北朝南为尊位,天子诸侯接见大臣时面向南面而坐,所以指帝王或诸侯的统治为南面。

【解读】

孔子和老子都讲"无为而治",但是儒道两家所指的内容有所不同。

老子所说的"无为而治"主要指"道法自然""清静无为"。《老子》思想体系的核心是"道",他把"道"叫做"万物之宗",认为世间万物皆由"道"产生,"道生一,一生二,二生三,三生万物"(《老子》42 章),"道大,天大,地大,人亦大。域中有四大,而人居其一焉。人法地、地法天、天法道、道法自然"(《老子》25 章)。"道"之所以是至高无上的,就在于"道法自然",因此,自然规律是宇宙万物和人类世界的最高法则,人类应取法自然,而不应肆意"改造"自然。"知常曰明,不知常，妄作凶"（《老子》16 章），意思是了解自然变化的规律就叫做明智，如果背离自然变化的规律而轻举妄动就会遭受灾祸。"是以圣人处无为之事，行不言之教"（《老子》2 章），"处无为之事"，就是以"无所作为"的方式治理政事，意思是顺其自然；"行不言之教"，就是实行不用言辞的教化。"致虚极，守静笃"（《老子》16 章），意思是使心灵空明宁静到达极致，坚守清静无为。"悠兮，其贵言。功成事遂，百姓皆谓'我自然'。"（《老子》17 章）意思是君王悠闲而不轻易发号施令，等到功成事遂时，百姓都说："我们本来就是这样生活的。"由此可见，"为无为，则无不治"（《老子》3 章），意思是以无为的方式治理政事，天下就没有不太平的。

孔子所说的"无为而治"主要包括两个方面的内容：一是君王以德化民，即用自己的道德修养来教化人民，来治理国家。朱熹《论语集注》云："无为而治者，圣人德盛而民化，不待其有所作为也。"《老子》所谓"行不言之教"也是此意。二是不亲自操劳而任用贤才。《荀子·王霸》云："论德使能而官施之，圣王之道也。"《大戴礼·主言》云："昔者，舜左禹右皋陶，不下席而天下治。"何晏《论语集解》云："言任官得其人，故无为而治。"刘向《新序·杂事三》云："舜举众贤在位，垂衣裳恭己无为而天下治。"黄式三《论语后案》云："治天下者，既治之，必有人以为之。然必人主自为之，则贤者无以施其材，不肖者亦易逶其责。无为者，谓不亲劳于事也。"在孔子看来，要实行"无为而治"，实在太难了，大概只有舜做到了。

15.6　子张问行①。子曰："言忠信，行笃②敬③，虽蛮貊④之邦，行矣。言不忠信，行不笃敬，虽州里⑤，行乎哉？立则见其参⑥于前也，在舆⑦则见其倚于衡⑧也，夫然后行。"子张书诸绅⑨。

【译文】

子张问怎样才能行得通。孔子说:"说话忠诚守信,行为忠厚谨慎,即使到了不开化的国家也行得通。说话不忠诚守信,行为不忠厚谨慎,即使在家乡,能行得通吗?站立时就仿佛看见忠信笃敬几个字并列在面前,在车厢里就仿佛看见它们倚靠在车的横木上,这样之后才能行得通。"子张把"忠信笃敬"写在衣带上。

【注释】

①行:通行;行得通。

②笃:厚道;忠厚。

③敬:谨慎;不怠慢。

④蛮貊:古代有东夷、北狄(亦称貊)、南蛮、西戎之称,这是当时华夏诸国对中原以外各诸侯国和部族的蔑称。这里泛指文化不发达地区。

⑤州里:本乡本土;家乡。

⑥参:罗列;并列。

⑦舆:车厢。

⑧衡:轼;车厢前用做扶手的横木。

⑨绅:士大夫腰间束的大带子。

【解读】

子张询问行事如何行得通,孔子答以对自身的言行要求。只有自身做到了"言忠信,行笃敬",才能取得别人的信任、赢得别人的好感、得到别人的认同,这样才能行得通。离开了自身的修养,而言不忠信,行不笃敬,则寸步难行。此种道理,非独孔子,与孔子同时的晏子也深明此理。晏子云:"君人执信,臣人执共(恭),忠信笃敬,上下同之,天之道也。"(《左传·襄公二十二年》)后来刘向《说苑·敬慎》也记载了孔子与颜回之间的一段对话,其意旨与此章类似,云:"颜回将西游,问于孔子曰:'何以为身?'孔子曰:'恭敬忠信可以为身。恭则免于众,敬则人爱之,忠则人与之,信则人恃之。人所爱，人所与，人所恃，必免于患矣。可以临国家，何况于身乎?'"然而当今某些人行事"处处行得通"，但不是凭借"言忠信，行笃敬"，而是凭借手中的权力或者金钱，动不动就口出"豪言"："我去摆平它!"在不少人眼里，这种人似乎很有能量，也很威风，但殊不知，当人人都不依靠道德的力量而仅仅依靠权力或金钱的力量去行事的时候，整个社会的风气也就可悲了。

15.7　子曰："直哉史鱼①！邦有道，如矢②；邦无道，如矢。君子哉蘧伯玉！邦有道，则仕；邦无道，则可卷而怀之③。"

【译文】

孔子说："多么正直啊，史鱼！国家政治清明时，他像箭一样直；国家政治黑暗时，仍然像箭一样直。好个君子啊，蘧伯玉！国家政治清明时，就出来做官；国家政治黑暗时，就能够隐居。"

【注释】

①史鱼：姓史名鳅（qiū），字子鱼，卫国大夫。

②如矢：正直得像箭一样直。语出《诗经·小雅·大东》："周道如砥，其直如矢。"

③卷而怀之：把才能收藏起来，比喻隐居。

【解读】

据《孔子家语·困誓》载：卫蘧伯玉贤，而灵公不用。弥子瑕不肖，反任之。史鱼骤谏而不从，史鱼病将卒，命其子曰："吾在卫朝，不能进蘧伯玉，退弥子瑕，是吾为臣不能正君也。生而不能正君，则死无以成礼。我死，汝置尸牖下，于我毕矣。"其子从之。灵公吊焉，怪而问焉。其子以其父言告公，公愕然失容曰："是寡人之过也。"于是命之殡于客位，进蘧伯玉而用之，退弥子瑕而远之。孔子闻之曰："古之烈谏之者，死则已矣，未有若史鳅死而尸谏，忠感其君者也，不可谓直乎?"古之诤臣，敢于冒死而犯颜直谏，而史鱼死后还要以其尸谏。这是何等地正直啊！

15.8 子曰："可与言而不与言，失人^①；不可与言而与之言，失言^②。知者不失人，亦不失言。"

【译文】

孔子说："可以跟他交谈却不跟他交谈，是错失人才；不可以跟他交谈却跟他交谈，是白费口舌。聪明人既不错失人才，也不白费口舌。"

【注释】
①失人：错失人才。
②失言：说话起不了作用，白费口舌。

【解读】

交谈是了解一个人的重要途径，尤其是对初次见面的人更是如此。孔子通过与蘧伯玉派来的使者交谈，认为这是人才而赞叹道："好一位使者啊！好一位使者啊!"倘若孔子不与之交谈，则可能错失人才。卫灵公向孔子询问军队战阵之法，这就表明他有意要发动战争，不顾生灵涂炭，这与孔子反对发动侵略战争的主张是背道而驰的，孔子也由此而知道自己的学说在这里行不通，于是孔子第二天就离开了卫国。倘若孔子继续与卫灵公谈论，则无疑是白费口舌。由此可见，孔子践行了自己"可与言而不与言，失人；不可与言而与之言，失言"的主张。

15.9 子曰："志士仁人，无求生以害仁，有杀身以成仁。"

【译文】

孔子说："有志之士和仁德之人，不会因苟且偷生来损害仁德，只会勇于献身来成全仁德。”

【解读】

孔子思想的核心是"仁"，这是他一生的理想与追求。为了追求仁和实现仁，一切志士仁人都必须具备为仁德而献身的精神，绝不能因苟且偷生而干出损害仁德的勾当。虽然孔子的"仁"有其时代的局限性，但是他所倡导的"杀身成仁"却成为了几千年来中国志士仁人的信念和情操。文天祥《过零丁洋》那"人生自古谁无死？留取丹心照汗青"的诗句，于谦《石灰吟》那"粉身碎骨浑不怕，要留清白在人间"的诗句，直至现代夏明翰《就义诗》那"砍头不要紧，只要主义真。杀了夏明翰，还有后来人"的诗篇，都表现出了志士仁人为了追求和实现崇高理想而不畏艰险，坚贞不屈、舍生取义、视死如归的高尚情操。

15.10 子贡问为仁。子曰："工欲善其事，必先利其器。居是邦也，事其大夫之贤者，友其士之仁者。"

【译文】

子贡问怎样培养仁德。孔子说："工匠想要做好活儿，一定要先磨利其工具。居住在这个国家，就要事奉该国的贤大夫，结交该国的仁德之士。"

【解读】

"工欲善其事，必先利其器"，比喻想要做好一件事情，首先必须做好准备工作。孔子的这句话几千年来几乎成为了人们做好事情的座右铭。王符《潜夫论·赞学》云："是故工欲善其事，必先利其器；士欲宣其义，必先读其书。"孔子的这句话也提出了一个方法论的问题，即想要做好一件事情，首先必须解决运用什么方法的问题，因为方法是达到目的的必要手段。

15.11 颜渊问为邦。子曰："行夏之时^①，乘殷之辂^②，服周之冕^③，乐则《韶》《舞》^④。放^⑤郑声^⑥，远佞人^⑦。郑声淫，佞人殆。"

【译文】

颜渊问怎样治理国家。孔子说："用夏朝的历法，坐殷朝的车子，戴周朝的礼帽，音乐就用《韶》和《武》。抛弃郑国的乐曲，疏远巧言谄媚的小人。因为郑国的乐曲淫靡，巧言谄媚的小人危险。"

【注释】

①时：历法。夏朝以阴历一月为每年的正月，殷以阴历十二月为每年的正月，周朝
    以阴历十一月为每年的正月。

②辂（lù）：车子。殷朝的车子比周朝的车子朴素。

③冕：大夫以上的人所戴的礼帽。

④《韶》/《舞》：《韶》是舜时的乐曲名。舞通武，《论语·八佾》3.25 章作
    "武"。《武》是周武王时的乐曲名。

⑤放：舍弃；抛弃。

⑥郑声：春秋时郑国的民间音乐。

⑦佞人：巧言谄媚的小人。

【解读】

《韶》和《武》代表着符合礼制精神的宫廷音乐、典雅音乐。孔子提倡"乐则《韶》《舞》"，这是强调用积极的、典雅的正乐来感染人、熏陶人、教育人、鼓舞人。郑声代表着民间音乐、通俗音乐。孔子建议"放郑声"，即抛弃郑国的乐曲，这是否正确，可以从两个方面来看。一方面郑声实际上是春秋时期的民间音乐，虽然民间音乐在教育人、鼓舞人方面其作用不及《韶》《武》，但是它毕竟扎根于人民群众这块肥沃的土壤，有其通俗的一面，甚

至也有人民群众喜闻乐见的一面，因此它可以与典雅的正乐并存，不宜一概抹杀；另一方面"郑声淫"，即郑国的乐曲淫靡，孔子"恶郑声之乱雅乐也"（《论语·阳货》17.18），所以孔子认为应当"放郑声"。这无疑也是正确的。

由此以观当今文艺界的某些现象，我们亦不难找到评判是非的标准。一方面我们提倡用主旋律和高雅的音乐和文艺作品来感染人、熏陶人、教育人、鼓舞人，一方面我们也不排斥通俗音乐和通俗文艺作品。二者可以相互补充，相得益彰。然而，通俗不等于庸俗、低俗和媚俗，如果观众需要什么就给予什么，甚至一味地迎合某些低级趣味，反而回避、拒绝高雅和崇高，把收视率、票房收入作为衡量艺术的唯一标准，那么这就是孔子所斥责的"郑声淫"之流了，我们对此应当理直气壮地说"抛弃庸俗、低俗和媚俗的三俗之作"，回归艺术的教化人心、陶冶情操和促进社会文明进步的主要功能。

15.12 子曰："人无远虑，必有近忧。"

【译文】

孔子说："如果一个人没有长远的思考，就必定会有近期的忧患。"

【解读】

此章告诫人们必须要有长远的思考，防患于未然。《礼记·中庸》云："凡事预则立，不预则废。"说的也是这个道理。

15.13 子曰："已矣乎！吾未见好德如好色者也①。"

【译文】

孔子说："算了吧！我没见过喜好道德如同喜好女色一样的人。"

15.14　子曰："臧文仲①其窃位②者与！知柳下惠③之贤而不与立④也。"

【译文】

　　孔子说："臧文仲大概是个窃居官位的人吧！他知道柳下惠有才德却不给他官位。"

【注释】

①臧（zāng）文仲：姓臧孙名辰，谥文仲。鲁国正卿，历仕庄公、闵公、僖公、文公。
②窃位：空占职位而不做事；尸位素餐。
③柳下惠：姓展名获，字禽。食邑柳下，谥惠。鲁公同族，鲁国贤者。
④立：同"位"。官位；禄位。

【解读】

　　柳下惠乃鲁国贤者，又是鲁公同族，身为鲁国正卿的臧文仲，岂有不知之理？或许是柳下惠才德超群，而臧文仲害怕他将来超越自己，于是故意压着柳下惠而不给他官位。这说明臧文仲心胸狭窄，嫉贤妒能。或许是柳下惠公正不阿，不去讨好臧文仲，臧文仲就心生怨恨，认为柳下惠太高傲，于是故意压着柳下惠而不给他官位。放眼当今官场，某些官员手握提拔干部的权力，然而他不是举贤任能，而是武大郎开店，嫉贤妒能，专拣矮的挑；或者只提拔那些"唯余马首是瞻"的"听话人"，凡是带"刺"的，则一律不要；或者大搞近亲繁殖；或者干脆干起卖官的营生。比起臧文仲，已有过之而无不及。孔子犹视臧文仲为窃居官位者，对如今这样的官员，又该如何视之呢？

15.15　子曰："躬自①厚而薄责于人，则远怨矣。"

【译文】

孔子说："多责备自己而少责备别人，就可以远离怨恨了。"

【注释】

①躬自：自己。"躬自"为同义连用的修辞方式。

【解读】

"躬自厚而薄责于人"，不仅可以"远怨"，也是君子所具有的严于律己、宽以待人的坦荡胸怀。

15.16 子曰："不曰'如之何，如之何'者，吾末如之何也已矣。"

【译文】

孔子说："不思考'怎么办，怎么办'的人，我对他也不知道怎么办了。"

【解读】

事先得思考"怎么办"，否则祸患降临之时就无可奈何了。

15.17 子曰："群居终日，言不及义①，好行小慧②，难矣哉！"

【译文】

孔子说："成天聚集在一起，说话不涉及正经道理，喜欢耍小聪明，这种人难有成功。"

【注释】

①义：合宜；合宜的道德、行为或道理。

②小慧：小聪明。

【解读】

孔子对这种人感叹道："难矣哉！"难在何处？孔子没有明言。

何晏《论语集解》云："难矣哉，言终无成功也。"这种人难有成功。皇侃《论语义疏》云："以此处世，亦难为成人也。"这种人难以成才。朱熹《论语集注》云："言不及义，则放僻邪侈之心滋。好行小慧，则行险侥幸之机熟。难矣哉者，言其无以入德而将有患害也。"这种人不仅不能增进品德修养，反而将有患害。这三种后果，都有可能产生。

15.18 子曰："君子义以为质，礼以行之，孙①以出之，信以成之。君子哉！"

【译文】

孔子说："君子用义作为行事的根本，依照礼实行它，用谦逊的语言表达它，凭诚信完成它。这才是君子啊！"

【注释】
①孙（xùn）：通"逊"，谦逊。

【解读】

孔子认为君子的行事之道在于义、礼、逊、信。行事当以义为根本。《礼记·中庸》云："义者，宜也。"即"合宜；于事合宜为义"。譬如：子谓子产，"其使民也义。'"（《论语·公冶长》5.16）皇侃《论语义疏》云："义，宜也。使民不夺农务，各得所宜也。"又譬如富贵禄位，当以义得之。孔子说："不义而富且贵，于我如浮云。"（《论语·述而》7.16）行事当依照礼。礼是人们社会政治生活的准则，具有重大的意义和作用。《礼记·哀公问》云："丘闻之，民之所由生，礼为大。非礼，无以节事天地之神也；非礼，无以辨君臣、上下、长幼之位也；非礼，无以别男女、父子、兄弟之亲，婚姻疏数之交也。"谦逊既是一种美德，也可以避祸。《周易·谦卦》云："天道亏盈而益谦，地道变盈而流谦，鬼神害盈而福谦，人道恶盈而好谦。"意思是"天的规律是使满盈受到亏损而使谦让得到益处，地的规律是改变满盈状况而使谦让流传，鬼神是损害满盈而降福谦让之人，人的规律是厌恶满盈而爱好谦让。"此所谓"满招损，谦受益"者也。行事当诚信。"子曰：'人而无信，不知其可也。'"（《论语·为政》2.22）诚信是做人的基本准则，是人与人之间交往的基础，只有诚信之人，才值得信赖，才有威信，人们才乐于与之交往。当一个人做到了行事以义为根本，行事依照礼，说话谦逊，行事诚信时，孔子认为：这才是君子啊！

15.19 子曰："君子病^①无能焉，不病人之不己知^②也。"

【译文】

孔子说："君子担忧自己没有才能，不担忧别人不赏识自己。"

【注释】

①病：患；担忧。

②知：赏识；知遇。这里指任用。

【解读】

请参见《论语·学而》1.16 章解读。

15.20 子曰："君子疾^①没世^②而名不称焉。"

【译文】

孔子说："君子担忧死后没有好名声让人称道。"

【注释】

①疾：患；担忧。

②没（mò）世：去世。

【解读】

顾炎武《日知录·卷七》云："古人求没世之名，今人求当世之名。吾自幼及老，见人所以求当世之名者，无非为利也。名之所在，则利归之，故求之惟恐不及也。苟不求利，亦何慕名？"由此可见，一般人所追求的"名"，乃当时、当世之名，多少带有功利色彩；而孔子所追求的是身后之名，并非像一般人那样希冀名利双收。况且孔子认为君子成名要依于"仁"，"君子去仁，恶乎成名？"（《论语·里仁》4.5）成就名声的最好办法，就是践行仁德。以仁爱之心来为人处世，去待人接物，才能成就名声；如果背离仁德，不但不能成名，反而可能遭人唾弃。

15.21 子曰："君子求①诸己，小人求诸人。"

【译文】

孔子说："君子严格要求自己，小人苛求别人。"

【注释】
①求：要求；苛求。

【解读】

君子严格要求自己，所以道德修养日臻完善；小人只苛求别人，对自己则要求很低，所以往往自欺欺人，道德修养日趋低下。韩愈在《原毁》一文中对此有深刻的解读。他说："古之君子，其责己也重以周（严格而详尽），其待人也轻以约。重以周，故不怠；轻以约，故人乐为善。""今之君子则不然。其责人也详，其待己也廉（少）。详，故人难于为善；廉，故自取也少。"

15.22 子曰："君子矜①而不争，群而不党②。"

【译文】

孔子说："君子庄重而不与人相争，合群而不偏袒。"

【解读】

为什么说"君子矜而不争"呢？因为君子心胸开阔，不像小人患得患失，此所谓"君子坦荡荡，小人长戚戚"（《论语·述而》7.37）。因为君子于仁义，不像小人只知道财利，此所谓"君子喻于义，小人喻于利"（《论语·里仁》4.16）。即使非争不可，并且事关自己的重大利益，也要做到彬彬有礼，始终保持谦谦君子的风度。为什么说君子"群而不党"呢？因为君子行事光明磊落，秉公办事而不徇私情，此乃《尚书·洪范》所谓"无偏无党，王道荡荡"。

15.23 子曰："君子不以言举人，不以人废言。"

【译文】

孔子说："君子不因某人话说得好而举荐他，不因某人地位低下或有过失而否定他的正确意见。"

【解读】

为什么说"君子不以言举人"？这主要有两个方面的原因。有的人花言巧语，让人听起来非常舒服，很容易对他产生好感，然而缺少仁德。孔子对这种人一针见血地指出："巧言令色，鲜矣仁！"（《论语·学而》1.3）意思是"花言巧语，装出和颜悦色，（这种人）仁德是很少的。"所以孔子还强调要"听其言而观其行"（《论语·公冶长》5.10）。此不可"以言举人"者一也。有的人能说会道，让人听起来感觉很有学问很有才干的样子，然而并没有真才实学。《管子·明法解》云："明主之择贤人也，言勇者试之以军，言智者试之以官。试于军而有功者则举之，试于官而事治者则用之。故以战功之事定勇怯，以官职之治定愚智；故勇怯愚智之见也，如白黑之分。乱主则不然，听言而不试，故妄言者得用；任人而不官，故不肖者不困。故明主以法案其言而求其实，以官任其身而课其功，专任法不自举焉。"譬如战国时期赵国名将赵奢之子赵括，他自幼熟读兵法，善于谈兵，其父也难不倒他，于是赵王居然"以言举人"，命赵括将赵兵 40 万与秦军战于长平，结果全军覆没。此不可"以言举人"者二也。

为什么说"君子不以人废言"？《淮南子·主术训》对此做了透彻的阐释："夫人主之情，莫不欲总海内之智，尽众人之力，然而群臣志达效忠者，希不困其身。使言之而是，虽在褐夫刍荛，犹不可弃也；使言之而非也，虽在卿相人君，揄策于庙堂之上，未必可用。是非之所在，不可以贵贱尊卑论也。是明主之听于群臣，其计乃可用，不羞其位；其言可行，而不责其辩。"《诗经·大雅·板》云："先民有言，询于刍荛。"刍荛，即樵夫。此可谓不因人位卑而废言者。

有的人在决策时对犯过错误的人，往往不屑一顾；甚至当这样的主动建言献策时，有的领导或不以为然，或心中不快："你也懂决策？那你做事为什么会遭受失败呢？居然也好意思来教训我！"殊不知"失败乃成功之母""吃一堑长一智"，正因为此人犯过错误，他才懂得今后不应该怎么做而应该怎么做的道理。据《史记·淮阴侯列传》载：韩信与赵国井陉之战，大败赵军，并且斩成安君陈馀、擒赵王歇，而赵国的谋士广武君李左车亦被擒。韩信紧接着要攻打燕国和齐国，但不知该先打哪个为好，"于是信问广武君曰：'仆欲北攻燕，东伐齐，何若而有功？'"广武君乃韩信手下败将，韩信仍然问计于他，终于兵不血刃而使得"燕从风而靡"。此可谓不因人是败军之将而废言者。

15.24　子贡问曰："有一言而可以终身行之者乎？"子曰："其恕乎！己所不欲，勿施于人。"

【译文】

子贡问孔子说："有没有可以终身奉行的一句话呢？"孔子说："大概是恕吧！自己不愿意的事，不要强加给别人。"

【解读】

孔子所说的"恕"，就是"己所不欲，勿施于人"。朱熹《论语集注》云："尽己之谓忠，推己之为恕。"如果能够做到"己所不欲，勿施于人"，那么就可以做到无论是在任何地方，都不招致怨恨。果真如此，那么人际关系也就和谐了，更不会给自己树敌了。如果搞"己所不欲，却施于人"的强权政治和霸道行径，那将会导致怎样一种局面呢？我们可以设想：第一，如果把己所不欲，而施于弱者、实力不足者，或许会因表面上不会引起强烈反弹而自以为得意，然而，那些弱者、实力不足者虽然"敢怒而不敢言""忍气吞声""忍辱含垢"，但是他们内心毕竟有愤怒之情，有耻辱之感，已经埋下了仇恨的种子；如果某人一而再，再而三地干这种"己所不欲，却施于人"的事情，即使是再软弱的人，最终也会发出那"是可忍，孰不可忍"的愤怒吼声。第二，如果把己所不欲，而施于强者、实力相当者，势必遭遇强烈抵制，甚至引起双方大动干戈。

15.25 子曰："吾之于人也，谁毁谁誉？如有所誉者，其有所试^①矣。斯民^②也，三代之所以直道而行也。"

【译文】

孔子说："我对于别人，诋毁过谁？称赞过谁呢？如果称赞过谁，他必定是经过我考验过的。因为有这样按照公正无私的原则行事的人，所以夏商周三代能公正无私。"

【注释】

①试：试验；考验。

②斯民：这样的人，此指直道而行的人。

【解读】

品评人物，难免有所褒贬毁誉，但必须褒贬得当，毁誉有据。而要做到这点，关键在于能否"直道而行"，即能否出于公正无私之心。如果直道而行，就会事先观察一个人的品行和办事的才能，然后根据事实来进行褒贬毁誉。因此，无论是褒贬毁誉，皆不掺杂评判者的个人恩怨或感情色彩。孔子认为，夏商周三代的人具有这种公正无私的品德，春秋时期则不再直道而行。愚以为当今更甚。君不闻官场之顺口溜"说你行你就行，不行也行；说不行就不行，行也不行"，这完全是以当权者的好恶来作为评判人的唯一标准，并且还得加上横批"不服不行"，其权势熏天、唯我独尊之霸道行径，由此可见！有远见卓识者云："中国最大的腐败是用人的腐败。"此乃一针见血。但愿今之当权者像孔子那样"如有所誉者，其有所试矣"，并且去掉个人好恶之私心，直道而行。此乃官场之幸，社会风气的根本好转亦有赖于此。

15.26 子曰："吾犹及^①史之阙文^②也。有马者借人乘之，今亡矣夫！"

【译文】

孔子说："我还能看到史书上存疑的情况。有马的人把马借给别人骑，现在没有这种事了。"

【注释】

①及：追赶上，这里指看到。

②史之阙文：史官在记事时有不明白的地方就空缺而不写。

【解读】

"吾犹及史之阙文也"与"君子于其所不知，盖阙如也"（《论语·子路》13.3）意思大致相当。这种"阙文"和"阙如"的做法，实际上就是"知之为知之，不知为不知"，也是一种实事求是的治学精神，是一种严谨而踏实的优良学风。

15.27　子曰："巧言乱德。小不忍，则乱大谋。"

【译文】

孔子说："花言巧语必将败坏道德。小事上不能忍耐，就会败坏大的谋略。"

【解读】

忍是一种勇气。常言道"忍辱负重"，是说为了完成艰巨的任务而忍受屈辱，承当重任。面对侮辱而能够忍受，表面上看似乎太懦弱，骨子里却具有极大的勇气。真正的英雄是不逞血气之勇的。据《史记·淮阴侯列传》载：韩信少时贫寒，并曾强忍胯下之辱。"淮阴屠中少年有侮信者，曰：'若虽长大，好带刀剑，中情（内心）怯耳。'众（当众）辱之曰：'信能死，刺我；不能死，出我袴（通胯）下。'于是信孰视之（孰通熟，盯着他看了很久），俛（同俯）出袴下，蒲伏（同匍匐，爬）。一市人皆笑信，以为怯。"试问：韩信真的胆怯吗？不是的，他胸怀远大理想，不想逞血气之勇杀了这市井无赖而去偿命，因此他以超常的勇气而使自己强压怒火，以超常的勇气而俯身从这无赖的胯下爬过去，以超常的勇气而忍受人们对他的嘲笑。后来韩信经萧何推荐，被刘邦拜为大将；井陉之战，韩信以3万兵力，背水一战，出奇制胜，打败赵国20余万的军队，创造了以少胜多、以弱胜强的战绩；随后北攻燕，东伐齐，屡立战功；垓下之围，他任统帅而一举打败项羽，为汉朝的建立打下了坚实的基础。韩信与张良、萧何并称为"汉兴三杰"。汉四年（公元前203年）被立为齐王，汉五年徙为楚王，都下邳（今江苏邳县东）。韩信到达其封地，"召辱己之少年令出裤下者，以为楚中尉（负责抓捕盗贼）。告诸将相曰：'此壮士也，方辱我时，我宁不能杀之邪？杀之无名，故忍而就于此。'"原来韩信当年之所以忍受胯下之辱，就是为了实现远大抱负，成就今天的名声。如果当年韩信逞血气之勇而杀了辱己之少年，则必当偿命，也就不能成就日后的名声了。韩信以其胯下之辱证明了"小不忍，则乱大谋"的正确性。

忍是一种智慧。在遭受侮辱时能够逆来顺受，看起来似乎很窝囊，其实这是在社会生存环境非常险恶状态下的一种求生存的大智慧。为了说明问题，还是让我们来简要回顾春秋末期吴越争霸的历史吧。公元前494年，吴王夫差在夫椒山大败越军，越王勾践率残兵五千人退守会稽，眼看不用多久就会亡国了。勾践一方面采纳了大夫文种所提出的一系列忍辱建议："请勾践女女于王（让勾践的女儿做吴王夫差的婢妾），大夫女女于大夫，士女女于士；越国之宝器毕从；寡君帅越国之众以从君之师徒（军队），唯君左右之。"越王勾践亲自"卑事夫差，宦士（臣仆）三百人于吴，其身亲为夫差前马（充当马前卒）。"另一方面在国内实行德政，经过"十年生聚，十年教训"，最终灭掉了吴国。由此可见，越王勾践忍辱而卑事夫差，是一种示人以弱的智慧，是一种韬光养晦的智慧。

在日常生活中，忍也是一种智慧。孔子说："一朝之忿，忘其身，以及其亲，非惑与？"（《论语·颜渊》12.21）意思是"因为一时的愤怒就忘记了自己和父母（而不顾一切），这不就是糊涂吗？"俗话说"忍得一时之气，免得百年之忧"，这话与"人争一口气，佛争一炷香"相比，或许更具有生存智慧。

忍是一种胸怀。有时并非为了负重而忍，也并非为了生存而忍，而是在修养达到一定境界时所具备的一种胸怀。"忍世间难忍之事"，如果没有宽广的胸怀，又岂能做到？

当然，在忍无可忍之时，还得注重"士可杀，不可辱"的气节，得讲究"该出手时就出手"的果敢。

15.28　子曰："众恶之，必察焉；众好之，必察焉。"

【译文】

孔子说："大家都厌恶他，一定要考察清楚原因；大家都喜欢他，也一定要考察清楚原因。"

【解读】

评判一个人不能仅仅凭众人的好恶，其原因大致有四：第一，或许某人真的很坏，所以才导致"众恶之"；或者某人真的很好，所以才导致"众好之"。第二，或许某人生性耿直或者特立不群而触犯众怒而导致"众恶之"；或许某人为"乡愿"式的好好先生，或为巧言令色之徒而赢得"众好之"。第三，或许某人被众人误解，或许众人被流言蜚语所迷惑而"众恶之"，或众人被某人的表面现象所迷惑而"众好之"。譬如白居易《放言》（其三）："赠君一法决狐疑，不用钻龟与祝蓍。试玉要烧三日满，辨材须待七年期。周公恐惧流言日，王莽谦恭未篡时。向使当初身便死，一生真伪复谁知？""周公恐惧流言日"，可谓"众恶之"；"王莽谦恭未篡时"，可谓"众好之"。如果周公在恐惧流言时死去，王莽在谦恭未篡时死去，那么他们一生的真伪、忠奸又会有谁知道呢？由此可见，孔子所谓"乡人皆好之，未可也""乡人皆恶之，未可也""众恶之，必察焉；众好之，必察焉"乃至理名言，是我们察人、识人的法宝。第四，或许众人评判好恶的标准本身就有问题，不是以公正的标准而是以个人好恶为标准来衡量。"木秀于林，风必摧之；堆出于岸，流必湍之；行高于人，众必非之"，所以孔子认为："唯仁者能好人，能恶人。"（《论语·里仁》4.3）这是因为仁者无私心，能够抛弃个人成见来客观地、公正地评判某个人。这样，仁者所好与所恶就自然能够当其理与得其中。

15.29　子曰："人能弘道，非道弘人。"

【译文】

孔子说："人能够弘扬道，不是道弘扬人。"

【解读】

道是什么？先王之道也。孔子所求之道，是尧、舜、禹、商汤、周文王、周武王的仁爱之道，孔子认为此乃治国安邦之道；孔子所求之道，是真理。道得靠人去坚守，此孔子所谓"志于道"（《论语·述而》7.6）与"笃信好学，守死善道"（《论语·泰伯》8.13）。道得靠人去追求，此孔子所谓"朝闻道，夕死可矣。"（《论语·里仁》4.8）道得靠人去弘扬，此孔子所谓："如有用我者，吾其为东周乎"（《论语·阳货》17.5），意思是"如果有人任用我，我将使周文王、周武王之道在鲁国复兴！"

果如是，则可以收到这样一种功效："君子学道则爱人，小人学道则易使也。"（《论语·阳货》17.4）这一切皆说明"人能弘道"。孔子此言，意在从正面鼓励人们志于道并使之发扬光大。如果有人试图借道之名来为自己镀金，弘扬自己的名声，则大错特错，因为"非道弘人"。孔子此言，意在从反面告诫人们不可假借道来沽名钓誉。

15.30 子曰："过而不改，是谓过矣。"

【译文】

孔子说："犯了错误而不改正，这就真的叫做错误了。"

【解读】

从心理学的角度来看，某些人尤其是那些位高权重的人，明明发现自己做错了，却讳疾忌医。因为如果改正，就等于公开承认自己错了，这样可能会有损自己的威严和面子，因此讳疾忌医，甚至将错就错。子夏对此亦有深刻的洞察，子夏曰："小人之过也必文。"（《论语·子张》19.8）或许正是针对这样的心理，因此孔子谆谆告诫人们"过则勿惮改"（《论语·学而》1.8）。晋国大夫士季亦说："人谁无过？过而能改，善莫大焉。"（《左传·宣公二年》）如果过而不改，这才是真正的错误。由此可见，人无完人，"无过"只是一种愿望，"思过"则是代表成熟，"改过"才是一种美德。

15.31 子曰："吾尝终日不食，终夜不寝，以思，无益，不如学也。"

【译文】

孔子说："我曾经整天不吃，整夜不睡，而去思考，结果没有收获，还不如去学习。"

【解读】

请参见《论语·为政》2.15 章解读。

15.32 子曰："君子谋道不谋食。耕也，馁①在其中矣；学也，禄在其中矣。君子忧道不忧贫。"

【译文】

孔子说："君子谋求道不谋求衣食。耕种，难免挨饿；学习，俸禄就在其中。君子担忧道不能实行而不担忧贫困。"

【注释】
①馁（něi）：饥饿。

【解读】

夏商周皆有学校，专门用来培养贵族子弟；而贵族子弟求学的目的，无疑是为了得到选拔任用。孔子办私学，虽然打破了"学在官府"的办学格局，但是他培养学生的目的没有改变，也是要让弟子通过学习而能够入仕，从而服务社会。孔子亦公开宣称"耕也，馁在其中矣；学也，禄在其中矣"。孔子办学的高明之处，就在于他不仅懂得要使学生掌握做官的本领，更重要的是他并不以此作为培养学生的唯一目标，他还提倡"君子谋道不谋食……君子忧道不忧贫。"因此有的学生读书并非为了做官，他们专心为学，心无旁骛。《荀子·大略》亦云："学者，非必为仕；而仕者，必如学。"以学习为乐，以修身为乐，以求道为乐。孔门弟子中颜回、曾点、曾参、闵子骞等，就是如此。

15.33 子曰："知及之①，仁不能守之，虽得之，必失之。知及之，仁能守之，不庄以莅之②，则民不敬③。知及之，仁能守之，庄以莅之，动④之不以礼，未善也。"

【译文】

孔子说："靠才智得到禄位，不能用仁德守住它，即使得到禄位，必定还会失去。靠才智得到禄位，能够用仁德守住它，如果不用庄重的态度对待百姓，百姓就不会严肃认真地做好事情。靠才智得到禄位，能够用仁德守住它，用庄重的态度来对待百姓，但是不依礼来役使百姓，仍然是不完善的。"

【注释】

①之：指禄位；官位。

②莅之：对待百姓；治理百姓。

③敬：慎重；不怠慢。指办事严肃认真，恪尽职守。

④动：调动；役使。

【解读】

孔子从"智、仁、庄、礼"四个方面来阐述如何守住禄位与治民之道。

依靠聪明才智可以得到禄位，当然也就取得治民的资格了。然而"为政以德"，只有仁德才能使禄位长久。如果不能用仁德守住它，即使得到禄位，必定还会失去。让我们来读读贾谊的《过秦论》吧。想当年秦始皇"奋六世之余烈（发扬六代祖先遗留下来的伟业），振长策而御宇内（挥动长鞭来驾驭天下），吞二周而亡诸侯（吞并了西周、东周，消灭了诸侯国），履至尊而制六合，执敲扑而鞭笞天下（登上皇位从而统治天下，用刑具来奴役天下百姓），威振（通'震'）四海。南取百越之地，以为桂林、象郡；百越之君，俯首系颈，委命下吏（百越各部落的首领，低着头，捆着脖子，把自己交给秦国的狱吏处置）。乃使蒙恬北筑长城而守藩篱（固守屏障），却匈奴七百余里；胡人不敢南下而牧马，士不敢弯弓而报怨"。这是何等的雄才大略！何等的气魄！然而在胜利面前，秦始皇"于是废先王之道（废弃古代贤君的治世之道），焚百家之言，以愚黔首（焚烧诸子各学派的著作，以便使百姓愚昧无知）；隳名城，杀豪杰；收天下之兵，聚之咸阳，销锋镝，铸以为金人十二，以弱天下之民（毁坏名城，杀害豪杰；收缴天下的兵器，集中到咸阳，销毁兵刃箭头，用它铸造成 12 个铜人，来削弱天下百姓的反抗力量）……天下已定，始皇之心，自以为关中之固，金城千里，子孙帝王万世之业也（秦始皇内心自认为关中的坚固，像是千里的铜墙铁壁，正是子孙万代的帝王基业）"。然而当秦始皇死后，一个出身戍卒中的穷苦人陈涉，"斩木为兵，揭竿为旗，天下云集响应（天下百姓像云那样聚集拢来，像回声那样应和着），赢粮而景从（担负着粮食，如影随形般跟随陈涉）。山东豪俊遂并起而亡秦族矣（崤山以东六国的英雄豪杰都起来反抗，终于灭亡了秦朝）"。

试问：一个强大的秦帝国，怎么在短短时间内就会亡国呢？贾谊一针见血地指出："仁义不施而攻守之势异也（是由于没有实施仁义之政，并且秦帝国建立前后攻与守的形势不同了啊）。"秦朝的兴起与灭亡雄辩地印证了孔子"知及之，仁不能守之，虽得之，必失之"的哲理。《孟子·离娄上》对此亦进行了深刻地阐释："三代（夏商周）之得天下也以仁，其失天下也以不仁。国之所以废兴存亡者亦然。天子不仁，不保四海；诸侯不仁，不保社稷；卿大夫不仁，不保宗庙；士庶人不仁，不保四体。今恶死亡而乐不仁，是犹恶醉而强酒。"

有才智得到禄位、有仁德可以守住禄位就可以治民了吗？孔子认为还得"临之以庄，则敬"（《论语·为政》2.20）。意思是"用庄重的态度对待他们，百姓就会严肃认真地做好事情"。否则"不庄以莅之，则民不敬"，君主大臣不庄则无威，无威则民易生玩忽慢易之心，就不会严肃认真地做好事情了。

"知及之，仁能守之，庄以莅之"，仍然不能收到治民的理想功效，还得"治国以礼"。"定公问：'君使臣，臣事君，如之何？'孔子对曰：'君使臣以礼，臣事君以忠。'"（《论语·八佾》3.19）孔子的意思是国君依礼来使用臣子，臣子用忠诚来侍奉君主。君主和大臣同样也要以礼来役使百姓。果真如此，就会如孔子所说："能以礼让为国乎？何有！不能以礼让为国，如礼何？"（《论语·里仁》4.13）意思是"能够用礼让治理国家吗？这有什么困难呢！如果不能用礼让治理国家，将怎样对待礼仪呢？"所以孔子说："不依礼来役使百姓，仍然是不完善的。"

15.34 子曰："君子不可小知而可大受也，小人不可大受而可小知也。"

【译文】

孔子说："君子不可以通过小事情去了解他，却可以承担重任；小人不可以承担重任，却可以通过小事情去了解他。"

【解读】

此章谈论的是识人和用人的一种方法。这里所说的君子，是指具有雄才大略之人。对于这种人，不能通过小事情去了解他，否则就难以识人和用人。据《史记·淮阴侯列传》载：韩信"始为布衣（平民）时，贫，无行（无善行），不得推择为吏；又不能治生商贾（做生意来谋生）。常（曾经）从人寄食饮（依靠别人生活），人多厌之者。"后来"信钓于城下，诸母漂（母：对年老妇女的通称。漂：在水中拍洗绵絮），有一母见信饥，饭信，竟漂数十日（给韩信饭吃，直到漂洗数十天工作完毕）。信喜，谓漂母曰：'吾必有以重报母。'母怒曰：'大丈夫不能自食，吾哀王孙

（可怜公子）而进食，岂望报乎？'"如果以"小知"，则韩信"不得推择为吏"，此其无能者一也；"又不能治生商贾"，此其无能者二也；"常从人寄食饮"，后来他钓于城下，又靠一漂母赐食数十天，此其无能者三也；后来韩信又遭受了淮阴屠中少年的胯下之辱，此其无能者四也。有此四者，人们总算把他看透了：或"人多厌之者"，或"吾哀王孙而进食，岂望报乎"，或"一市人皆笑信，以为怯"。然而韩信乃具有雄才大略之人，岂能以这些小事情去了解他的才干呢？要真正了解韩信，就要通过他是否能够承担重任去观察。当韩信经萧何推荐，而被刘邦拜为大将之后，他堪当重任的雄才大略就充分展露出来了：井陉之战，韩信以3万兵力，背水一战，出奇制胜，打败赵国20余万的军队，创造了以少胜多，以弱胜强的战绩；随后北攻燕，东伐齐，屡立战功；垓下之围，他任统帅而一举打败项羽，为汉朝的建立打下了坚实的基础。韩信与张良、萧何并称为"汉兴三杰"。

这里所说的小人，是指才识平庸之人。小人由于才识所限而难堪重任，因此对于这种人，不能通过能否承担重任去了解他，否则就难以识人和用人，而很可能对其全盘否定。据《资治通鉴》周纪三载：周赧王十七年（公元前298年），孟尝君入秦，秦昭王即以孟尝君为秦相。有人劝说昭王道："孟尝君贤，而又齐族也，今相秦，必先齐而后秦，秦其危矣。"于是秦昭王乃止。囚孟尝君，谋欲杀之。孟尝君使人抵昭王幸姬求解，幸姬曰："妾愿得君狐白裘。"此时孟尝君有一狐白裘，价值千金，天下无双，入秦献之昭王，更无他裘。孟尝君患之，遍问客，莫能对。最下坐有能为狗盗者，曰："臣能得白狐裘。"乃夜为狗，以入秦宫藏中，取所献狐白裘至，以献秦王幸姬。幸姬为言昭王，昭王释孟尝君。孟尝君得出，即驰去。孟尝君夜半至函谷关，根据守关制度，只有到了鸡鸣时才能开关放客。然而此时秦昭王已后悔放走孟尝君，他得知孟尝君已经离开时，即使人驰传逐之。此时孟尝君有个宾客能学鸡鸣，他一学鸡鸣，其他鸡就一齐叫了起来，守关者于是打开关门放客。孟尝君出关不久，秦兵果然追到函谷关，但已追不到孟尝君了。由此可见，孟尝君宾客中的那两个鸡鸣狗盗之徒，虽然没有雄才大略，也不能安邦治国，然而在某种场合却能够发挥其不替代的作用。

15.35　子曰："民之于仁也，甚于水火。水火，吾见蹈而死者矣，未见蹈仁而死者也。"

【译文】

孔子说："百姓需要仁德，胜过需要水火。我看见踩踏水火而死了的，没有看见践行仁德而死了的。"

【解读】

水火，是人们生活所必需的物质，离开了水火，人类就不能生存，所以百姓需要水火。然而还有一种东西也是百姓不可或缺的，那就是仁德，并且它胜过了百姓对水火的需要。为什么呢？因为水火有益也有害，水火能够让人生存，也能够让人溺死或者烧死；仁德则有百益而无一害。

15.36　子曰："当仁，不让于师。"

【译文】

孔子说："遇到践行仁德的时候，对老师也不必谦让。"

【解读】

何晏《论语集解》引孔安国曰："当行仁之事，不复让于师。言行仁之急。"朱熹《论语集注》云："当仁，以仁为己任也，虽师亦无所逊。言当勇往而必为也。"

15.37　子曰："君子贞^①而不谅^②。"

【译文】

孔子说："君子坚守正道而不必拘泥于小信。"

【注释】

①贞：坚定；守正道。

②谅：固执；固守小信。

【解读】

孔子论人，不以固守小信为依据，而以是否对百姓有利，是否对大多数人有利，是否能够泽被后世等为标准。以管仲为例：如果管仲为公子纠殉难，那只不过是小信而已；他日后辅佐桓公，称霸诸侯，使天下一切得到匡正，民众到如今还在享受他的好处。这才是坚守正道。所以孔子认为要求管仲为公子纠殉难并不公正，他说："难道要他像平民百姓那样固守小信，在山沟里自杀而不为人知吗？"这对于我们评判一个人的功过是非仍然具有借鉴作用。

15.38　子曰："事君，敬其事而后其食^①。"

【译文】

孔子说："事奉君主，要先严肃认真地做好事情然后享受俸禄。"

【注释】

①食：食俸禄。

【解读】

这是要求人们具有敬业精神，知恩图报的良好心态。后世的"食君之禄，忠君之事"，盖源于此。"敬事"是孔子治国之道的重要内容，并且孔子把"敬事"当成君子的一种美德，当做仁的一个重要内容。

15.39　子曰："有教无类。"

【译文】

孔子说："任何人都教育而不区分是哪一类人。"

【解读】

孔子对待学生，不分国籍，不分贵贱与贫富，也不分亲疏，皆一视同仁。孔子"有教无类"的教育观，既打破了只有贵族子弟才能接受教育的垄断地位，从而使得庶民享有接受教育的权利和机会，也体现了教育公平的原则。

15.40　子曰："道不同，不相为谋。"

【译文】

孔子说："政治主张不同，则不必互相商议。"

【解读】

"卫灵公问陈于孔子。孔子对曰：'俎豆之事，则尝闻之矣；军旅之事，未之学也。'明日遂行。"（《论语·卫灵公》15.1）此可谓"道不同，不相为谋"的最好注解。它所体现的是一种坚守信仰的态度，也是一种不媚权贵的操守。徐庶进曹营，一言不发，亦是践行孔子的这一主张。

15.41　子曰："辞达而已矣。"

【译文】

孔子说："言辞能够达意就可以了。"

【解读】

此章实际上提出了语言表达的"准确性"原则。语言表达，首先得讲究用词的准确，这是语言表达的基本原则。如果辞不达意，则不能正确地表达自己的意思，则必将影响语言交际的效果。

15.42 师冕①见，及阶，子曰："阶也。"及席，子曰："席也。"皆坐，子告之曰："某在斯，某在斯。"师冕出。子张问曰："与师言之道与?"子曰："然，固②相③师之道也。"

【译文】

师冕来见孔子，走到台阶旁边，孔子说："这是台阶。"走到坐席旁边，孔子说："这是坐席。"都入座后，孔子告诉他说："某人坐在这里，某人坐在那里。"师冕出去之后，子张问道："这是与乐师说话的方式吗?"孔子说："是的，这本来就是帮助乐师的方式。"

【注释】
①师冕：一个名叫冕的乐师。古代乐师一般由盲人担任。
②固：本来（就）；原本（就）。
③相（xiàng）：帮助；辅助。

【解读】

孔子对盲人乐师的帮助，既体现了孔子宅心仁厚的品德，也说明一个人的品德修养往往从细枝末节处体现出来。

季氏第十六

（共十四章）

16.1　季氏^①将伐颛臾^②。冉有、季路见于孔子曰："季氏将有事^③于颛臾。"

孔子曰："求！无乃尔是过与^④？夫颛臾，昔者先王以为东蒙主^⑤，且在邦域之中^⑥矣，是社稷之臣^⑦也，何以伐为^⑧？"

冉有曰："夫子^⑨欲之，吾二臣者皆不欲也。"

孔子曰："求！周任^⑩有言曰：'陈力就列^⑪，不能者止^⑫。'危^⑬而不持，颠^⑭而不扶，则将焉用彼相^⑮矣？且尔言过^⑯矣。虎兕出于柙^⑰，龟玉毁于椟中^⑱，是谁之过与？"

冉有曰："今夫颛臾，固^⑲而近于费^⑳。今不取，后世必为子孙忧。"

孔子曰："求！君子疾夫舍曰'欲之'而必为之辞^㉑。丘也闻有国有家者^㉒，不患寡而患不均，不患贫而患不安^㉓。盖均^㉔无贫，和无寡，安无倾。夫如是，故远人不服，则修文德^㉕以来^㉖之。既来之，则安之。今由与求也，相^㉗夫子，远人不服，而不能来也；邦分崩离析^㉘，而不能守^㉙也；而谋动干戈^㉚于邦内。吾恐季孙之忧，不在颛臾，而在萧墙之内^㉛也。"

【译文】

季氏准备攻打颛臾。冉有、子路去谒见孔子，说："季氏准备对颛臾使用武力。"

孔子说："冉求！恐怕要责备你吧？颛臾，过去先王任命他主持祭祀东蒙山，况且它的疆域在鲁国境内，这是鲁国的属国，为什么要攻打呢？"

冉有说："是季氏想这样做，我们两个人都不同意。"

孔子说："冉求！周任有句话说：'能够施展自己的才能，再担任职务。不能胜任，就应辞职。'譬如盲人站不稳时，不去扶持他；跌倒时，不去搀扶他，又何必用那助手呢？况且你的话是错的。老虎和犀牛从笼子里跑出来了，龟甲和美玉在匣子里毁坏了，这是谁的错呢？"

冉有说："如今颛臾城墙坚固并且靠近季氏的采邑费，如果现在不夺取，将来必定会成为季氏子孙后代的忧患。"

孔子说："冉求！君子厌恶那种明明想这样却不说想这样，而一定要为它寻找借口。我听说过拥有国家的诸侯或者拥有封地的大夫，不担心贫穷而担心财富分配不公，不担心人口少而担心不安定。财富分配公平，就无所谓贫穷；境内和睦，就无所谓人口少；国家安定，就没有倾覆的危险。做到了这些，如果远方的人还不归服，就修治仁义礼乐方面的德政教化来招致他们。既然使他们来了，就得使他们安心。现在仲由和冉求你们两人辅佐季氏，远方的人不归服，却不能招致；国家四分五裂却不能保持稳定；反而策划在境内使用武力，我担心季孙的忧患不在颛臾，而在宫廷内部。"

【注释】

①季氏：季孙氏，鲁国最有权势的贵族。季：本是鲁桓公之少子公子友的字，他的后代就以"季"为氏。这里指季康子，名肥。他于鲁哀公三年当权，二十七年卒。

②颛臾：鲁国境内小国，附庸鲁国，故城在今山东费县西北。

③事：指军事。

④无乃句：恐怕要责备你吧？"无乃……与"：表示揣测或委婉语气的固定结构，可译为"恐怕……吧""不是……吗"。尔是过：宾语前置句，即"过尔"。过：责备。

⑤东蒙主：祭祀东蒙山神的主祭人。东蒙：即蒙山，在今山东蒙阴县南40里，西南接费县界。因蒙山在鲁国的东方，因此称"东蒙"。

⑥邦域之中：指在鲁国疆境之内。

⑦是社稷之臣：这是鲁国的属国。是：指示代词，这，指颛臾。社：土地神。稷：五谷神。社稷：代表"国家"。这里指鲁国。

⑧何以伐为：为什么要攻打呢？"何以……为"：表示反问的固定结构，可译为"为什么要……呢""哪儿用得着……呢""还要……干什么"。为：语气词。

⑨夫子：指季康子。春秋时期，对老师、长者及大夫等都可以尊称夫子。

⑩周任：古代的良史。

⑪陈力就列：陈：陈列；摆出来。力：能力；才能。就：就任。列：位次；职务。

⑫止：停止；罢手。这里指自动辞职。

⑬危：不稳。这里指站不稳。

⑭颠：倒，跌倒。

⑮相（xiàng）：扶着盲人走路的人。

⑯过：错。

⑰虎兕出于柙：兕（sì）：独角犀。柙（xiá），关猛兽的笼子。

⑱龟玉毁于椟中：龟玉：都是宝物。龟：龟甲，古人用于占卜。玉：玉器，古人用于祭祀。椟：匣子。

⑲固：指城墙坚固。

⑳费（bì）：季氏的采邑，即今山东费县。颛臾距离费35公里。

㉑君子句：疾：厌恶；讨厌。夫：代词，那。舍：舍弃；撇开。为之辞：双宾语结构，指为季氏将伐颛臾之事找借口。辞：指借口；说辞。

㉒有国有家者：诸侯和大夫。"国"是诸侯的封邑。"家"是卿大夫的封邑。

㉓不患二句：这两句中的"寡"与"贫"位置错乱，当作"不患贫而患不均，不患寡而患不安"。寡：指人口少。安：指安定。

㉔均：公平；均匀。

㉕文德：指仁义礼乐方面的德政教化。

㉖来：使……来，招致。

㉗相：辅佐。

㉘分崩离析：等于说四分五裂。

㉙守：守住。这里指保持国家的稳定。

㉚干戈：指军事；战争。干：盾牌。戈：古代用来刺杀的一种长柄兵器。

㉛萧墙：国君宫门内当门的矮墙，又叫做屏。萧墙之内：指鲁国宫廷内部，即鲁君。鲁哀公与当时当权的季孙氏之间矛盾很深，所以孔子认为季孙氏的忧患在鲁君。

【解读】

孔子的"不患贫而患不均，不患寡而患不安"的思想在今天仍然具有重要的借鉴意义。改革开放至今，中国的确发生了翻天覆地的变化，人民的生活水平也确实提高了许多，然而社会矛盾却比以前更突出、更严重。这是为什么？一个重要的原因就是社会财富分配不公、贫富不均。城乡发展的不平衡和社会贫富不均必将造成严重的恶果。其实，要妥善解决此类社会矛盾，我们可以从《论语》中去汲取智慧。孔子倡导社会公平，他说："我听说过拥有国家的诸侯或者拥有封地的大夫，不担心贫穷而担心财富分配不公，不担心人口少而担心不安定。财富分配公平，就无所谓贫穷；境内和睦，就无所谓人口少；国家安定，就没有倾覆的危险。"由此可见，和谐社会，不是单纯追求 GDP，也不是让少数人富起来，而是要走共同富裕的道路，至少首先要解决广大群众的温饱问题。据统计，截至 2014 年底，中国仍有 7000 多万农村贫困人口。2015 年 11 月 27 日至 28 日，中国中央扶贫开发工作会议在北京召开，吹响了脱贫攻坚战的冲锋号，确保到 2020 年所有贫困地区和贫困人口一道迈入全面小康社会。这种理念和所采取的措施，可以说是对"均无贫，和无寡，安无倾"的深刻解读。

16.2 孔子曰："天下有道，则礼乐征伐自天子出；天下无道，则礼乐征伐自诸侯出。自诸侯出，盖十世希①不失矣；自大夫出，五世希不失矣；陪臣②执国命，三世希不失矣。天下有道，则政不在大夫。天下有道，则庶人不议。"

【译文】

孔子说："天下政治清明时，制定礼乐和兴兵征伐都由天子决定；天下政治黑暗时，制定礼乐和兴兵征伐都由诸侯决定。礼乐征伐由诸侯决定，大概君位传到十代就很少有不失掉的；礼乐征伐由大夫决定，大概大夫之位传到五代就很少有不失掉的；大夫的家臣把持朝政，大概家臣之位传到三代就很少有不失掉的。天下政治清明时，朝政就不会落在大夫手里。天下政治清明时，百姓就不会非议朝政。"

【注释】
①希：少；稀少。
②陪臣：卿大夫的家臣。

【解读】

天下无道，则礼乐征伐自诸侯出，或自大夫出，或陪臣执国命，皆是僭越礼制的行为。诸侯僭礼无德，其大夫势必亦僭礼无德；大夫僭礼无德，其家臣势必亦僭礼无德。此所谓上行下效。如此则必将导致诸侯之国和大夫之家的动乱，即使乱不及身，最终也难免祸及子孙。礼乐征伐自诸侯出，必定造成诸侯与天子之间的矛盾；礼乐征伐自大夫出，必定造成大夫与诸侯之间的矛盾；陪臣执国命，必定造成家臣与大夫之间的矛盾。这些矛盾一旦到了不可调和的地步，就必定导致武力冲突，或天子战胜诸侯，诸侯战胜大夫，大夫战胜家臣，这就使得僭越者祸及自身；或诸侯战胜天子，大夫战胜诸侯，家臣战胜大夫，这虽然可以暂时保全僭越者自身的安全，但毕竟埋下了祸患的种子，并且这种矛盾和斗争还会延续下去，随着矛盾双方力量的此消彼长，最终也难免不祸及僭越者的子孙。所以孔子说：礼乐征伐由诸侯决定，大概君位传到十代就很少有不失掉的；礼乐征伐由大夫决定，大概大夫之位传到五代就很少有不失掉的；大夫的家臣把持朝政，大概家臣之位传到三代就很少有不失掉的。

16.3 孔子曰："禄①之去公室五世矣，政逮②于大夫四世矣，故夫三桓③之子孙微矣。"

【译文】

孔子说："国家政权离开鲁公已经五代了，国家政权落到大夫手里已经四代了，所以鲁桓公的三房子孙衰落了。"

【注释】

①禄：禄位；爵禄。此指国家政权。

②逮：及；到。

③三桓：春秋后期掌握鲁国政权的仲孙（孟孙）氏、叔孙氏、季孙氏三家贵族。他们是鲁桓公之子仲庆父、叔牙、季友的后裔，因此把他们称为三桓。

【解读】

鲁国自鲁文公死后，三桓掌握了鲁国的政权，历经鲁宣公、成公、襄公、昭公和定公五代国君，所以孔子说："国家政权离开鲁公已经五代了。"三桓中以季孙氏的势力最强，季孙氏长期把持鲁国朝政，历经季文子、季武子、季平子和季桓子四代，所以孔子说："国家政权落到大夫手里已经四代了。"鲁定公五年（公元前505）季平子死，季桓子执政，其家臣阳虎囚桓子而专鲁国之政，从此季孙氏开始衰微，所以孔子说："鲁桓公的三房子孙衰落了。"鲁哀公三年，季桓子卒，季康子执政，季康子之后季氏则无闻矣，这也证明了上章孔子所说的："礼乐征伐由大夫决定，大概大夫之位传到五代就很少有不失掉的。"

16.4　孔子曰："益者三友，损者三友。友直，友谅①，友多闻，益矣。友便辟②，友善柔③，友便佞④，损矣。"

【译文】

　　孔子说："有益的朋友有三种，有害的朋友有三种。跟正直的人交友，跟诚信的人交友，跟见多识广的人交友，就有益了。跟逢迎谄媚的人交友，跟两面三刀的人交友，跟夸夸其谈的人交友，就有害了。"

【注释】

①谅：诚信。

②便（pián）辟：善于逢迎谄媚的人。

③善柔：表面和善而心术不正的人。

④便（pián）佞：善于花言巧语、夸夸其谈的人。

【解读】

　　"友直，友谅"，所以辅仁也；"友多闻"，所以增进学问也。而"友便辟，友善柔，友便佞"，则有害于道德学问也。由此可见，如果交友不慎，则将贻害无穷。俗话说"近朱者赤，近墨者黑"，就是这个道理。当今不少贪腐官员在落马之后所写的忏悔书中往往有这么一句话：痛悔自己交友不慎。然悔之晚矣！

16.5　孔子曰："益者三乐，损者三乐。乐节①礼乐，乐道人之善，乐多贤友，益矣。乐骄乐，乐佚游②，乐宴乐③，损矣。"

【译文】

孔子说:"有益的快乐有三种,有害的快乐有三种。乐于用礼乐来调节自己,乐于称道别人的优点,乐于多结交贤德的朋友,就有益了。乐于骄傲,乐于游荡,乐于宴请,就有害了。"

【注释】

①节:调节。

②佚游:游荡无度。佚:放荡;无节制。

③宴乐:设宴聚饮,大吃大喝。

【解读】

"乐节礼乐",其言行举止就会得宜,其情操就会变得高尚。"乐道人之善",一则可以勉励别人继续向善,二则也是勉励自己向善,此所谓"见贤思齐"。"乐多贤友",孔子认为"德不孤,必有邻"(《论语·里仁》4.25)。贤友既多,也足以反观自己德行之隆盛。"朋友切切偲偲"(《论语·子路》13.28),这样于道德修养和知识技艺,皆有所裨益。"乐骄乐",则势必傲慢无礼,势必满足于现状而不思进取,此可谓"满招损,谦受益"。"乐佚游",则势必沉湎于山水而怠于工作和学习。"乐宴乐",则势必大肆挥霍,结交酒肉朋友。这三种所谓的快乐,最终将导致乐极生悲而贻害无穷。《孟子·告子下》所谓"生于忧患,死于安乐",盖源于此乎!

16.6 孔子曰:"侍于君子①有三愆②:言未及之而言谓之躁,言及之而不言谓之隐③,未见颜色而言谓之瞽④。"

【译文】

孔子说:"陪着君子说话容易犯三种过失:没轮到他说话却抢着说叫做急躁,该他说的时候却不说叫做沉默,不看君子的脸色就贸然说叫做瞎眼。"

【注释】

①君子：这里指有位者；长官。

②愆（qiān）：过失。

③隐：沉默。

④瞽：瞎眼；盲人。

【解读】

孔子所指出的陪着君子说话容易犯三种过失，实际上也是从反面指出某些人言语表达不得体、不符合情景语境的三种表现形式，即说话急躁、该说却不说、不知察言观色而贸然说。

16.7 孔子曰："君子有三戒：少①之时，血气未定，戒之在色；及其壮也，血气方刚②，戒之在斗；及其老也，血气既衰，戒之在得③。"

【译文】

孔子说："君子有三种警戒的事情：年轻时，血和气没有稳定，要警戒贪念女色；到了壮年时，血和气正旺盛，要警戒争强好斗；到了老年时，血和气已经衰弱，要警戒贪得。"

【注释】

①少：青年；年轻。古代凡未满 30 岁都叫少。

②血气方刚：血和气正旺盛。方：正。"血"和"气"是两个概念，中医有"气血两亏"之说。

③得：贪得，如贪权、贪利、贪名等。

【解读】

孔子曾经从正反两个方面来总结自己的人生经验，这其实也是他通过修身养性来求得身心和谐的经验。"子曰：'吾十有五而志于学，三十而立，四十而不惑，五十而知天命，六十而耳顺，七十而从心所欲，不逾矩。'"（《论语·为政》2.4）这是孔子概括自己一生中修身养性所经历的六种境界。"子曰：'志于道，据于德，依于仁，游于艺。'"（《论语·述而》7.6）这可以看成是孔子进行道德修养的方法，这种方法贯穿于孔子修身养性所经历的六种境界之中。这是就修身养性"应该如何做"而言。孔子所言君子三戒，是指人生三个重要发展时期，最容易犯三种错误，因此需加警戒。这是就修身养性"不应该如何做"而言。现代医学研究表明：好色则易伤肾，好斗则易伤肝，贪得则易伤神。人的一生避免色、斗、欲，则能保养身体，则能心态平和。此所谓无益身心事莫为。孔子有此人生的六种境界，并坚持志道、据德、依仁、游艺和坚守三戒，身心岂有不和谐之理？养生之道，其精髓或在此乎！

16.8 孔子曰："君子有三畏：畏天命，畏大人①，畏圣人之言。小人不知天命而不畏也，狎②大人，侮圣人之言。"

【译文】

孔子说："君子有三种敬畏的事情：敬畏天命，敬畏王公大人，敬畏圣人之言。小人不知道天命而不敬畏，轻视王公大人，蔑视圣人之言。"

【注释】

①大人：身居高位的人；王公大人。

②狎：轻视。

【解读】

君子知天命，则必敬畏天命，则将有所忌惮，不敢妄为；小人不知天命，则必不敬畏天命，则将肆无忌惮，无所不为。殊不知人在做，天在看。君子敬畏尊长，则必令行禁止；否则就可能犯上作乱。君子敬畏圣人之言，则必以之为行为的准则；否则就会行为不端，违法乱纪，甚至亵渎圣人。

16.9 孔子曰："生而知之者上也，学而知之者次也；困而学之，又其次也；困而不学，民斯为下矣。"

【译文】

孔子说："无需老师传授就有知识的人是上等，经过学习而有知识的人是次一等；遇到困惑而学习的人是又次一等；遇到困惑而不学习，老百姓就是这种最下等的了。"

【解读】

过去有人以"生而知之者上也"作为孔子是唯心主义先验论的铁证。其实，虽然孔子根据获得知识的途径而把人分为四等，并且承认"生而知之者上也"，但是他从未称赞过任何人是生而知之者，包括他心目中的圣人；也从不以"生而知之者"自居，而是坦承"我非生而知之者"（《论语·述而》7.20），并且反复申明自己是"学而知之者"。由此可见，孔子所谓"生而知之者上也"，只不过虚设一等而已；犹如当今言"天才"，可谁也不敢以"天才"自居，也不宜将"天才"的桂冠赠与他人，即使赠与，他人也未必敢泰然处之。

16.10 孔子曰："君子有九思：视思明①，听思聪②，色思温，貌思恭，言思忠，事思敬，疑思问，忿思难③，见得思义。"

【译文】

孔子说："君子有九种要考虑的事情：看时要考虑是否看得明白，听时要考虑是否听得清楚，脸色要考虑是否温和，容貌要考虑是否端庄，说话时要考虑是否忠实，做事时要考虑是否严肃认真，疑惑时要考虑是否向别人请教，愤怒时要考虑是否有后患，遇到所得时要考虑是否合乎道义。"

【注释】

①明：视力好。

②聪：听力好。

③难（nàn）：灾难；后患。

【解读】

"九思"是孔子要求君子在待人接物方面所要考虑的九种事情。"视思明，听思聪"，即耳聪目明，眼观六路，耳听八方，兼听则明，不受蒙蔽，充满智慧。"色思温，貌思恭"，即仪容举止温和端庄，而不骄傲自大。子贡曾称赞孔子"温、良、恭、俭、让"（《论语·学而》1.10），子夏倡导君子"与人恭而有礼"（《论语·颜渊》12.5）。"言思忠"，即说话忠诚老实，值得信赖。"事思敬"，即做事严肃认真，恪尽职守，"子曰：'道千乘之国，敬事而信'"（《论语·学而》1.5），"樊迟问仁。子曰：'居处恭，执事敬，与人忠。虽之夷狄，不可弃也'"（《论语·子路》13.19），此乃成功之道。"疑思问"，即虚心求教，谦则受益。"忿思难"，即考虑后果，孔子云："一朝之忿，忘其身，以及其亲，非惑与？"（《论语·颜渊》12.21）能够克制自己，则可免祸。"见得思义"，即所得要合乎正道，义然后取而不苟得；如果见利忘义，则为君子所不齿。

16.11 孔子曰："见善如不及①，见不善如探汤②。吾见其人矣，吾闻其语矣。隐居以求其志，行义以达其道。吾闻其语矣，未见其人也。"

【译文】

孔子说："看见好人好事就好像赶不上似的要努力学习，看见坏人坏事就好像手伸进沸水似的要赶快避开。我看见过这样的人，听到过这样的话。隐居来保全自己的志向，行义来实现自己的主张。我听到过这样的话，没见过这样的人。"

【注释】
①及：追上；追赶。
②汤：开水；热水。

【解读】

见善如不及，则能天天向善；见不善如探汤，则能无益身心事莫为。此一追赶，一避开，实为修身养性之道。

16.12　齐景公有马千驷①，死之日，民无德而称焉。伯夷、叔齐饿于首阳之下，民到于今称之。其斯②之谓与?

【译文】

齐景公有四千匹马，他死的时候，民众找不到他有什么德行可以称赞。伯夷、叔齐饿死在首阳山下，民众到如今还称赞他。大概说的是德行吧。

【注释】
①驷：古代一般用四匹马驾车，因此四匹马为驷。
②斯：此。这里指德。

【解读】

齐景公在位 58 年，然而对百姓进行残酷剥削，奢侈无度；滥用刑罚，致使齐国屦贱踊贵；穷兵黩武，构怨于诸侯。他死后仅九年，姜姓齐国就被田氏所取代，史称"田氏代齐"。伯夷、叔齐是商朝末年孤竹国国君的两个儿子。伯夷是长子庶出，叔齐是次子嫡出。据《史记·伯夷列传》载：孤竹君将死，遗命立次子叔齐为继承人。孤竹君死后，叔齐以兄弟之伦让位给其兄伯夷，伯夷以父命当遵而不受。他们都逃到周文王处。周武王起兵伐纣时，他们曾拦住车马谏阻。武王灭商后，他们耻食周粟而隐于首阳山，采薇而食，最终饿死山中。孔子称赞伯夷、叔齐为"古之贤人"（《论语·述而》7.15），为"逸民"，并感叹道："不降其志，不辱其身，伯夷、叔齐与！"（《论语·微子》18.8）孔子把齐景公与伯夷、叔齐进行对比，意在说明：一个人是否能够得到民众的称赞，不在于他的地位有多高，财富有多少，而在于他是否拥有高尚的品德。

16.13 陈亢①问于伯鱼②曰："子亦有异闻乎?"对曰："未也。尝独立，鲤趋③而过庭。曰：'学诗乎?'对曰：'未也。''不学诗，无以言。'鲤退而学诗。他日，又独立，鲤趋而过庭。曰：'学礼乎?'对曰：'未也。''不学礼，无以立。'鲤退而学礼。闻斯二者。"陈亢退而喜曰："问一得三，闻诗、闻礼，又闻君子之远④其子也。"

【译文】

陈亢向伯鱼问道："你从老师那里得到过与其他弟子不同的教诲吗?"伯鱼答道："没有。父亲曾经独自站立，我快步走过庭院。父亲问：'学了《诗经》吗?'我答道：'没有。'父亲说：'不学《诗经》，就不会说话。'我退下之后就学习《诗经》。有一天，父亲又独自站立，我快步走过庭院。父亲问：'学礼没有?'我答道：'没有。'父亲说：'不学礼，就不能立足于社会。'我退下之后就学习礼。我只听到这两个教诲。"陈亢退下之后高兴地说："我问一个问题得到三点收获，知道了学诗和学礼的重要性，又知道君子不偏爱自己的儿子。"

【注释】

①陈亢（gāng）：名亢，字子禽，陈国人，孔子弟子，比孔子小40岁。

②伯鱼：孔子的儿子，名鲤，字伯鱼。

③趋：快走。

④远：疏远；不偏爱。

【解读】

孔子对待学生一视同仁，即使是自己的儿子也不偏爱而为其"开小灶"。"子曰：'有教无类。'"信哉，斯言也！

16.14　邦君之妻，君称之曰夫人，夫人自称曰小童；邦人称之曰君夫人，称诸异邦曰寡小君；异邦人称之亦曰君夫人。

【译文】

国君之妻，国君称她为夫人，夫人对国君自称为小童；本国人称她为君夫人，对别国人就称她为寡小君；别国人也称她为君夫人。

【解读】

此章介绍国君之妻在不同语境下的不同称谓。讲究称谓，是为了遵循礼仪。

阳货第十七

（共二十六章）

17.1 阳货①欲见②孔子，孔子不见，归③孔子豚④。孔子时⑤其亡也，而往拜之。遇诸涂⑥。谓孔子曰⑦："来！予与尔言。"曰："怀其宝而迷其邦⑧，可谓仁乎？曰：不可！好从事而亟⑨失时，可谓知乎？曰：不可！日月逝矣，岁不我与⑩。"孔子曰："诺，吾将仕矣。"

【译文】

阳货想让孔子拜见他，孔子不去见他，阳货就送给孔子一头煮熟了的小猪。孔子探听到阳货不在家时就去拜谢他。两人在路上相遇了。阳货对孔子说："过来！我跟你说话。"阳货说："怀藏才能却听任国家迷乱，可以叫做仁德吗？不可以！喜欢参与政事却屡次错过机会，可以叫做聪明吗？不可以！日月消逝，岁月不等人啊。"孔子说："好吧，我准备做官。"

【注释】

①阳货：名虎，季氏家臣中最有权势的人。鲁定公五年（公元前505）季平子死，其子桓子继位为执政上卿，阳货囚桓子而专鲁国之政。

②见（xiàn）：使……拜见。

③归（kuì）：通"馈"，赠送。

④豚：小猪。这里指煮熟了的小猪。

⑤时：通"伺"，窥探；探听。

⑥涂：通"塗"，道路。

⑦曰："曰"以下直至"孔子曰"前，都是阳货自问自答。

⑧怀其宝而迷其邦：何晏《论语集解》引马融曰："言孔子不仕，是怀宝也；知国不治而不为政，是迷邦也。"怀宝：比喻怀藏才能。

⑨亟：屡次。

⑩岁不我与：岁月不等我。与：犹等待。

【解读】

　　阳货劝孔子出仕，虽然孔子对阳货所说的一番话有所感触，表示"吾将仕矣"，但是孔子因反对季氏专权，反对阳货作为季氏的家臣而"陪臣执国命"，最终他还是没有出来做官。虽然孔子以治国安邦为己任，但君子做官取之有道，不能仕于僭离正道之人，他拒绝阳货的邀请就是明证；并且讲究做官的原则，如果君主或执政者昏庸，他宁肯辞官，后来他辞去鲁国司寇、代理宰相之职就是明证。孔子的这种"出仕"观，反映了孔子的政治操守和人格魅力。反观今之官场，如果官员们都有孔子这样的道德操守与人格魅力，那么官场就会出现清明的景象了。

17.2　子曰："性相近也，习①相远也。"

【译文】

　　孔子说："人的本性原本是相近的，因为后天的习染不同而相差很大。"

【注释】

①习：习惯；习染。

【解读】

　　孔子认为，人的本性原本是相近的，然而本性不是一成不变的，它将随着一个人后天的习染，譬如社会环境、所结交的人群、所受的教育、品德修养等因素而发生变化，以致造成与他人在品性上形成较大差异。这反映出孔子具有朴素唯物主义的思想。《荀子·劝学》对此亦有深刻的论述："蓬生麻中，不扶而直；白沙在涅，与之俱黑。兰槐之根是为芷，其渐之潃，君子不近，庶人不服。其质非不美也，所渐者然也。故君子居必择乡，游必就士，所以防邪辟而近中正也。"意思是蓬草长在麻地里，不用扶持也能挺直，白沙混进黑泥里，就随之变黑了。兰槐的根叫芷，如果把它浸入臭汁里，君子和一般人都不会接近和佩戴它。不是芷本身不香，而是所浸泡的水是臭的。所以君子居住要选择好的环境，交友要选择有道德的人，才能够防止邪辟而走近正直。这是说社会环境和所结交的人群对一个人品性的影响。这正如俗话所说"近朱者赤，近墨者黑"。

17.3 子曰："唯上知与下愚不移①。"

【译文】

孔子说："只有绝顶聪明的人和最愚蠢的人才是不可改变的。"

【注释】

①移：改变。

【解读】

所谓上知，即《论语·季氏》16.9章所说的"生而知之者"，是指无需老师传授就有知识的人，靠的是非凡才智和亲身实践。这种人是上等人；所谓下愚，即"困而不学"者，是指遇到困惑而不学习的人。这种人是下等人。这两种人处于知识的两极，这种状况难以改变，因此孔子说"唯上知与下愚不移"。

17.4 子之武城①，闻弦歌之声。夫子莞尔②而笑，曰："割鸡

焉用牛刀?"子游③对曰:"昔者偃也闻诸夫子曰:'君子学道则爱人,小人学道则易使也。'"子曰:"二三子!偃之言是也。前言戏④之耳。"

【译文】

孔子到达武城,听到弹琴唱歌的声音。孔子微微一笑,说:"杀鸡何必用宰牛的刀?"子游答道:"以前我听老师说过:'在上位的人学习道就会爱人,百姓学习道就容易服从使唤。'"孔子说:"弟子们!子游的话是对的。我刚才说的只不过跟他开玩笑罢了。"

【注释】
①武城:鲁国邑名。
②莞尔:微笑的样子。
③子游:姓言名偃,字子游,吴国人,孔子弟子,比孔子小45岁,此时为武城宰,提倡以礼乐为教。
④戏:开玩笑。

【解读】

子游擅长文学,与子夏同属孔门文学科高足,20多岁担任武城宰,认真贯彻实行孔子所倡导的以礼乐为教的政治主张,所以当孔子来到武城时,他听到满城都是弦歌之声。弦歌者,乐教也。乐教者,治国之道也。无论是治国还是治邑,都可以用音乐来推行教化,来宣传先王之道。果如是,则在上位的人就会爱人,百姓就容易服从使唤,上下和睦,则国治邑亦治矣!

17.5 公山弗扰以费畔①,召,子欲往。子路不说,曰:"末之②也,已,何必公山氏之之③也?"子曰:"夫召我者,而岂徒④哉?如有用我者,吾其为东周⑤乎!"

【译文】

公山弗扰凭借费邑叛乱，召请孔子，孔子准备去。子路不高兴，说："没有地方去就算了，何必去公山氏那里呢？"孔子说："召请我的人，难道是白白召请我吗？如果有人任用我，我将使周文王周武王之道在鲁国复兴！"

【注释】

①公山弗扰以费畔：公山弗扰，季氏的家臣，任费（bì）邑宰。后来背叛季氏而拥护阳货，与阳货共执季桓子。畔：通"叛"，叛乱。

②末之：没有地方去。末：没有。之：到……去。

③公山氏之之：前一个"之"是结构助词，为宾语"公山氏"前置的标志；后一个"之"是动词。

④徒：徒然；白白。

⑤为东周：使周文王周武王之道在鲁国复兴。为：复兴；振兴。皇侃《论语义疏》："鲁在东，周在西，云东周者，欲于鲁而兴周道，故云吾其为东周也。"

【解读】

孔子在政治上主张实施先王之道。所谓先王之道，就是先代圣明君王的治国之道，尧、舜、禹、商汤、周文王、周武王是孔子心目中的圣明君王。《礼记·中庸》云："仲尼祖述尧舜，宪章文武。"意思是孔子尊崇效法尧舜的行为，遵守周文王周武王的法制。孔子认为，先王之道的基本内容是礼乐制度和仁义道德。孔子主张对西周所建立起的礼仪秩序给予充分肯定，并非复辟倒退，而是想以此来改变春秋时期礼崩乐坏的社会现实，使动荡的社会恢复稳定的局面。

17.6 子张问仁于孔子。孔子曰："能行五者于天下为仁矣。""请问之。"曰："恭、宽、信、敏、惠。恭则不侮，宽则得众，信则人任焉，敏则有功，惠则足以使人。"

【译文】

　　子张问孔子什么是仁。孔子说："能在天下实行五种品德就是仁了。"子张说："请问哪五种。"孔子说："庄重、宽厚、诚实、勤勉、慈惠。庄重就不会遭受侮辱，宽厚就会得到众人拥护，诚实就会得到别人的任用，勤勉就会卓有成效，慈惠就能让人服从。"

【解读】

　　《论语》中"恭"有二义：一是容貌端庄严肃。孔子提倡"色思温，貌思恭"（《论语·季氏》16.10），"子温而厉，威而不猛，恭而安"（《论语·述而》7.38）。二是待人恭谨谦顺。"子曰：'无为而治者其舜也与？夫何为哉？恭己正南面而已矣。'"（《论语·卫灵公》15.5）子夏亦强调君子"与人恭而有礼"（《论语·颜渊》12.5）。孔子指出在"恭"方面还要注意两个问题：一是反对"足恭"，即过分恭顺。"子曰：'巧言，令色，足恭，左丘明耻之，丘亦耻之。'"（《论语·公冶长》5.25）二是恭要近于礼。"子曰：'恭而无礼则劳。'"（《论语·泰伯》8.2）此章云："恭则不侮。"有子也说："恭近于礼，远耻辱也。"（《论语·学而》1.13）这就表明："恭"超过礼（足恭），则自卑过甚，人不辱之而自辱；"恭而无礼"则难免疲惫。此所谓"过犹不及"。

　　"宽"是宽厚，是宽宏大量。孔子认为执政者要宽宏大量，反对"居上不宽"（《论语·八佾》3.26）的行为，因为"宽则得众"。

　　"信"是孔子所倡导的重要的社会伦理道德规范之一。在社会生活当中，诚信主要用于以下两个领域：一是人与人之间要讲诚信，这是个人的修身之道，所以孔子说"人而无信，不知其可也"（《论语·为政》2.22）。二是为政者要以诚信治国，这是为政者的治国为政之道，所以孔子说"民无信不立"（《论语·颜渊》12.7）。

"敏"是勤勉。孔子认为，人的知识学问皆是从勤勉中求得的，他坦承自己的学问就是"好古，敏以求之者也"（《论语·述而》7.20）。通过勤勉也可以使得做事而卓有成效，因此孔子说"敏则有功"。

《论语》中"惠"有二义：一是恩惠；慈惠。"或问子产。子曰：'惠人也。'"（《论语·宪问》14.9）"惠人"，就是仁爱宽厚的人。二是施惠；给人好处。"子曰：君子惠而不费。"子张曰："何谓惠而不费？"子曰："因民之所利而利之，斯不亦惠而不费乎？"（《论语·尧曰》20.2）"惠而不费"，就是既施惠于民又不费财。百姓受到执政者的恩惠，当然就心甘情愿为其效力了，所以孔子说"惠则足以使人"。

综上所述，"恭、宽、信、敏、惠"属于道德修养的范畴，是成为仁人君子所必备的品德，所以孔子说：能在天下实行庄重、宽厚、诚实、勤勉、慈惠五种品德就是仁了。"恭、宽、信、敏、惠"也是治国之道，所以孔子说："庄重就不会遭受侮辱，宽厚就会得到众人拥护，诚实就会得到别人的任用，勤勉就会卓有成效，慈惠就能让人服从。"

17.7 佛肸①召，子欲往。子路曰："昔者由也闻诸夫子曰：'亲于其身为不善者，君子不入也。'佛肸以中牟畔，子之往也，如之何？"子曰："然，有是言也。不曰坚乎，磨而不磷②；不曰白乎，涅③而不缁④。吾岂匏瓜也哉？焉能系⑤而不食？"

【译文】

佛肸召请孔子，孔子准备去。子路说："以前我听老师说过：'亲自做坏事的人那里，君子是不会去的。'佛肸凭借中牟叛乱，你却去他那里，怎么解释呢？"孔子说："是的，我说过这话。磨不薄的东西，不是最坚硬的吗？染不黑的东西不是最白的吗？我难道是匏瓜吗？怎能只是悬挂着而不被人食用呢？"

【注释】

①佛肸（bì xī）：晋国大夫范中行的家臣，任中牟邑宰。公元前 490 年，晋国大夫赵简子攻打范氏，包围中牟，佛肸据中牟抗拒赵简子。

②磷（lìn）：磨薄；损伤。

③涅：可用作黑色染料的矾石。这里指染黑。

④缁：黑色。

⑤系（jì）：悬挂。

【解读】

公山弗扰凭借费邑叛乱，佛肸据中牟抗拒赵简子，皆为不善之人，然而他们召请孔子，孔子皆欲往，而子路皆表示出不满，因为这有悖于孔子自己的主张：亲自做坏事的人那里，君子是不会去的。孔子何以两次欲违背自己的主张呢？或许可以从两个方面来看，一是孔子急于施展他的政治抱负："如果有人任用我，我将使周文王周武王之道在鲁国复兴！"二是孔子充满着自信，一般人必将"近墨者黑"，而孔子自信是磨不薄的东西，是染不黑的东西，用今天的话来说，就是具有极强的抵抗力和免疫力。当然孔子最终还是没有应召，这是因为他清楚地知道自己的理想不可能凭借公山弗扰和佛肸这样的人来实现。此亦可谓"智者不惑"。

17.8 子曰："由也！女闻六言①六蔽矣乎？"对曰："未也。""居！吾语女。好仁不好学，其蔽也愚；好知不好学，其蔽也荡②；好信不好学，其蔽也贼③；好直不好学，其蔽也绞④；好勇不好学，其蔽也乱；好刚不好学，其蔽也狂。"

【译文】

孔子说："仲由！你听说过六种品德及其六种弊病吗？"子路答道："没有。"孔子说："坐下！我告诉你。爱好仁德而不爱好学习，其弊病是容易受愚弄；爱好智慧而不爱好学习，其弊病是放荡不羁；爱好诚实而不爱好学习，其弊病是容易受伤害；爱好正直而不爱好学习，其弊病是尖酸刻薄；爱好勇敢而不爱好学习，其弊病是容易惹是生非；爱好刚强而不爱好学习，其弊病是胆大妄为。"

【注释】

①六言：六个字，即仁、知（智）、信、直、勇、刚等六种美德。

②荡：放纵，不遵循礼法；放荡不羁。

③贼：害；伤害。

④绞：偏执；急切。这里指说话尖酸刻薄。

【解读】

人的知识，是通过学习获得的；人的品德，也是通过学习养成的。孔子在这里强调的就是学习对于仁、知（智）、信、直、勇、刚等品德修养的重要性。孔子认为，如果只是爱好仁德、智慧、诚实、正直、勇敢、刚强等美德，而不爱好学习，就难以明白为什么要爱好这些美德的道理，就可能产生不良后果。反之，则可如《荀子·劝学》所云："君子博学而日参省乎己，则知明而行无过矣。"

17.9 子曰："小子何莫学夫《诗》？《诗》，可以兴①，可以观，可以群，可以怨②。迩之事父，远之事君；多识于鸟兽草木之名。"

【译文】

孔子说："弟子们为何不去学习《诗经》？学习《诗经》，可以培养联想力，可以培养观察力，可以培养合群性，可以学习讽谏的方法。运用其中的道理近则可以事奉父母，远则可以事奉君主；可以认识很多鸟兽草木的名称。"

【注释】

①兴：起兴；联想。

②怨：怨恨。这里指讽谏。

【解读】

此章主要是阐述《诗经》的社会功效。《诗经》"可以兴"，是说学习《诗经》，可以培养联想力，具有启迪思维的作用。"可以观"，是说学习《诗经》，可以培养观察力，可以通过《诗经》来观察风俗民情和政治得失，来了解社会和认识社会，从而作为治理国家的参考依据。"可以群"，是说学习《诗经》，可以培养合群性，它具有沟通交际双方思想感情的作用。"可以怨"，是说学习《诗经》，可以学习讽谏的方法，它具有讽喻社会不良现象和不良政治的作用。孔子的"兴、观、群、怨"说，深刻地揭示了《诗经》的本质特征。"多识于鸟兽草木之名"，是说学习《诗经》，可以认识很多鸟兽草木的名称，从而丰富知识。这是阐释《诗经》对于增长知识的作用。孔子一贯倡导学以致用，学习《诗经》也不例外，所以他说：《诗经》可以"迩之事父，远之事君。""事父"是齐家，是孝；"事君"是治国平天下，是忠。这是阐释《诗经》对于修身和治理政事所具有的作用。

17.10 子谓伯鱼曰："女为《周南》、《召南》^①矣乎？人而不为《周南》、《召南》，其犹正墙面而立^②也与！"

【译文】

孔子对伯鱼说："你研习过《周南》、《召南》吗？一个人不研习《周南》、《召南》，那就像正对着墙壁站立啊！"

【注释】

①《周南》、《召南》：都是《诗经》15 国风之一。

②正墙面而立：正对着墙壁站立。比喻寸步难行，不能见物。

【解读】

儒家提倡"修身、齐家、治国平天下"，而《周南》共 11 首诗，《召南》共 14 首诗，它们都是描写爱情、婚姻和家庭的诗篇，都与夫妇有关。能正夫妇，然后方能正父子、正君臣，否则那就像正对着墙壁站立，寸步难行。此章也是阐述《诗经》的社会功效。

17.11 子曰："礼云①礼云，玉帛云乎哉？乐云乐云，钟鼓云乎哉？"

【译文】

孔子说："礼啊礼啊，难道只是指玉帛吗？乐啊乐啊，难道只是指钟鼓吗？"

【注释】

①云：语气词。

【解读】

礼，离不开玉帛，但礼以敬为主，其作用可以安上治民；乐，离不开钟鼓，但乐主于和，其作用可以移风易俗。然而有的人只注重玉帛和钟鼓，反而忘记了礼乐的主要作用。孔子言下之意，是告诫人们要重视礼乐的本质，重视其教化作用，而不仅仅是形式。

17.12 子曰:"色厉而内荏^①,譬诸小人,其犹穿窬^②之盗也与!"

【译文】

孔子说:"外表强硬而内心怯懦,把这种人比作小人,就像穿洞翻墙的小偷吧!"

【注释】

①色厉而内荏:外表严厉而内心怯懦。色:神色。厉:严肃;严厉。荏:软弱;怯懦。

②窬(yú):通"逾"。

【解读】

此章表明孔子善于透过现象看本质。大凡动辄以恫吓方式威胁他人者,动辄以行政手段处罚他人者,动辄以武力制裁他国者,往往表明其内心怯懦。

17.13 子曰:"乡愿^①,德之贼也。"

【译文】

孔子说:"是非不分的好好先生是败坏道德的人。"

【注释】

①乡愿:等于说好好先生。愿:老实;忠厚。或作"原"。"原"通"愿"。

【解读】

什么是"乡愿"呢?孟子指出:"阉然媚于世也者,是乡原也。"万章问孟子道:"为什么孔子认为乡愿是德之贼呢?"孟子指出:"非之无举也,刺之无刺也。同乎流俗,合乎污世。居之似忠信,行之似廉洁。众皆悦之,自以为是,而不可与入尧舜之道,故曰'德之贼'也。"(《孟子·尽心下》)意思是如果想批评乡愿之人，却不能举出他的过错；想指责他，却又无可指责。这种人同流合污，为人好像忠诚老实，行为好像廉洁。大家都喜欢他，他也自以为是，但是与尧舜之道不相合，所以说他是败坏道德的人。

17. 14　子曰："道听而涂①说，德之弃也。"

【译文】
　　孔子说："传播小道消息，是背弃道德的行为。"

【注释】
①涂：通"塗"，道路。

【解读】
　　从别人那里听说之后，自己又把它传播出去。"道听"，其消息不一定真实；"涂说"，则是自己由误听误信而推波助澜，进一步扩大其传播的范围。这种道听途说的行为，对获取知识和品德修养都是有害而无益的。俗话说流言止于智者，听信小道消息，而不问消息的来源是否真实可靠，反而被其迷惑，已属不智；如果再传播小道消息，而不考虑将产生什么不良影响，则是误己误人而不负责任，又属不德。《吕氏春秋·察传》亦告诫人们："凡闻言必熟论，其于人必验之以理。"意思是凡是传言都一定要认真研究，对于人的传言一定要用是否合情理来验证它。"辞多类非而是，多类是而非，是非之经，不可不分，此圣人之所慎。然则何以慎？缘物之情及人之情，以为所闻，则得之矣。"意思是言辞很多好像似非而是，很多好像似是而非。是非的界限，不可不分辨。这是圣人的谨慎之处啊。那么怎样才能谨慎呢？要根据事物的实际和人的情理，用它来判别自己所听到的传闻，就可以得到真实的情况了。如今信息传播渠道发达，小道消息和谣言已不再仅仅是以"道听途说"的方式传播了，而是借助互联网、报刊、手机等工具快速流传。某些人为了达到某种目的而故意散布一些小道消息甚至谣言，对此我们应该深思熟虑，做到不信谣，不传谣。

17.15 子曰："鄙夫^①可与^②事君也与哉？其未得之也，患得之^③；既得之，患失之。苟患失之，无所不至^④矣。"

【译文】

孔子说："小人可以事奉君主吗？当他没有得到时，就担忧得不到；已经得到了，又担忧失掉。如果担忧失掉，就会什么坏事都干得出来了。"

【注释】

①鄙夫：粗俗浅陋的人，犹小人。鄙：鄙陋；见识短浅。

②可与：可以。与：以。

③患得之：何晏《论语集解》："患得之者，患不能得之。楚俗言也。"

④无所不至：什么坏事都干得出来。

【解读】

小人不可以事奉君主，用今天的话来说，就是小人不能当官，因为小人患得患失。人如果患得患失，就会为了得到地位、权力、金钱等，不惜挖空心思、不择手段去争夺，也不顾人格尊严去乞求，一切以"得"为荣为目的。为了保住地位、权力、金钱等，又不惜玩阴谋诡计，无所不用其极。总之，这种人一切只以个人利益为出发点，而不顾他人和国家的利益，也不顾自己的人格与尊严。

17.16 子曰："古者民有三疾，今也或是之亡^①也。古之狂也肆^②，今之狂也荡^③；古之矜^④也廉^⑤，今之矜也忿戾^⑥；古之愚也

直，今之愚也诈而已矣。"

【译文】

孔子说："古人有三种毛病，现在的人或许没有了。古代的狂人不拘小节，现在的狂人放荡不羁；古代矜持的人品性正直，现在矜持的人脾气暴躁而蛮横；古代愚笨的人直率，现在愚笨的人狡诈而已。"

【注释】

①是之亡（wú）：即"无是"，"之"为宾语前置的标志。

②肆：不受拘束；不拘小节。

③荡：放荡不羁。

④矜：矜持；庄重。

⑤廉：棱角，比喻性格有棱角；正直。

⑥忿戾：脾气暴躁蛮横。忿：忿怒。戾：乖戾；不讲道理。

【解读】

此乃感叹世风日下，人心不古。

17.17 子曰："巧言令色，鲜矣仁①！"

【译文】

孔子说："花言巧语，装出和颜悦色，（这种人）仁德是很少的。"

【注释】

①此章与《论语·学而》1.3章重复。

17.18 子曰："恶紫之夺①朱也，恶郑声②之乱雅乐也，恶利口之覆邦家者。"

孔子说:"我憎恶紫色替代了大红色,憎恶郑国的音乐扰乱了典雅的正乐,憎恶伶牙俐齿颠覆国家。"

【注释】

①夺:更改;替代。

②郑声:春秋时郑国的民间音乐。

【解读】

诸侯的礼服是朱色即大红色的,朱是正色,紫是杂色。孔子之时,有的诸侯却用紫色做礼服。所以孔子憎恶紫色替代了大红色。《韶》《武》《雅》《颂》代表着符合礼制精神的宫廷音乐,皆为典雅的正乐。孔子之时,郑国流行淫靡之音,所以孔子憎恶郑国的音乐扰乱了典雅的正乐。孔子此言,意在循其名而责其实,以纠正那种名不副实的现象。

17.19 子曰:"予欲无言。"子贡曰:"子如不言,则小子何述焉?"子曰:"天何言哉?四时行焉,百物生焉,天何言哉?"

【译文】

孔子说:"我想不再说了。"子贡说:"如果您不说,那我们传述什么呢?"孔子说:"天说了什么呢?四季运行,百物生长,天说了什么呢?"

【解读】

此章与《论语·述而》7.24章都是谈论"不言之教"。孔子主要是通过言说的方式来垂教传道的,《论语》中孔子之言,就是其弟子及其再传弟子所记。有一天,孔子突然表示:"我想不再说了。"孔子称他自己是"述而不作",其弟子也往往是"述而不作"，只不过孔子的所谓"述"是传述先王之道，而其弟子的所谓"述"是传述孔子之道。所以孔子的一句"我想不再说了"，就使得子贡一头雾水，于是他脱口而出道："如果您不说，那我们传述什么呢？"似乎只有通过孔子的言说，才能了解和传述孔子的思想。然而在孔子看来，垂教传道的方式并非仅限于言说，不言之教也是一种方式，可惜子贡不懂，于是孔子启发子贡道："天说了什么呢？四季运行，百物生长，天说了什么呢？"虽然天没有言说，但是我们通过四季运行和百物生长，不也可以发现天在行不言之令吗？由此可见，无言，并非就是不教。因此，虽然"予欲无言"，但是还有我的行为可以观察啊，弟子是可以从我的身教而于无言处观其言的。既然如此，那又有什么好担心的呢？又怎么会没有可以传述的东西呢？由此我们想到当今的教育。老师教育学生，固然是以言传为主要教育方式，然而老师的一举一动也将对学生产生较大的影响，所以老师要"言传身教"；学生学习知识，固然可以从老师的言传中获得大量的知识，然而也要善于观察老师的所作所为，并从这种无言之教中获得知识，尤其是做人的道理。

17.20　孺悲①**欲见孔子，孔子辞以疾。将命**②**者出户，取瑟而歌，使之闻之。**

【译文】

孺悲想拜见孔子，孔子以疾病为由拒绝了。传话的人刚出门，孔子就拿着瑟弹唱，使孺悲听到。

【注释】
①孺悲：鲁国人。
②将命：传话；传达主人和宾客的话。将：传。

孺悲想拜见孔子，孔子为什么以疾病为由拒绝他呢？朱熹《论语集注》云："孺悲，鲁人。尝学士丧礼于孔子。当是时，必有以得罪者，故辞以疾。"既然"辞以疾"，也就罢了，为什么传话的人刚出门，孔子就拿着瑟弹唱，使孺悲听到呢？朱熹《论语集注》云："而又使知其非疾，以警教之也。"《孟子·告子下》云："教亦多术矣，予不屑之教诲也者，是亦教诲之而已矣。"意思是："教育也有多种方式，我不屑于教诲他，这也就是在教诲他。"孔子和孟子之意，皆是说拒绝教诲他，从而使他反省老师为何拒绝教诲自己，从而改正错误。"拒绝教诲"，在老师而言，这不失为一种教育方式，但不可滥用，否则容易伤害学生的自尊心，而使得学生认为自己在老师心目中已经是"朽木不可雕也"；在学生而言，要善于从老师的"拒绝教诲"中反省自己，果如是，则可以从老师的这种"拒绝教诲"中受到教诲，同时也感受到老师的良苦用心。

17.21 宰我问："三年之丧，期已①久矣。君子三年不为礼，礼必坏②；三年不为乐，乐必崩。旧谷既没，新谷既升③，钻燧改火④，期⑤可已矣。"

子曰："食夫稻，衣夫锦，于女安乎？"曰："安！""女安则为之。夫君子之居丧，食旨不甘，闻乐不乐，居处⑥不安，故不为也。今女安，则为之。"

宰我出。子曰："予之不仁也！子生三年，然后免于父母之怀。夫三年之丧，天下之通丧也。予也有三年之爱于其父母乎？"

【译文】

宰我问："为父母守孝三年，丧期太久了。君子三年不习礼仪，礼仪必定衰败；三年不奏音乐，音乐必定荒废。旧谷已经没有了，新谷已经登场，钻燧取火的木材已经轮换，一年的丧期就可以了。"

孔子说："居丧期间吃着米饭，穿着锦缎，你觉得心安吗？"宰我说："心安！"孔子说："你心安就那样做吧。君子守孝期间，即使吃着美味也不觉得甜，听着音乐也不觉得快乐，平时的居住生活也觉得不舒适，所以不那样做。现在你觉得心安，就那样做吧。"

宰我退出去了。孔子说："宰予不仁啊！儿女出生三年，然后才能脱离父母的怀抱。为父母守孝三年，这是天下通行的服丧期啊。难道宰予就没有父母对他怀抱三年的爱抚吗？"

【注释】

①已：太；甚。

②坏：败坏；衰败。

③升：登；谷物登场。

④钻燧改火。燧：古代取火的器材。用来钻火的木材四季不同，所以叫做改火也。

⑤期（jī）：一周年。

⑥居处：平时的居住生活。

【解读】

孔子认为，为父母守孝三年，这是天下通行的服丧期，其理由主要有二：一是儿女出生三年，然后才能脱离父母的怀抱，因此为父母守孝三年，是子女对于父母之爱的对等回报。二是《尚书》中有这样的记载。子张曰："《书》云，'高宗谅阴，三年不言。'何谓也？"子曰："何必高宗，古之人皆然。君薨，百官总己以听于冢宰三年。"（《论语·宪问》14.40）孔子之前的古人是否真的实行了"三年之丧"，已无文献可考；然而即便如此，礼仪也需顺乎人情，顺乎时代的发展。因此身为孔子弟子的宰我，也对

"三年之丧"表示不敢苟同，认为"一年的丧期就可以了"。孔子因此而批评宰我不仁。其实这并非宰我的不仁。如果一定要实行"三年之丧"，那么不仅将造成"三年不为礼，礼必坏；三年不为乐，乐必崩"的局面，也必将影响孝子的身心健康和学习与工作等。

17.22 子曰："饱食终日，无所用心，难矣哉①！不有博弈②者乎？为之，犹贤③乎已。"

【译文】

孔子说："整天吃饱了饭，什么也不想，这种人难有成功。不是有下棋的游戏吗？干这个也比饱食终日、无所用心要好些。"

【注释】

①难矣哉：难有成功。

②博弈：下棋。博：六博。古代的一种棋戏，共十二棋，六黑六白，两人相博，各执六棋，所以叫六博。弈：围棋。

③贤：胜过；超过。

【解读】

饱食终日，无所用心之人，大多是因为没有理想信念、没有生活的目标，用今天的话来说，就是"迷茫"一族、"混日子"一族。

17.23 子路曰："君子尚勇乎？"子曰："君子义以为上。君子有勇而无义为乱，小人有勇而无义为盗。"

【译文】

子路说："君子崇尚勇敢吗？"孔子说："君子认为道义是最高的。君子有勇而无义就会作乱，小人有勇而无义就会成为盗贼。"

【解读】

儒家认为智、仁、勇为天下通行的美德，子路具有勇的美德，然而太过于勇武，孔子曾屡次故意挫其锐气，此处孔子亦不直接肯定子路关于"君子尚勇乎"的提问，而是从勇与义的关系来回答，勇必须以道义为准则，尚勇则必须尚义。下章孔子言"恶勇而无礼者"，子贡言"恶不孙（逊）以为勇者"，则是说明勇者应该勇而知礼、勇而知逊。夫如是，才是真正的尚勇，才是真正的勇者。

17. 24 子贡曰："君子亦有恶乎?"子曰："有恶，恶称人之恶者，恶居下流①而讪②上者，恶勇而无礼者，恶果敢而窒③者。"曰："赐也，亦有恶乎?""恶徼④以为知者，恶不孙⑤以为勇者，恶讦⑥以为直者。"

【译文】

子贡说："君子也有厌恶的事吗?"孔子说："有厌恶的事，厌恶说别人坏话的人，厌恶身居下位而诽谤上级的人，厌恶勇敢而不懂礼节的人，厌恶刚愎自用的人。"孔子说："端木赐，你也有厌恶的事吗?"子贡说："我厌恶剽窃别人成果而自以为聪明的人，厌恶不懂谦逊而自以为勇敢的人，厌恶揭露别人隐私而自以为直率的人。"

【注释】
①下流：地位低下。
②讪：诽谤。
③果敢而窒：果敢决断而固执己见；刚愎自用。窒：堵塞；固执。
④徼（jiǎo）：求取；窃取。
⑤孙（xùn）：通"逊"，谦逊；谦让。
⑥讦（jié）：揭露别人的隐私或攻击别人的短处。

某些人说别人的坏话，往往不是为了帮助别人改正错误，而是为了扬人之过。这反映了一种阴暗心理，一种嚼舌根的恶习。身居下位而诽谤上级，说明这种人目无尊长，并且喜欢造谣生事。勇敢而不懂礼节，则容易胆大妄为而干出越礼和违法之事。刚愎自用，则往往不能从善如流而闻过则改。这些都将影响到自身的品德修养。至于剽窃别人成果而自以为聪明的人，不懂谦逊而自以为勇敢的人，揭露别人隐私而自以为直率的人，这就更加令人厌恶。因为这样的人不知道这是自己的缺点，反而自以为是优点；不以为耻，反以为荣，实在是缺乏自知之明。孔子和子贡所厌恶的这些事，君子当常自我反省：我有君子所厌恶的这些事吗？若有，则当改之。

17.25　子曰："唯女子与小人为难养①也，近之则不孙，远之则怨。"

【译文】

孔子说："只有女子和小人是难对付的，亲近他们吧，他们就不懂礼貌；疏远他们吧，他们就会怨恨。"

【注释】
①养：长养。这里指对付；相处。

【解读】

皇侃《论语义疏》云："君子之人，人愈近愈敬；而女子小人，近之则其诚狎而为不逊从也。君子之交如水，亦相忘江湖；而女子小人，若远之则生怨恨，言人不接己也。"

17.26　子曰："年四十而见恶①焉，其终②也已③。"

【译文】

孔子说："到四十岁还被人厌恶，他这辈子也就完了。"

【注释】

①见恶：被人厌恶。

②终：终生；一辈子。

③已：止；结束。

【解读】

如果一个人年轻时被人厌恶，犹有机会改过自新。据《世说新语》载，周处年轻时臂力过人，却横行乡里，乡亲们把他与山中的白额虎和水里的鳄鱼视为三害。周处进入深山射死了猛虎，又跳到水中与鳄鱼搏斗，鳄鱼时沉时浮，游了几十里，周处追杀鳄鱼达三天三夜。人们以为周处死了，便相互庆贺。周处杀死了鳄鱼回来时，听说乡亲们互相庆贺他已死，才知道大家特别厌恶自己，于是周处决心改过自新，最终成为一个品德高尚的人而被人们交口称赞。如果一个人年轻时无善行却不思改过，到不惑之年仍然被人厌恶，这就说明此人从未有改过的意愿，必将一辈子没有善行。由此可见，有过则当改，且当及时改啊！

微子第十八

（共十一章）

18.1　微子①**去之，箕子**②**为之奴，比干**③**谏而死。孔子曰：**
"殷有三仁焉。"

【译文】

微子离开了纣王，箕子成为了纣王的奴隶，比干进谏而被杀。
孔子说："殷有三位仁人。"

【注释】

①微子：名启，纣王的庶兄，其母为帝乙之妾时，生启；后立为妻，生纣。启受封
　　于微（今山东梁山西北），故称微子。微子数谏纣王而不听，遂愤而出走。周灭
　　殷，周公以微子统率殷族，封于宋，为宋国始祖。

②箕子：名胥余，纣王的叔父，封国于箕，故称箕子。数谏纣王而不听，遂披发佯
　　狂，被贬为奴隶并遭囚禁。

③比干：纣王的叔父，数谏纣王，被纣王剖心而死。

【解读】

请参见《论语·子张》19.10 章解读。

18.2　柳下惠为士师①**，三黜。人曰："子未可以去乎？"曰：**
"直道而事人，焉往而不三黜？枉道而事人，何必去父母之邦②**？"**

【译文】

柳下惠担任法官，多次被罢官。有人说："你不可以离开鲁国

吗?"柳下惠说:"以正直之道来事奉君主,到哪里不会被多次罢官呢?以不正直之道来事奉君主,又何必离开父母之邦呢?"

【注释】
①士师:法官。
②父母之邦:自己出生的国家;祖国。

【解读】

正直之士绝不枉道而事人,如今官场阿谀奉承权贵的比比皆是。唉!不就是为了捞个一官半职吗!对照一下柳下惠,岂不汗颜!

18.3 齐景公待孔子曰:"若季氏,则吾不能;以季、孟之间待之①。"曰:"吾老矣,不能用也。"孔子行。

【译文】

齐景公在谈到如何对待孔子时说:"像鲁君对待季氏那样,那么我做不到;就用次于季氏高于孟氏的礼遇来对待他吧。"不久又说:"我老啦,不能用他了。"孔子离开了齐国。

【注释】
①以季、孟之间待之:何晏《论语集解》引孔安国曰:"鲁三卿季氏为上卿,最贵;孟氏为下卿,不用事。言待之以二者之间。"

【解读】

据《史记·孔子世家》载:景公问政孔子,孔子曰:"君君,臣臣,父父,子子。"景公曰:"善哉!信如君不君,臣不臣,父不父,子不子,虽有粟,吾岂得而食诸!"他日又复问政于孔子,孔子曰:"政在节财。"景公说,将欲以尼溪田封孔子。晏婴进曰:"夫儒者滑稽而不可轨法;倨傲自顺,不可以为下;崇丧遂哀,破产厚葬，不可以为俗；游说乞贷，不可以为国。自大贤之息，周室既衰，礼乐缺有间。今孔子盛容饰，繁登降之礼，趋详之节，累世不能殚其学，当年不能究其礼。君欲用之以移齐俗，非所以先细民也。"后景公敬见孔子，不问其礼。异日，景公止孔子曰："奉子以季氏，吾不能。以季孟之间待之。"齐大夫欲害孔子，孔子闻之。景公曰："吾老矣，弗能用也。"孔子遂行，反乎鲁。

18.4 齐人归①女乐，季桓子受之，三日不朝，孔子行。

【译文】

　　齐国赠送了能歌善舞的女子乐队，季桓子接受了，鲁君和季桓子三日不理朝政，孔子就辞职离开了鲁国。

【注释】

①归（kuì）：通"馈"，赠送。

【解读】

　　据《史记·孔子世家》载：定公十四年，孔子年五十六，由大司寇行摄相事……与闻国政三月，粥羔豚者弗饰贾；男女行者别于涂；涂不拾遗；四方之客至乎邑者不求有司，皆予之以归。齐人闻而惧，曰："孔子为政必霸，霸则吾地近焉，我之为先并矣。盍致地焉？"黎钼曰："请先尝沮之；沮之而不可则致地，庸迟乎！"于是选齐国中女子好者八十人，皆衣文衣而舞《康乐》，文马三十驷，遗鲁君。陈女乐文马于鲁城南高门外，季桓子微服往观再三，将受，乃语鲁君为周道游，往观终日，怠于政事。子路曰："夫子可以行矣。"孔子曰："鲁今且郊，如致膰乎大夫，则吾犹可以止。"桓子卒受齐女乐，三日不听政；郊，又不致膰俎于大夫。孔子遂行。

18.5 楚狂接舆①歌而过孔子曰："凤②兮凤兮！何德之衰③？往者不可谏④，来者犹可追。已而，已而！今之从政⑤者殆而！"孔子下，欲与之言，趋而辟之⑥，不得与之言。

【译文】

楚国的狂人接舆唱着歌从孔子的车旁走过，唱道："凤凰啊凤凰！为什么你的德行衰微了呢？过去的已经不能谏止，未来的还可以追上。算了吧，算了吧！现在治理政事的人危险啊！"孔子下车，想跟他说话，接舆快步避开了，孔子没能跟他说话。

【注释】

①接舆：楚国的隐士，为了避世而佯狂。

②凤：比喻孔子。

③何德之衰：为什么德行衰微了呢？这是讥讽孔子不能隐居。

④谏：谏止。

⑤从政：参与政治，治理政事。

⑥趋而辟之：趋：快走。辟：退避；躲避。这个意义后来写作"避"。

【解读】

何晏《论语集解》引孔安国曰："接舆，楚人。佯狂而来歌，欲以感切孔子，比孔子于凤鸟，凤鸟待圣君乃见。非孔子周行求合，故曰衰。已往所行，不可复谏止。自今以来可追自止，辟乱隐居。已而已而者，言世乱已甚，不可复治也。再言之者，伤之深也。"

18.6 长沮、桀溺①耦②而耕，孔子过之，使子路问津③焉。长沮曰："夫执舆④者为谁？"子路曰："为孔丘。"曰："是鲁孔丘与？"曰："是也。"曰："是知津矣。"

问于桀溺。桀溺曰："子为谁？"曰："为仲由。"曰："是鲁孔丘之徒与？”对曰："然。"曰："滔滔⑤者天下皆是也，而谁以易之⑥？且而与其从辟人之士也，岂若从辟世之士哉⑦！"耰而不辍⑧。

子路行以告。夫子怃然⑨曰："鸟兽不可与同群，吾非斯人之徒与⑩而谁与？天下有道，丘不与易也。"

【译文】

长沮、桀溺并排耕田，孔子从他们身边经过，叫子路去询问渡口。长沮说："那位手执缰绳的人是谁？"子路说："是孔丘。"长沮说："是鲁国的孔丘吗？"子路说："是的。"长沮说："这人应该知道渡口在哪里了。"

子路向桀溺询问渡口。桀溺说："您是谁？"子路说："我是仲由。"桀溺说："是鲁国孔丘的弟子吗？"子路答道："是的。"桀溺说："洪水弥漫，天下都是这样，你同谁去改变它呢？况且你与其跟随躲避坏人的孔丘，还不如跟随躲避乱世的我们呢！"说完又不停地耕作。

子路回来向孔子回报。孔子失望地说："人不可以跟鸟兽同群，我不跟天下人在一起又能跟谁在一起呢？如果天下太平，我就不必跟你们一起来改变这世道了。"

【注释】

①长沮、桀溺：皆为隐士。

②耦：两人并耕。

③津：渡口。

④执舆：执缰绳。

⑤滔滔：水势弥漫的样子。比喻社会动荡不安。

⑥谁以易之：你同谁去改变它呢？谁以：以谁。以：与。易：改变。

⑦而与其二句：而：你，指子路。辟人之士：躲避坏人的人，指孔子。辟世之士：躲避乱世的人，桀溺自谓。

⑧耰（yōu）而不辍（chuò）：不停地耕作。耰：用土覆盖播下的种子。辍：中断；停止。

⑨怃（wǔ）然：怅然失望的样子。

⑩斯人之徒与：与斯人之徒。与：跟随。斯人之徒：人群；天下人。

【解读】

请参见下章解读。

18.7 子路从而后①，遇丈人②，以杖荷蓧③。子路问曰："子见夫子乎？"丈人曰："四体不勤，五谷不分，孰为夫子？"植④其杖而芸⑤。子路拱而立。止子路宿，杀鸡为黍而食之，见其二子焉。

明日，子路行，以告。子曰："隐者也。"使子路反见之。至，则行矣。

子路曰："不仕无义。长幼之节，不可废也；君臣之义，如之何其废之？欲洁其身，而乱大伦。君子之仕也，行其义也。道之不行，已知之矣。"

【译文】

子路跟随孔子却落在后面了，遇见一位老人，用拐杖挑着除草的农具。子路问道："您看见我的老师了吗？"老人说："你四肢不勤劳，五谷不区分，谁是你的老师呢？"说完把拐杖插在地上就去除草。子路拱手站着。老人留子路住宿，杀鸡煮饭给他吃，又叫他的两个儿子出来相见。

第二天，子路赶上了孔子，汇报了这件事。孔子说："这是位隐士啊。"叫子路返回去拜访他。子路到了他家，老人却出门了。

子路说："不出来做官是不义的行为。长幼之间的礼节不可废弃，君臣之间的义又怎么可以废弃呢？想使自己清白，却扰乱了君臣之间重要的伦理。君子出来做官，是为了施行他的道义。我们的政治主张行不通，我早就知道了。"

【注释】

①后：动词，落在后面。

②丈人：老人。

③蓧（diào）：除草的农具。

④植：立；树立。

⑤芸：通"耘"，除草。

【解读】

孔子的仕宦生涯只有四年，即51岁～55岁（公元前501～前497年），随后就是周游列国，为宣传他的仁学和实现他的政治主张而奔走。孔子在外流亡14年，直到公元前484年才从卫国回到鲁国。此时孔子已是68岁的老人了。孔子在外流亡期间，曾经遇到一些隐士，例如：接舆、长沮、桀溺、荷蓧丈人、荷蒉者。这些隐士几乎无一例外地劝告孔子也像他们一样归隐。然而孔子拒绝了，这是因为孔子以天下国家为己任，他的仁爱理想永远萦绕于心而不能释怀，他无法选择归隐之路。这无疑反映了儒家以天下为己任的进取精神，以天下苍生为念的人文情怀。

18.8 逸民①：伯夷、叔齐、虞仲、夷逸、朱张、柳下惠、少连。子曰："不降其志，不辱其身，伯夷、叔齐与！"谓"柳下惠、少连，降志辱身矣。言中②伦，行中虑，其斯而已矣。"谓"虞仲、夷逸，隐居放言，身中清，废中权。我则异于是，无可无不可③。"

【译文】

品德高尚的隐士有：伯夷、叔齐、虞仲、夷逸、朱张、柳下惠、少连。孔子说："不降低自己的志向，不辱没自己的身份，是伯夷、叔齐吧！"认为"柳下惠、少连，既降低了自己的志向，又辱没了自己的身份。然而言论符合伦理，行为经过思考，如此而已。"认为"虞仲、夷逸，隐居而放肆直言，自身清白，被废弃不用也符合权变。我却跟他们都不同，无论是隐退还是出仕，都没有什么是可行的，也没有什么是不可行的。"

【注释】

①逸民：品德高尚的隐士。逸：隐逸；隐遁。

②中（zhòng）：符合。

③无可无不可：何晏《论语集解》引马融曰："亦不必进，亦不必退，唯义所在。"

【解读】

这些隐士皆表现出不与无道之君或权贵同流合污的傲骨，表现出独善其身的高尚品德。因此孔子对这些隐士表达了由衷的钦佩。至于孔子所主张的"无可无不可"，孟子对此进行了深刻地阐释，他说："非其君不事，非其民不使；治则进，乱则退，伯夷也。何事非君，何使非民；治亦进，乱亦进，伊尹也。可以仕则仕，可以止则止，可以久则久，可以速则速，孔子也。皆古圣人也，吾未能有行焉；乃所愿，则学孔子也。"（《孟子·公孙丑上》）

18.9 大师①挚适齐，亚饭②干适楚，三饭缭适蔡，四饭缺适秦，鼓③方叔入于河，播鼗④武入于汉，少师⑤阳、击磬襄入于海。

【译文】

鲁国的太师挚逃到了齐国，亚饭乐师干逃到了楚国，三饭乐师缭逃到了蔡国，四饭乐师缺逃到了秦国，鼓手方叔入居黄河之滨，摇小鼓的武入居汉水之滨，少师阳和击磬的襄入居海滨。

【注释】

①大（tài）师：乐师之长。

②亚饭：古代天子、诸侯进餐时要奏乐，所以乐官有亚饭、三饭、四饭等职位。

③鼓：鼓手；鼓师。

④鼗（táo）：小鼓。

⑤少师：副乐师。

【解读】

周公制礼乐，而鲁国又是周公的封地，应该是诸侯中礼乐最盛的国家。然而到了春秋末期，鲁国竟然发生了乐师大量流失的事件。这对于鲁国而言，终究是件令人遗憾的事；然而对于其他诸侯国而言，对于民间而言，又未必不是件好事。像楚国和秦国这样的"蛮夷"之国，也就能因此而学习到中原的礼乐文化；民间也就能因此而欣赏到宫廷的雅乐。华夏文化也就在这种"流失"于"蛮夷"与民间之中而得以广泛地传播。

18.10 周公谓鲁公①曰："君子不施②其亲，不使大臣怨乎不以③。故旧④无大故⑤，则不弃也。无求备于一人。"

【译文】

周公对鲁公说："君子不怠慢自己的亲族，不使大臣抱怨没受重用。老臣旧友没有严重错误就不要抛弃他。对某个人不要求全责备。"

【注释】

①鲁公：这里指周公的儿子伯禽。

②施（chí）：通"弛"，怠慢。

③以：用；任用。

④故旧：故交；老朋友。

⑤大故：严重错误。

【解读】

此章可结合《论语·泰伯》8.2 章来理解。孔子曰："君子笃于亲，则民兴于仁；故旧不遗，则民不偷。"此章周公所谓"君子不施其亲"，是孔子"君子笃于亲"之所本；周公所谓"不使大臣怨乎不以。故旧无大过，则不弃也。无求备于一人"，是孔子"故旧不遗"之所本。然而孔子对周公之言又有所阐发，为什么要"笃于亲"呢？孔子解释道："因为在上位的人对亲族感情深厚，民众中就会兴起仁德的风气"；为什么要"故旧不遗"呢？孔子解释道："因为不遗弃老朋友，民众就不会对人冷漠。"由此可见，所谓民德民风，皆是受在上位者的影响而形成的，政风决定民风啊！

18.11 周有八士：伯达、伯适①、仲突、仲忽、叔夜、叔夏、季随、季䯄②。

【译文】

　　周朝有八位贤士：伯达、伯适、仲突、仲忽、叔夜、叔夏、季随、季䯄。

【注释】
①适：音 kuò。
②䯄：音 guā。

【解读】

　　此八人事迹已不可考。称赞周朝有八位贤士，或许是慨叹当世贤士稀少吧？

子张第十九

（共二十五章）

19.1 子张曰："士见危致命①，见得思义，祭思敬，丧思哀，其可已矣。"

【译文】

子张说："士遇到危险时勇于献身，遇到所得时能考虑是否合乎道义，祭祀时能考虑严肃恭敬，居丧时能考虑悲哀，这样就可以了。"

【注释】

①致命：献出生命。

【解读】

此章子张所言，皆本于孔子。子张认为士应该"见危致命，见得思义"，此本于孔子"见利思义，见危授命"（《论语·宪问》14.12）及"见得思义"（《论语·季氏》16.10）。"祭思敬，丧思哀"，此本于孔子"为礼不敬，临丧不哀。吾何以观之哉"（《论语·八佾》3.26）及"丧事不敢不勉"（《论语·子罕》9.16）。

19.2 子张曰："执①德不弘，信道不笃②，焉能为有？焉能为亡③？"

【译文】

子张说："实行道德修养却不能弘扬，信仰真理却不坚定，这种人无足轻重。"

①执：执行；实行。

②笃：坚定；专一。

③焉能二句：何晏《论语集解》引孔安国曰："云无所轻重。"

【解读】

此章意在从反面证明一个人必须坚定不移地坚持道德修养和坚定地信仰真理。若正面来说，就得像孔子评价颜渊那样"吾见其进也，未见其止也"（《论语·子罕》9.21）。

19.3　子夏之门人问交于子张。子张曰："子夏云何？"对曰："子夏曰：'可者与①之，其不可者拒之。'"子张曰："异乎吾所闻。君子尊贤而容众，嘉善而矜②不能。我之大贤与，于人何所不容？我之不贤与，人将拒我，如之何其拒人也？"

【译文】

子夏的学生向子张询问交友之道。子张说："子夏说了些什么？"那人答道："子夏说：'可以结交的就跟他结交，不可以结交的就拒绝他。'"子张说："这与我所听到的不同。君子尊敬贤人并且容纳众人，称赞好人并且同情能力不强的人。如果我是大贤之人，对什么人不能容纳呢？如果我是不贤之人，别人将拒绝我，我又怎能去拒绝别人呢？"

【注释】

①与：结交；交往。

②矜：同情；怜悯。

【解读】

子夏的交友之道是"可以结交的就跟他结交，不可以结交的就拒绝他。"其所结交者，盖为孔子所说的"益友"；其所拒绝者，盖为孔子所说的"损友"。子张的交友之道是"君子尊敬贤人并且容纳众人，称赞好人并且同情能力不强的人。"因此，我若贤则容纳众人，此可谓海纳百川，有容乃大；我若不贤，则别人将拒绝我，我又怎能去拒绝别人呢？这是针对子夏的"其不可者拒之"而言，意思是君子不可以拒绝别人与自己交友。子夏与子张的交友之道，各有利弊。子夏在交友方面显得慎重，这有益于自己的品德修养，也正如曾子所说"以友辅仁"（《论语·颜渊》12.24），然而拒绝与后进交友，则不利于后进的进步，所以子张批评子夏说："如果我是大贤之人，对什么人不能容纳呢？"子张在交友方面显得胸怀宽广，能够"嘉善而矜不能"，这有益于帮助后进，今天我们所提倡的"结对子""一帮一"活动，盖源于此乎！然而如果一味地来者不拒，则难免鱼龙混杂，而与"损友"结交。

19.4 子夏曰："虽小道①，必有可观②者焉；致远恐泥③，是以君子不为也。"

【译文】

子夏说："即使是小技艺，也一定有可取之处；但是用在实现远大事业方面就阻滞不通了，所以君子不愿从事它。"

【注释】

①小道：小技艺。

②可观：值得看；可取。

③致远恐泥（nì）：在实现远大事业方面阻滞不通。致：达到；实现。泥：阻滞；不通。

【解读】

虽然小的技艺用在实现远大事业方面会显得阻滞不通，所以君子不愿从事它；但是它也一定有可取之处，所以也不能采取不屑一顾的态度。《汉书·艺文志》云："小说家者流，盖出于稗官。街谈巷语、道听途说者之所造也。孔子曰：'虽小道，必有可观者焉；致远恐泥，是以君子弗为也。'然亦弗灭也。闾里小知者之所及，亦使缀而不忘，如或一言可采，此亦刍荛狂夫之议也。"在上古，凡记载下来的街谈巷语，都叫做"小说"。"稗官"是负责记载闾巷风俗的官。"闾里小知者之所及，亦使缀而不忘"，意思是"这是里巷知识浅薄之人所看到的道理，也可使之连缀成文而不被忘记"。"刍荛"指割草打柴的人，这里泛指平民。班固把街谈巷语看做是"小道"，虽然它用在实现远大事业方面会显得阻滞不通，但是它与"刍荛狂夫之议"一样，也有可取之处。

19.5　子夏曰："日知其所亡，月无忘其所能，可谓好学也已矣。"

【译文】

子夏说："每天学到一些原来不知道的知识，每月不忘记已掌握的知识，就可以说是好学了。"

【解读】

《论语》中所说的"好学"，既可指努力追求知识，增广见闻，如本章所言"日知其所亡，月无忘其所能"；亦可指注重品德修养，如"子曰：'君子食无求饱，居无求安，敏于事而慎于言，就有道而正焉，可谓好学也已。'"（《论语·学而》1.14）

19.6　子夏曰："博学而笃志，切①问而近思，仁在其中矣。"

【译文】

子夏说："广博地学习并且坚定志向，根据自己的疑惑向人请教并且思考当前的问题，仁德就在其中了。"

①切：切近；贴近。

【解读】

请参见下章解读。

19.7 子夏曰："百工^①居肆^②以成其事，君子学以致其道。"

【译文】

子夏说："各种工匠在作坊里制成自己的器物，君子通过学习来实现自己的政治主张。"

【注释】
①百工：各种工匠。
②肆：作坊。

【解读】

工匠如何制成自己的器物？是通过在作坊里制作而成的；那么君子如何实现自己的政治主张呢？只有通过学习才能实现。如果不学，则不知道之所在；如果不学，则难以具备坚定的志向，如果不学，则不能解惑，则不智；不智，则不知如何实现道。所以子夏强调"博学而笃志，切问而近思"。果如是，则"仁在其中矣"，则知道之所在，则知如何实现道。这两章皆是强调学习的重要性。

19.8 子夏曰："小人之过也必文。"

【译文】

子夏说："小人对过错必定加以掩饰。"

【解读】

孟子对子夏之言亦有所阐发，他说："古之君子，过则改之；

今之君子，过则顺之。古之君子，其过也如日月之食，民皆见之；及其更也，民皆仰之。今之君子，岂徒顺之，又从而为之辞。"（《孟子·公孙丑下》）余谓过而不改是不智，压制批评是暴虐，文过饰非是掩耳盗铃，以过为功是无耻。

19.9 子夏曰："君子有三变：望之俨然①，即之也温，听其言也厉。"

【译文】

子夏说："君子的神态有三种变化：远看他时觉得他庄严，接近他时觉得他温和，听他说话时觉得他严厉。"

【注释】

①俨然：庄重威严的样子。

【解读】

朱熹《论语集注》云："俨然者，貌之庄。温者，色之和。厉者，辞之确。"又引程子云："他人俨然则不温，温则不厉，惟孔子全之。"又引谢氏云："此非有意于变，盖并行而不相悖也，如良玉温润而栗然。"顾炎武《日知录·听其言也厉》云："君子之言，非有意于厉也，是曰是，非曰非。孔颖达《洪范》正义曰：'言之决断，若金之斩割。'居官，则告谕可以当鞭朴；行师，则誓戒可以当甲兵。此之谓'听其言也厉'。"什么叫"威而不猛"？孔子就是"威而不猛"之君子，你看"子温而厉，威而不猛，恭而安"（《论语·述而》7.38），皇侃《论语义疏》引王弼曰："温者不厉，厉者不温。威者必猛，不猛者不威。恭则不安，安者不恭。此对反之常名也。若夫温而能厉，威而不猛，恭而能安，斯不可名之理全矣。"

19.10 子夏曰："君子信而后劳其民；未信，则以为厉①己也。信而后谏；未信，则以为谤己也。"

【译文】

子夏说："君子必须受到百姓的信任之后才去叫百姓劳作；如果没有受到信任，百姓就会认为你是在虐待他们。必须得到君主的信任之后才去进谏；如果没有受到信任，君主就会认为你是在毁谤他。"

【注释】
①厉：虐待；折磨。

【解读】

执政者免不了要叫百姓劳作，自古皆然；如果大兴徭役，则势必引起百姓怨声载道；即使是出于爱民而叫百姓劳作，如果没有受到百姓的信任，百姓就会认为官吏这是虐待他们。那么怎样才可以既能使百姓劳作，又不使得百姓有怨言呢？这可以从两个方面着手：一是像孔子所说的那样："择可劳而劳之，又谁怨？"（《论语·尧曰》20.2）也就是孔子所说的"使民以时"（《论语·学而》1.5），这样来劝百姓从事生产劳作，就会收到"劳而不怨"的效果。二是像子夏所说的那样："君子必须受到百姓的信任之后才去叫百姓劳作"，让百姓知道这是为了他们能够有收获才叫他们劳作的，百姓当然就不会认为这是虐待他们了。

作为臣子，若君主有过，则理当进谏；然而如若是面对昏君甚至暴君，则最好免开尊口。例如微子、箕子和比干因进谏纣王，结果"微子去之，箕子为之奴，比干谏而死"（《论语·微子》18.1）。历史的经验值得借鉴啊！

19.11 子夏曰："大德①不逾闲②，小德出入可也。"

子夏说:"大节不能逾越界限,小节可以有些出入。"

【注释】

①大德:大节。

②闲:规范;界限。

【解读】

　　论人任人,须看其大节,不必锱铢必较、求全责备。据《左传》载:僖公三十二年,秦穆公不听老臣蹇叔的劝告,而命令孟明、西乞、白乙三位将领率兵去偷袭郑国。僖公三十三年春,郑国商人弦高在去周王都做买卖的途中遇见了秦军,他一方面假装犒劳秦军,一方面派人把秦军的行动飞速报告郑国。结果秦军不但偷袭郑国不成,反而被晋国在崤山打了伏击。秦军被打得一个不留,孟明、西乞、白乙三位将领也被俘虏了。后来文嬴(秦穆公的女儿、晋文公夫人、晋襄公的母亲)向晋襄公请求释放秦国的三位将领,他们才得以回国。按照常理而言,孟明、西乞、白乙打了败仗,并且自己也做了俘虏,应该受到惩罚;然而秦穆公并没有责怪他们,反而穿着素服亲自在郊外等候他们,并且承认这次失败是自己不听蹇叔的劝告而造成的,况且我也不能因为你们的一次过错就掩盖你们过去的大功。秦穆公"不以一眚(shěng 过错)掩大德"的胸襟,不失为开明之君。

　　19.12　子游曰:"子夏之门人小子,当洒扫应对进退①,则可矣,抑末②也。本③之则无,如之何?"子夏闻之,曰:"噫!言游过矣!君子之道,孰先传焉?孰后倦④焉?譬诸草木,区以别矣。君子之道,焉可诬⑤也?有始有卒者,其惟圣人乎!"

【译文】

子游说:"子夏的学生担任洒水扫地和接待宾客的事情是可以的,这只是细枝末节的事情。探寻其根本的学问却没有,这怎么行呢?"子夏听到这话,说:"咳!言游说错了!君子的学术,先传授什么,后传授什么,这就像认识草木一样,是要加以分门别类的。君子的学术,怎么可以歪曲呢?能够本末贯通来传授的,大概只有圣人吧!"

【注释】

①应对进退:回答问题,迎送宾客。

②末:无关紧要的;细枝末节。

③本:根本;基础。这里用作动词,探寻根本。

④卷:厌倦。这里指传授。

⑤诬:诬蔑;歪曲。

【解读】

子夏认为君子的学术,有远近、大小之别,因此在传授君子的学术时,应该先传授近者和小者,然后再传授远者和大者,切不可先难后易。这是在贯彻实行孔子所倡导的循序渐进的教学原则啊!

19.13 子夏曰:"仕而优^①则学,学而优则仕。"

【译文】

子夏说:"做官而有余力就该去学习,学习而有余力就可去做官。"

【注释】

①优:宽裕;有余力。

【解读】

春秋时代官员除了世袭制之外，已开始了选士制，即从庶民中选择有才艺之士当任官吏。《礼记·王制》曰："命乡论秀士，升之司徒，曰选士；司徒论选士之秀者而升之学，曰俊士。"意思是命令乡的长官考察乡里德才出众的人，把他们举荐给司徒，被举荐的人叫选士。司徒再考察出选士中的优秀者，把他们推荐到朝廷办的大学学习。然后再选择其贤者授予一定的官职。夏商周皆有学校，专门用来培养贵族子弟；而贵族子弟求学的目的，无疑是为了得到选拔任用。孔子办私学，虽然打破了"学在官府"的办学格局，但是他培养学生的目的没有改变，也是要让弟子通过学习而能够入仕，从而服务社会。由此可见，"学而优则仕"的观念并非始于孔子或子夏，这是学校的办学制度使然，也是当时的人才选拔机制使然。"学而优则仕"也并非不好，因为做官与俸禄是连在一起的，只有做官才能得到俸禄，只有得到俸禄才能使生活过得更好，当今之"知识改变命运"，亦是同样的道理，只不过不必非做官不可而已，因为得到俸禄的渠道拓宽了。当今教育主管部门以"就业率"作为考核高校办学质量的重要指标，甚至采取一票否决制，这种做法，只不过是"学而优则仕"的翻版：过去读书是为了做官（得到俸禄），从而改变命运；如今读书是为了就业（得到工资），从而改变命运。

"学而优则仕"在当代曾经遭受较大的非议甚至批判，主要原因是误读了这句话的意思，把它解释为学习优秀是为了做官，这就是所谓的"读书做官论"。若果真如此，则其学习的动机就显得不纯了。但是如果反过来看，虽然读书不是为了做官，但是做官必须读书。这就是正确的了。当今选拔干部强调革命化、知识化、年轻化，这"知识化"不就是要求读书，要求具有一定的学历吗？至于"仕而优则学"，这是因为学无止境，只有不断地学习，才能不断地更新自己的知识，才能使自己跟上时代的步伐，适应新情况和新形势的需要。当今所谓"充电"和"继续教育"，盖源于此乎？

19.14　子游曰："丧致①乎哀而止。"

【译文】

子游说："居丧达到悲哀的程度也就可以了。"

【注释】

①致：尽；极。朱熹《论语集注》："致极其哀，不尚文饰也。"

【解读】

"敬"是礼的核心。《左传·僖公十一年》云："敬，礼之舆也；不敬，则礼不行。"《孝经·广要道》云："礼者，敬而已矣。"孔子所谓"居上不宽，为礼不敬，临丧不哀。吾何以观之哉"（《论语·八佾》3.26），子张所谓"祭思敬，丧思哀，其可已矣"（《论语·子张》19.1），子游所谓"丧致乎哀而止"，皆是此理。

19.15　子游曰："吾友张也为难能①也，然而未仁。"

【译文】

子游说："我的朋友子张，其才能难能可贵，然而还没有成为仁人。"

【注释】

①难能：不容易做到；难能可贵。

【解读】

子张好学深思，才貌过人，他主张"士见危致命，见得思义"（《论语·子张》19.1），主张"君子尊贤而容众，嘉善而矜不能"

（《论语·子张》19.3），他把孔子的教诲"言忠信，行笃敬"写在衣带上（《论语·卫灵公》15.6）。然而孔子说他偏激："师也辟。"（《论语·先进》11.18）由此可见，子张还没有成为仁人。

19.16　曾子曰："堂堂^①乎张也，难与并为仁矣。"

【译文】

曾子说："子张容貌端庄大方，然而难以跟他一起追求仁德。"

【注释】

①堂堂：形容容貌端庄大方。

【解读】

子张主张道德极端主义，孔子认为"师也过，商也不及……过犹不及。"（《论语·先进》11.16）所以曾子说人们难以跟子张一起追求仁德。

19.17　曾子曰："吾闻诸夫子：人未有自致^①者也，必^②也，亲^③丧乎！"

【译文】

曾子说："我听老师说过：人平时没有自己尽情地表达感情的时候，如果有，那一定是在父母去世的时候吧！"

【注释】

①致：尽；极。

②必：如果；果真。

③亲：父母。

【解读】

《礼记·礼运》云："何谓七情？喜、怒、哀、惧、爱、恶、欲，七者弗学而能。"《吕氏春秋·贵生》云："所谓全生者，六欲皆得其宜也。"高诱注："六欲，生、死、耳、目、口、鼻也。"七情六欲泛指人的各种感情和欲望。孔子是凡人，也有七情六欲。父母去世而尽情地痛哭，即使是门生颜回去世也痛心疾首地哭喊道："噫！天丧予！天丧予！"（《论语·先进》11.9）这就是一个活生生的率真的孔子。

19.18 曾子曰："吾闻诸夫子：孟庄子^①之孝也，其他可能也；其不改父之臣与父之政，是难能也。"

【译文】

曾子说："我听老师说过：孟庄子的孝，其他方面别人也可以做到；他不更改父亲的臣属和父亲的行事原则，这是别人难以做到的。"

【注释】

①孟庄子：名速，庄是谥号，孟献子之子。孟献子有贤德，孟庄子能不改其父之道。

【解读】

请参见《论语·学而》1.11 章解读。

19.19 孟氏使阳肤^①为士师^②，问于曾子。曾子曰："上失其道，民散久矣。如得其情，则哀矜^③而勿喜！"

【译文】

孟氏任命阳肤为法官，阳肤向曾子请教。曾子说："在上位者违背正道，民心早就离散了。如果你能够审察出犯人的实情，就应该怜悯他们而不要沾沾自喜！"

【注释】

①阳肤：曾子弟子。

②士师：法官。

③哀矜：怜悯。

【解读】

《孟子·滕文公上》云："民之为道也，有恒产者有恒心，无恒产者无恒心。苟无恒心，放辟邪侈，无不为已。及陷乎罪，然后从而刑之，是罔民也。焉有仁人在位罔民而可为也？是故贤君必恭俭礼下，取于民有制。"正是由于在上位者违背正道，才导致百姓犯罪，罪不在民啊。所以曾子告诫阳肤，不要为自己善于破案而沾沾自喜，而要怀有怜悯之心。

19.20　子贡曰："纣之不善，不如是之甚也。是以君子恶^①居下流^②，天下之恶皆归焉。"

【译文】

子贡说："纣王的恶行，不像传说的这么严重。所以君子讨厌处于卑下地位，否则天下的恶名都将归并到他身上。"

【注释】

①恶（wù）：讨厌；憎恶。

②下流：下游，这里指卑下之处。

【解读】

虽然纣王是历史上的暴君之一，但是纣王的恶行，不像传说的这么严重。人之毁誉，难免因人之好恶而失实。不仅子贡深谙此理，古代其他学者对此也深有体会。例如：《列子·杨朱》云："天下之美，归之舜、禹、周、孔；天下之恶，归之桀、纣。"《淮南子·缪称训》亦云："三代之称，千岁之积誉也；桀、纣之谤，千岁之积毁也。"

19.21 子贡曰："君子之过也，如日月之食焉：过也，人皆见之；更也，人皆仰之。"

【译文】

子贡曰："君子的过错就像日食月食：犯了过错，人人都看得见；改正过错，人人都敬仰他。"

【解读】

古之君子知道"过也，人皆见之"的道理，因此不掩饰自己的过错；今之君子往往文过饰非。古之君子知道"更也，人皆仰之"的道路，因此勇于改过，品德日臻完善；今之君子往往死不认错，甚至还要自吹自擂，找人抬轿，因此其道德形象一落千丈。《周易·益卦》云："君子以见善则迁，有过则改。"这才是真正的君子啊！

19.22 卫公孙朝①问于子贡曰："仲尼焉②学？"子贡曰："文武之道，未坠③于地，在人④。贤者识其大者，不贤者识其小者。莫不有文武之道焉。夫子焉不学，而亦何常师⑤之有？"

【译文】

卫国公孙朝向子贡问道："仲尼是从哪里受学的呢？"子贡说："周文王武王的学说没有在地上消失，仍然存在人们心中。贤者能够记住其大的方面，不贤者能够记住其小的方面。没有什么地方没有周文王武王的学说。我的老师何处不能学呢，哪有什么固定的老师呢？"

【注释】

①公孙朝：卫国大夫。

②焉：哪里。

③坠：丧失；衰落。

④在人：朱熹《论语集注》："言人有能记之者。识，记也。"

⑤常师：固定的老师。

【解读】

据《孔子家语·观周》载："孔子谓南宫敬叔曰：'吾闻老聃博古知今，通礼乐之原，明道德之归，则吾师也，今将往矣。'……敬叔与俱至周。问礼于老聃访乐于苌弘，历郊社之所，考明堂之制，察庙朝之度。"据《左传·昭公十七年》载：郯子是春秋时郯国的国君，相传为古帝少皞氏之后。郯子朝鲁，鲁昭公和他一起宴饮，鲁昭公问道："少皞氏用鸟名作为官名，这是为何？"郯子详细地作了解答。"仲尼闻之，见于郯子而学之。"据《史记·孔子世家》载："孔子学鼓琴师襄子。"所以韩愈《师说》云："圣人无常师，孔子师郯子、苌弘、师襄、老聃。郯子之徒，其贤不及孔子。""道之所存，师之所存也"。

19.23 叔孙武叔①语大夫于朝曰："子贡贤于仲尼。"子服景伯以告子贡。子贡曰："譬之宫墙②，赐之墙也及肩，窥见室家之好。夫子之墙数仞③，不得其门而入，不见宗庙之美，百官④之富。得其门者或寡矣。夫子之云，不亦宜乎！"

【译文】

叔孙武叔在朝廷对大夫们说："子贡胜过仲尼。"子服景伯把这句话告诉子贡。子贡说："用围墙来做比喻吧，我家的围墙只有肩膀高，能够看到房舍的美丽。老师家的围墙有几丈高，如果找不到大门进去，就看不到宗庙的宏伟和众多房舍的富丽。能够找到大门进去的人或许很少，所以叔孙武叔这样说，不也是自然的吗！"

【注释】

①叔孙武叔：鲁国大夫，名州仇，武是谥号。

②宫墙：围墙。

③仞：长度单位，古代以七尺或八尺为一仞。

④官：房舍；馆舍。

【解读】

孔子的道德学问高深莫测，非常人所能及。然而叔孙武叔居然说"子贡贤于仲尼"。子贡认为这是因为此人只能看见我浅显的道德学问而不能看见孔子高深道德学问的缘故，可以对此种人采取不知者不怪的态度；然而当叔孙武叔居然敢毁谤仲尼时，子贡则斥之为不自量力。

19.24 叔孙武叔毁①仲尼。子贡曰："无以②为也！仲尼不可毁也。他人之贤者，丘陵也，犹可逾也；仲尼，日月也，无得而逾焉。人虽欲自绝，其何伤于日月乎？多③见其不知量也。"

【译文】

叔孙武叔毁谤仲尼。子贡说："不能这样做！仲尼是不可毁谤的。别人的贤能，好比丘陵，还能够超越；仲尼的贤能好比日月，是不可能超越的。即使有人要自绝于日月，那对日月有什么损害呢？只是显现出他不自量力而已。"

【注释】

①毁：诋毁；毁谤。

②无以：不能。

③多：只；仅。

【解读】

请参见上章解读。

19.25 陈子禽谓子贡曰："子为恭也，仲尼岂贤于子乎？"子贡曰："君子一言以为知，一言以为不知，言不可不慎也。夫子之不可及也，犹天之不可阶而升也。夫子之得邦家①者，所谓立②之斯立，道之斯行，绥③之斯来④，动⑤之斯和。其生也荣⑥，其死也哀，如之何其可及也？"

【译文】

陈子禽对子贡说："您是谦恭啊，仲尼难道胜过您吗？"子贡说："君子一句话可以显示出智慧，一句话也可以显示出无知，说话不可不慎重啊。老师不可能追赶上，就好像天不可能爬梯子攀登一样。如果老师能够成为诸侯卿大夫，那么就是他叫百姓立业，百姓就会立业；他引导百姓，百姓就会前进；他安抚百姓，百姓就会归附；他叫百姓服劳役，百姓就会齐心协力。他活着时享有美誉，他去世后百姓都哀悼他。老师怎么可能追赶上呢？"

【注释】

①得邦家：成为诸侯卿大夫。

②立：立足，这里指立业。

③绥：安抚。

④来：归附。

⑤动：动员。这里指叫百姓服劳役。

⑥荣：光荣；美誉。

【解读】

司马迁《史记·孔子世家》云："《诗》有之：'高山仰止，景行行止。'虽不能至，然心乡往之。余读孔氏书，想见其为人。……天下君王至于贤人众矣，当时则荣，没则已焉。孔子布衣，传十余世，学者宗之。自天子王侯，中国言六艺者折中于夫子，可谓至圣矣！"子贡称孔子"其生也荣，其死也哀"。此言不虚！

尧曰第二十

（共三章）

20.1 尧曰："咨①！尔舜！天之历数②在尔躬，允执其中③。四海困穷，天禄④永终。"

舜亦以命禹。

曰："予小子履⑤敢用玄牡⑥，敢昭告于皇皇后帝⑦：有罪不敢赦，帝臣不蔽⑧，简⑨在帝心。朕躬有罪，无以万方⑩；万方有罪，罪在朕躬。"

周有大赉⑪，善人是富。"虽有周亲⑫，不如仁人。百姓有过，在予一人⑬。"

谨权量⑭，审法度，修废官⑮，四方之政行焉。兴灭国，继绝世，举逸民⑯，天下之民归心焉。

所重：民、食、丧、祭。

宽则得众，信则民任焉，敏则有功⑰，公则说。

【译文】

尧禅让时说："啊！你这位舜啊！上天的大命落在你身上了，你要诚实地保持不偏不倚的中道。如果天下百姓困穷，上天赐给你的禄位就会永远终结。"

舜禅让时也用这些话告诫禹。

商汤说："小子我谨用黑色公牛来祭祀，明白地禀告于伟大的天帝：有罪的人我不敢赦免，您的臣仆有罪我也不敢隐瞒，这些在上帝心里都明明白白。如果我有罪，不会牵连天下百姓；如果天下百姓有罪，罪在我身上。"

周朝厚赏天下，使善人富足。周武王说："商纣虽然有至亲的臣子，比不上我周国有仁德的人。百姓有不好的地方，罪过在我身上。"

谨慎地审定度量衡的标准，整顿已废弃职守的官府工作，全国的政令就会通行了。复兴衰败灭亡的国家，承续已断绝的后代，提拔隐居的人才，天下百姓就会心悦诚服了。

所应重视的是：人民、粮食、丧葬、祭祀。

宽厚就会得到民众的拥护，诚信就会得到民众的信任，勤勉就会建立功绩，公平就会使民众高兴。

【注释】

①咨：语气词。嗟叹声。

②历数：天道。这里指帝王继承的次序。

③允执其中：允：诚实。中：中道；不偏不倚的正道。

④天禄：上天赐给的禄位。

⑤履：商汤的名。

⑥玄牡：黑色公牛。

⑦皇皇后帝：伟大的天帝。皇皇：大；伟大。后：君主。

⑧蔽：隐瞒。

⑨简：明白。

⑩万方：所有的诸侯国。这里指天下百姓。

⑪赉（lài）：赏赐。

⑫周亲：至亲。

⑬予一人：古代天子自称予一人。

⑭权量：衡器和量器。

⑮修废官：整顿已废弃职守的官府工作。修：治理；整顿。官：官府；官职。

⑯兴灭国三句：程树德《论语集释》引金澄曰："兴者，于有子孙而失其爵土者，

立其本支也；继者，于有爵土而无子孙者，立其旁支也。"

⑰宽则得众，信则民任焉，敏则有功：此三句与《论语·阳货》17.6章相重复，只是"民"作"人"。

【解读】

《礼记·中庸》云："仲尼祖述尧舜，宪章文武。"意思是尊崇效法尧舜的行为，遵守周文王周武王的法制。尧、舜、禹、商汤、周文王、武王、周公之道是儒学思想的渊源。此章可视为孔子"祖述尧舜，宪章文武"的具体体现。尧、舜、禹皆能保持不偏不倚的中道，造福百姓；商汤赏罚分明，严于律己；周武王善用贤才。这些都是孔子所赞赏的。孔子希望"谨权量，审法度，修废官，四方之政行焉。兴灭国，继绝世，举逸民，天下之民归心焉"。孔子的这些政治抱负，皆贯穿一个"仁"字，是其仁爱学说的具体体现。

20.2 子张问于孔子曰："何如斯可以从政矣？"子曰："尊五美，屏①四恶，斯可以从政矣。"

子张曰："何谓五美？"子曰："君子惠而不费，劳而不怨，欲而不贪，泰②而不骄，威而不猛。"

子张曰："何谓惠而不费？"子曰："因民之所利而利之，斯不亦惠而不费乎？择可劳而劳之，又谁怨？欲仁而得仁，又焉贪？君子无众寡，无小大，无敢慢，斯不亦泰而不骄乎③？君子正其衣冠，尊其瞻视④，俨然人望而畏之，斯不亦威而不猛乎？"

子张曰："何谓四恶？"子曰："不教而杀谓之虐，不戒视成⑤谓之暴，慢令致期⑥谓之贼⑦，犹⑧之与人也，出纳⑨之吝谓之有司⑩。"

【译文】

子张向孔子问道："怎样才可以治理政事呢？"孔子说："崇尚

五种美德，摒弃四种恶政，这就可以治理政事了。"

子张说："什么是五种美德？"孔子说："君子施惠于百姓而不浪费钱财，使百姓劳作而不引起百姓怨恨，能实现自己的愿望而不是贪婪，安宁而不骄傲，有威仪而不凶猛。"

子张说："怎样才能做到君子施惠于百姓而不浪费钱财呢？"孔子说："根据百姓所处的有利条件而利导之，这不就是君子施惠于百姓而不浪费钱财吗？选择可以劳作的时间而使百姓劳作，又有谁会怨恨呢？自己想要仁德就得到了仁德，又怎么算贪婪呢？无论财富多少，无论势力大小，君子都不敢怠慢他们，这不就是安宁而不骄傲吗？君子衣冠端庄，目不斜视，庄严的神态令人望而生畏，这不就是有威仪而不凶猛吗？"

子张说："什么是四种恶政？"孔子说："不以礼义教百姓而以罪杀害百姓叫做暴虐，不事先告诫百姓却责其成功叫做急躁，政令不明确却突然限期完成叫做坑害，同样是给人东西，出手吝啬叫做小家子气。"

【注释】

①屏（bǐng）：通"摒"，摒弃。

②泰：安宁；安定。

③君子无众寡四句：皇侃《论语义疏》："言不以我富财之众，而陵彼之寡少者；又不得以我贵势之大加彼之小也。我虽众大，而愈敬寡小，故无所敢慢也。能众能大，是我之泰；不敢慢于寡小，是不骄也，故云众而不骄也。"

④尊其瞻视：使自己的目光严肃。瞻视：目光；眼神。

⑤不戒视成：不事先告诫却责其成功。

⑥慢令致期：政令不明确却突然限期完成。

⑦贼：坑害；害人。

⑧犹：均；均是。

⑨出纳：偏义复词，指出；出手。

⑩有司：掌管某方面事务的小吏。这里指小家子气。

【解读】

　　"五美"既是从政的美德，也是从政的方法，这是告诉执政者应该怎样做；"四恶"既是从政的恶德，也是从政的大忌，这是告诉执政者不应该怎样做。如果能够做到"尊五美，屏四恶"，那么从政还会有什么困难呢？

　　20.3　孔子曰："不知命，无以为君子也；不知礼，无以立也；不知言，无以知人也。"

【译文】

　　孔子说："不知道顺应自然发展规律，就不能成为君子；不知道礼，就不能立足于社会；不知道分辨别人的话，就不能了解别人。"

【解读】

　　从《论语》来看，孔子对天命的理解，跟夏商以来天命观已经有所不同："天命"本指天神的意旨，古人认为天是有意志的神，是万物的主宰；也指上天主宰之下的人们的命运。孔子不承认上天具有支配一切的神威，因此《论语》中的"命"和"天命"是指人力所不能支配的自然发展规律。所谓知天命，就是要能够顺应自然发展的规律，并且孔子把"知天命"当作成为君子的一个必要条件。

　　一个礼仪之邦，不仅要求为政者以礼治国，同时也要求每个公民知礼守礼。《礼记·曲礼上》云："道德仁义，非礼不成。""子曰：'君子博学于文，约之以礼，亦可以弗畔矣夫！'"（《论语·雍也》6.27）孔子还要求其弟子做到："非礼勿视，非礼勿听，非礼勿言，非礼勿动。"（《论语·颜渊》12.1）一个人只有德才兼备，既博览群书，又以礼仪约束自己，才不至于狂放不羁，离经叛道，否则就将"不知礼，无以立也"。当今构建社会主义和谐社会，应当借鉴孔子以礼治国的思想，使广大公民养成知礼和守礼的道德风尚，从而重塑我中华礼仪之邦的文明形象。

孔子观察了解一个人，曾经采用过"听言法"，即"听其言而信其行"。这种察人之法是建立在人们"言而有信"的基础之上的。然而有的人说的是一套，做的又是一套。其言语动听、恳切，而其行为则背道而驰。因此对于此类言而无信之人，则不能"听其言而信其行"，因此孔子后来改为"观行法"，即"听其言而观其行"《论语·公冶长》5.10）。这样才能认识一个人的真实面貌，才不至于上当受骗。所谓"不知言，无以知人也"，就是这个道理。

图书在版编目（CIP）数据

论语导读／黎千驹著 . --修订本 . --社会
科学文献出版社，2016.8（2023.3 重印）
（述而作）
ISBN 978 - 7 - 5097 - 9508 - 8

Ⅰ.①论⋯　Ⅱ.①黎⋯　Ⅲ.①儒家 ②《论语》- 研究
Ⅳ.①B222.25

中国版本图书馆 CIP 数据核字（2016）第 176255 号

·述而作·

论语导读（修订版）

著　　者／黎千驹

出 版 人／王利民
项目统筹／宋月华　杨春花
责任编辑／范明礼　侯培岭
责任印制／王京美

出　　版／社会科学文献出版社·人文分社（010）59367215
　　　　　地址：北京市北三环中路甲29号院华龙大厦　邮编：100029
　　　　　网址：www. ssap. com. cn
发　　行／社会科学文献出版社（010）59367028
印　　装／三河市东方印刷有限公司

规　　格／开本：889mm × 1194mm　1/32
　　　　　印 张：14.625　字 数：364 千字
版　　次／2016 年 8 月第 1 版　2023 年 3 月第 2 次印刷
书　　号／ISBN 978 - 7 - 5097 - 9508 - 8
定　　价／69.00 元

读者服务电话：4008918866